성스러움의 정치학

THE POLITICS OF THE SACRED

성스러움의 정치학

한국 정치와 신성한 언어의 탄생

하상복 지음

한국문화사

성스러움의 정치학
한국 정치와 신성한 언어의 탄생

1판 1쇄 발행 2024년 12월 30일

지 은 이 | 하상복
펴 낸 이 | 김진수
펴 낸 곳 | 한국문화사
등   록 | 제1994-9호
주   소 | 서울시 성동구 아차산로49, 404호(성수동1가, 서울숲코오롱디지털타워3차)
전   화 | 02-464-7708
팩   스 | 02-499-0846
이 메 일 | hkm7708@daum.net
홈페이지 | http://hph.co.kr

ISBN 979-11-6919-270-5 93340

· 이 책의 내용은 저작권법에 따라 보호받고 있습니다.
· 잘못된 책은 구매처에서 바꾸어 드립니다.
· 책값은 뒤표지에 있습니다.

이 저서는 2019년 대한민국 교육부와 한국학중앙연구원(한국학진흥사업단)의 한국학 총서 사업 지원을 받아 수행된 연구임(AKS-2019-KSS-1130008)

오류를 발견하셨다면 이메일이나 홈페이지를 통해 제보해 주세요.
소중한 의견을 모아 더 좋은 책을 만들겠습니다.

들어가며

정치적 차원에서 전근대 혹은 전통과 근대는 연속적이면서 불연속적이다. 먼저 정치적 연속성은 국가를 담지하고 있는 표상이 어느 한순간도 사라질 수 없다는 인류학적 사실에서 찾을 수 있다. 동서양을 막론하고 전근대국가에서 왕의 장례식과 즉위식은 같은 시간, 같은 공간에서 치러지곤 했다. 중국 고대 유교 경전인 『서경』(書經)의 「고명」(顧命)편은 주나라 성왕(成王)의 장례식 이틀째 아들 강왕(康王)의 즉위식이 선왕의 시신이 안치되어 있는 전에서 열렸음을 알리고 있다(웨슬러 2006, 195-196). 이는 조선에서도 동일하다. 왕실의 의례를 기록하고 있는 세종실록『오례』(五禮)는 새로운 군주의 즉위의례를 다음과 같이 기록하고 있다.

새로운 국왕으로의 권력 승계는 국상 6일 차에 시작된다. 왕세자, 종친, 백관, 내외명부가 상복을 입는 성복이 완료되면 사위(嗣位)를 준비한다. 선왕의 시신이 안치된 빈전 옆에 새로운 국왕이 머물 장막을 치고 어좌를 설치한다. 전위유교(傳位遺敎)를 담은 상자를 대행왕의 찬궁(攢宮-선왕의 관을 넣어둔 집) 앞에 설치하고 대보(大寶)를 놓는다. 준비가 완료되면 영의정과 좌의정이 빈전에서, 나머지 신료들은 각각의 자리에서 대기한다 (『오례』).

영국과 프랑스 간 백년전쟁이 한창이던 1420년 5월, 영국 왕 헨리

5세와 프랑스 왕 샤를 6세는 트루아 조약을 맺어, 헨리 5세가 샤를 6세의 딸 카트린느와 결혼하고, 샤를 6세가 사망하면 영국이 왕위 계승권을 갖는다는 데 합의했다. 1422년 8월 31일, 샤를 6세가, 같은 해 10월 21일 헨리 5세가 사망했다. 트루아 조약에 따라 프랑스의 왕위는 영국의 왕에게 계승되어야 했고, 헨리 5세의 외아들 헨리 6세가 즉위를 준비한다. 샤를 6세의 시신이 생드니 수도원에 안치되자, 선왕을 위한 조용한 기도문이 낭독된 뒤 웅장한 목소리로 헨리 6세의 프랑스 왕위 계승을 알리는 기도문 — "주님의 은총으로, 프랑스와 영국의 왕이신 헨리 6세에게 영광을" — 이 이어졌다(Kantorowicz 1997, 410-411).

여기서 우리는 다음과 같이 질문할 수 있다. 왜 죽은 왕의 장례와 새로운 왕의 즉위가 시공간적 단절 없이 이어져야 하는가? 그것은 바로 왕이란 자연적 인격체가 국가와 존재론적으로 그리고 의미론적으로 동일하다는 믿음 때문이다. 여기서 우리는 영국의 정치사상가 칸토로위츠(Ernest Kantorowicz)의 통찰력을 따라 왕은 두 개의 신체를 가졌다고 말해야 하는데, 그러니까 왕은 자연인으로서의 신체와 더불어 국가를 표상하는 정치적 신체를 보유하고 있다는 것이다. 그렇게 보면, 앞의 왕이 사망하고 뒤의 왕의 그 자리를 이어받는 일은 곧 국가가 단절 없이 자신의 정치적 존재성을 지속해나간다는 것을 상징한다. 국가라는 정치 공동체는 단 한 순간도 자신의 정치적 운동을 중단할 수 없는 영속적 실체이며, 그 점에서 국가는 성스럽다.

그와 같은 전근대적 원리는 정치적 근대에도 동일하게 적용된다. 근대적 정치세계 속에서 이른바 '헌법적 질서의 중단 또는 단절'은 결코 있어서는 안 되는 부정적인 현상이다. 때문에 우리는 헌정질서를 강제로 정지시키는 쿠데타를 정치적 병리로 보는 것이다. 정치적 근대에서 헌법(Constitution)은 왕을 대신해, 왕이 사라진 자리를 대체하고 있는,

국가를 표상하는 비인격적 실체다. 그 점에서 헌법적 질서의 운명은 곧 국가의 운명이다. 그러므로 왕의 신체가 신성하듯이 헌법도 신성하다.

헌법이 근대국가와 동일시되는 이유는 그 국가가 본질적으로 이념국가이기 때문이다. 헌법의 어디에도 자연적 인격체를 표상하는 언어는 존재하지 않는다. 오로지 국가의 정체성을 담고 있는 이념적 언어들로 채워져 있다. 정치적 전근대와 근대는 그 점에서 서로 다른 길을 간다. 이념국가, 이것이야말로 근대국가의 정치적 본성이다.

모든 국가는 자신의 고유한 이념을 토대로 정립되어 있고, 헌법은 국가의 이념을 끌어안고 있는 언어적 형식이다. 따라서 헌법에 들어올 권리를 가진 언어와 그 권리를 갖지 못한 언어의 정치적 운명은 극단적으로 다르다. 헌법적 권리를 보유한 언어는 신성함의 세례를 받고, 그 반대의 언어는 헌법과 국가적 이념의 세계 바깥으로 축출되어야 한다. 그리하여 그것은 정치적으로 오염된 것으로 간주된다. 그런 차원에서 근대정치의 핵심을 차지하는 헌법은 그 법적 차원에서는 실재적이지만 그 정치철학적 차원에서는 상징적이다(홍태영 2016, 44-45).

이 연구는 그러한 문제 지평 위에서 한국의 헌법을 구성하고 있는 이념적 언어들의 정치적 운동을 역사적으로, 정치적으로 탐색하려 한다. 다시 말해 대한민국 헌법의 세계에 들어와 있는 언어들 중에서 그 헌법적 자격을 둘러싸고 논쟁의 대상이 되고 있는 언어들의 역사를 고찰하고자 한다. 2018년의 개헌 논쟁은 그러한 언어들이 바로 '자유민주적 기본질서(자유민주주의)', '국민', '근로'임을 말해주고 있다. 보수는 그 언어들이 영속적으로 헌법 세계에서 고결한 이념적 실체로 머물러 있어야 한다고 주장하는 반면, 진보는 그 언어들을 대신할 새롭게 신성함을 부여받아야 할 언어들을 이야기한다. '민주적 기본질서(민주주의)', '사람', '노동'이다.

이 연구는 보수가 신성함을 투영하고 있는 헌법적 언어들이 어떠한 역사적·정치적 과정 속에서 그러한 자격과 권리를 갖게 되었는지, 그리고 진보는 왜 그러한 언어들의 신성함의 위상을 문제 삼고자 하는지에 대한 해석적 작업을 시도하고자 한다.

이 연구의 최초 문제의식은 지난 2018년의 개헌 논쟁에서 출발한다. 나는 한국의 보수가 자유민주주의와 그것의 헌법적 표현인 자유민주적 기본질서를 절대적 수호와 숭배의 대상으로 삼으려는 태도를 보면서 그 배경과 이유를 파악하고자 했다. 그러한 질문과 사유는 「보수정당이 숭배하는 '자유민주주의'의 공허함」이라는 제목의 칼럼(「프레시안」, 2018.02.17.), 「왜 '반공주의'는 성스러운 언어가 됐을까?」(「프레시안」, 2018.03.26.)라는 칼럼, 그리고 「한국 보수의 언어, 공허하거나 모순이거나」(「프레시안」, 2018.09.27.)라는 칼럼으로 구체화되었고, 민주화운동기념사업회의 학술 펠로우 자격으로 작성된 보고서 『한국의 민주주의와 정치문법의 동학』(2018)으로 심화되었다. 이 책은 그러한 기초적 연구를 토대로 이루어진 결과물이다.

여기저기 모호함과 논리적 비약들이 여전히 적지 않지만, 시작부터 마무리까지 일관된 논리적 고리를 만들며 글을 써내려가는 일이 무척이나 고통스러웠음을 고백하지 않을 수 없다.

한편, 책이 다루고 있는 현재진행형의 이 주제 앞에서 한국의 보수와 진보는, 마치 종교전쟁을 보는 것처럼, 너무나도 날카롭게 대립하고 있는 것이 사실이다. 그러한 정치적 현실을 마주하며 이루어진 작업 속에서 나는 지식인으로서 이념적 자기표현의 투명한 의지를 거슬러 자기검열 앞에서 스스로 위축되는 내적 모순을 경험하기도 했음을 고백하지 않을 수 없다.

약속한 날짜를 지키지 못했음에도 인내하며 기다려준 한국문화사에 감사의 말씀을 드린다. 아내 나양과 딸 연재는 중간중간 포기하고 싶은 마음을 추슬러 인내하며 마칠 수 있게 해준 큰 힘이자 위로다. 이 자리를 빌려 고마움을 전한다.

2024년 가을
목포대 연구실에서
하상복

목차

들어가며 __ 5

제1장 프롤로그: 2018년 개헌 논쟁의 의미 찾기
1. 2018년 개헌 논쟁과 헌법적 언어의 갈등 __ 13
2. 개헌의 역사와 2018년 개헌 논의 __ 19
3. 집단상징으로서 헌법의 언어 __ 28

제2장 정치적 근대에 대한 새로운 상상: 성스러운 이념의 세계로서 근대
1. 이념국가, 근대국가의 본성 __ 37
2. 구조로서 언어: 정치적 언어에의 적용 __ 46
3. '성과 속', 종교에서 정치로 __ 56

제3장 근대국가 한국과 정치적 주체의 탄생: 인민에서 국민으로
1. 정치적 근대와 네이션(nation)의 형성 __ 71
2. 한반도 분단과 적대적 두 이념체제의 성립 __ 80
3. 국민, 대한민국의 헌법적 주체가 되다 __ 88

제4장 내전과 전쟁이 잉태한 국민: '빨갱이에 맞서 자유민주를 지킬 한백성'
1. 제주 4·3과 여순 10·19: '인민'의 부활 __ 105
2. 국민, 통합의 덕성체로서 일민(一民) __ 112
3. 반공이념의 구현체로서 국민 __ 121
4. 자유와 민주, 반공하는 일민의 이념적 유토피아 __ 134

제5장 박정희 체제와 국민의 탄생: '민족을 위해 일하는 반공 근로자'

1. 반공주의 국민의 국가적 호명 __ 143
2. 민족중흥의 희생체로서 국민 __ 153
3. 국민, 근대화를 위해 부지런히 일하는 근로자 __ 162
4. 박정희 체제, 자유민주적 질서의 탄생과 헌법적 신성화 __ 172

제6장 반정부운동, 이승만·박정희 체제의 신성한 언어에 대한 도전

1. 민주화운동과 자유민주주의: 공허한 형식에서 실질적 이념을 향해 __ 181
2. 노동운동의 전개: 근로자가 아니라 노동자로 __ 194
3. 통일운동과 국민 개념의 변화: 반공하는 국민에서 통일하는 국민으로 __ 202

제7장 진보권력의 탄생과 남남갈등: 보수와 자유민주주의 위기 인식

1. 진보권력의 집권과 재집권 그리고 뉴라이트의 등장 __ 213
2. 남남갈등과 상징투쟁: '자유민주주의'의 신성한 공간을 둘러싼 싸움 __ 225

제8장 보수와 진보의 권력교체와 이념대결의 재연

1. 보수의 연속 집권과 '건국절'의 정치언어학 __ 243
2. 진보의 재집권과 보수: 자유민주주의의 신성화 투쟁 __ 257

제9장 에필로그: 개헌의 정치언어학, 실천적 지평을 향해

1. 한국 보수의 정치문법과 담론의 질서 __ 273
2. '민주공화국 대한민국'이라는 헌법적 테제에 대해 __ 279
3. 한국의 정치언어, 담론에서 담화로 __ 285

참고문헌 __ 291
찾아보기 __ 306

제1장
프롤로그:
2018년 개헌 논쟁의 의미 찾기

1. 2018년 개헌 논쟁과 헌법적 언어의 갈등

2018년 1월 31일, 교섭단체대표연설에서 더불어민주당 우원식 원내대표는 다음과 같이 개헌에 대한 당의 입장을 밝혔다.

존경하는 국민 여러분! 2018년은 87체제가 수립된 지 꼭 31년 되는 해입니다. 지난 6월 항쟁을 통해 우리 사회는 대통령 직선제를 근간으로 하는 절차적 민주주의를 쟁취했습니다. 그러나 선거제도를 넘어 경제·언론·노동·복지 등 실질적 민주주의를 공고화하는 데는 성공하지 못했습니다. […] 국민개헌은 현행 헌법의 한계를 뛰어넘어 국민의 삶을 바꾸고 책임지는 것을 핵심으로 합니다. **단순히 권력제도를 바꾸는 데 그치는 것이 아닙니다. 정치적 민주주의의 틀을 공고히 하고 민주주의의 지평을 사회·경제 전 영역으로 확대**하는 것입니다(우원식 2018. 강조는 필자).

개헌이 지향하는 정치적 목표를 명확히 한 것인데, 개헌을 권력구조의 차원에서만 이해해온 지난 시절의 정치적 관점에서 벗어날 것을 요청하고 있다.

대표 연설 다음날, 더불어민주당은 의원총회에서 합의된 개헌안의 전체적인 방향을 발표했다. 거기에는 헌법 제4조를 구성하는 '자유민주적 기본질서'를 '민주적 기본질서'로 바꾸는 안이 포함되어 있었다. 권력구조의 변경을 넘어 민주주의의 지평을 확장할 필요가 있다는 원내대표의 주장이 구체화된 제안으로 보인다. 그런데 그 안은 자유한국당, 바른정당 등 보수정당의 신랄한 비판과 공격을 받았다. 보수에게서 헌법 제4조는 한국의 이념적 근원성에 연결되어 있는 조항이라고 할 수 있는바, 그 점에서 여당의 안이 정치적 반대를 불러일으킬 것은 명확해 보였다.

대한민국 헌법 제4조는 "대한민국은 통일을 지향하며, 자유민주적 기본질서에 입각한 평화적 통일 정책을 수립하고 이를 추진한다"라고 규정하고 있다. 집권당은 '자유민주적 기본질서'를 '민주적 기본질서'로 바꾸는 안을 발표하면서 그 수정안은 한국사회에서 민주주의의 외연을 제한해온 '자유'라는 단어를 제거함으로써 민주주의의 헌법적 외연과 반경을 넓히는 것이 근본 문제의식이라고 설명했다. 그러나 보수정당과 보수단체가 거세게 반발하면서 헌법 4조 개정을 향한 여당의 정치적 의지는 꺾여버렸다.

민주당 개헌안에 대한 야당과 보수 세력의 대응은 예상대로 한국의 우파가 취해온 이데올로기적 지향을 벗어나지 않았다. 자유한국당의 홍준표 대표는 "민주당의 개헌 목적은 자유민주주의 체제를 사회주의로 변경하는 것"(이슬기 2018)이라고 주장했고, 당 대변인은 "민주당이 오히려 개헌을 빌미로 자유민주주의 체제를 부정하려는 것은 그 자체로 혁명 내지 쿠데타에 해당한다", "특히 헌법 4조의 자유민주적 기본질서에서 자유를 삭제하는 것은 대한민국이 해방 이후 발전할 수 있었던 자유민주주의에 의한 시장경제 질서의 근본을 허물려고 하는 것"(정도원 2018)이라고 말했다. 이어 자유한국당은 내부 세미나를 개최해 자유민주주의와 시장경제 수호를 외치면서 여당의 개헌안을 사회주의를 향한 징후로 규정했다(강유화 2018).

　이 주장들의 핵심 논리는 자유민주주의에서 민주주의로의 개념 변화를 본질적으로 사회주의 이행의 의지와 다르지 않은 것으로 본다는 점이다. 민주당 개헌안에 대한 우파의 비판적 시각을 우리는 한 보수 언론의 칼럼에서 보다 더 명확하고 극적인 방식으로 만날 수 있다.

> 자유민주주의냐, 민주주의냐의 문제는 결코 가볍게 생각할 수 있는 문제가 아니다. 극좌파들은 궁극적으로 자유민주주의와 시장경제의 말살을 획책한다. 대한민국이 자유와 시장을 발판으로 이만한 번영을 누리게 된 역사적 사실도 인정하지 않는다. […] 한 국가의 번영은 누가 뭐래도 경제적 자유를 기반으로 한다. […] 그런데 무슨 이유로 자유민주주의를 대한민국 역사에서 지워버리겠다는 건가. 모든 국민이 반(反)자유세력의 준동을 경계해야 할 시점이다(조일훈 2018).

　바른정당은 자유한국당보다는 적나라한 논리를 표출하지는 않았지만 근본적인 차원에서 동일한 보수적인 이념 스탠스를 취하고 있었다. 유승민 대표는 "자유와 평등 둘 다 헌법에서 똑같이 존중하는 가치이기 때문에 자유를 결코 뺄 수 없다고 생각한다"며 "저는 똑같은 이유로 평등도 뺄 수 없다(고 생각한다)"(김난영 2018)고 주장했다. 결국 자유민주적 질서에 대한 지지와 옹호 발언인 것이다.

　그리고 보수의 이러한 공격적 이념 담론이 진보를 자극했다. 대표적으로 참여연대의 반대 논평을 볼 수 있다.

'자유민주적 기본질서'를 보다 넓은 의미인 '민주적 기본질서'로 수정하는 개헌 의견은 국회가 2016년 구성했던 헌법개정특별위원회 자문위원회 기본권 총강분과 보고서(2017.10.20)에서도 개정안으로 제안되었던 내용이다. 헌법재판소는 "헌법 제8조 4항의 '민주적 기본질서'는, 개인의 자율적 이성을 신뢰하고 모든 정치적 견해들이 각각 상대적 진리성과 합리성을 지닌다고 전제하는 다원적 세계관에 입각한 것으로서, 모든 폭력적·자의적 지배를 배제하고, 다수를 존중하면서도 소수를 배려하는 민주적 의사결정과 자유·평등을 기본원리로 하여 구성되고 운영되는 정치적 질서를 말하며, 구체적으로는 국민주권의 원리, 기본적 인권의 존중, 권력분립제도, 복수정당제도 등이 현행 헌법상 주요한 요소라고 볼 수 있다"고 결정한 바 있다. '민주적 기본질서'는 '자유민주적 기본질서'보다 넓은 의미이고, 현행 헌법에도 명시된 조항으로 통일의 원칙으로 제시되는 것이 왜 문제가 되는지 이해하기 어렵다(참여연대 2018).

참여연대는 이러한 논리 위에서 자신들의 개헌안을 더 이상 밀고나가지 못한 여당과, 이념의 문제로 접근하려는 자유한국당을 동시에 비판했다. 더불어민주당은 보수의 비판에 맞서 헌법 이념 논쟁을 이끌 선명한 대립 구도를 세우지 못한 채 용어 변경을 내부의 기술적인 오류로 변명하는 우를 범했다. 더불어민주당은 "개헌특위 자문위 안을 토대로 '자유'를 빼는 안이 올라와 있었는데, 원내 대변인이 브리핑을 준비하러 나간 사이 '자유민주주의'를 존치하기로 결정됐다"고 하면서 "이후 상황을 파악하지 못하고 브리핑이 진행돼 일어난 해프닝"이라고 말했다(월간조선 뉴스룸, 2018). 이처럼, 개헌안 조항이 표상하고 있는 한국의 이념적 정체성을 둘러싼 논의구도는 제대로 된 논쟁의 국면을 형성하지도 못한 채 봉합되었다.

하지만 그 해 3월 하순, 대통령 개헌안이 올라오면서 개헌 문제를 둘러싼 갈등의 정치를 예견해야 했다. 대통령 권한 등 권력구조가 논쟁의 주요 지점이었지만, 헌법적 개념들에 관한 근원적 이념 대립구도를 피하기 어려운 상황이었다. 대통령 개헌안이 근본적인 개념 변화들을 시도하고 있었기 때문이다. 헌법이 보장하는 천부인권적 기본권 주체의 명칭을 '국민'에서 '사람'으로, 노동권적 기본권에서 '근로'라는 헌법적 용어를 '노동'으로 수정하는 안에 주목할 수 있다.

2018년 3월 20일, 조국 민정수석은 개헌안(기본권·국민주권 강화 부문)의 취지와 기본적인 방향과 관련해 다음과 같이 발표했다.

> 먼저 기본권 주체를 확대하였습니다. 국제사회가 우리에게 기대하고 있는 인권의 수준이나 외국인 200만 명 시대의 우리 사회의 모습을 고려하면 기본권의 주체를 확대할 필요가 있습니다. 이에 국가를 떠나 보편적으로 보장되어야 하는 천부인권적 성격의 기본권에 대해서는 그 주체를 '국민'에서 '사람'으로 확대하였습니다. 다만, 사회권적 성격이 강한 권리에 대해서는 그 주체를 여전히 '국민'으로 한정하였습니다. 다음으로 노동자의 권리 강화 및 공무원의 노동 3권 보장입니다. 노동자에 대한 정당한 대우와 양극화 해소, 지속가능한 성장을 위해 노동자의 기본권을 획기적으로 강화하였습니다. 먼저 근로라는 용어를 노동으로 수정하고 국가에게 '동일가치 노동에 대한 동일수준의 임금'이 지급되도록 노력할 의무와 '고용안정'과 '일과 생활의 균형'에 관한 적절한 정책들을 시행할 의무를 부여하였습니다(조국 2018).

'국민'과 '근로'는 한국의 보수가 '자유민주적 질서'와 함께 절대적으로 — 그에 대한 반대를 사회주의적 이념으로 몰아붙일 정도로 — 지지하고 옹호하는 헌법적 언어라는 점에서 대통령의 개헌안에 포함된 이념적 언어들은 논쟁과 갈등의 대상이 될 운명이었다.

자유한국당은 대통령 개헌안에 대해 '자유민주주의 국민 개헌 vs 사회주의 문재인 관제 개헌'이라는 프레임을 설정하고 논평을 통해 공식 입장을 공표했다. 정태옥 대변인은 "좌파적 입장에서만 의미 있는 사건을 나열함으로써 대한민국 전 국민의 헌법이 아니라 좌파 세력들만의 헌법이 될 것"(유병훈 2018)이라고 말했다. 이어서 4월 16일 '올바른 개헌안의 모색, 대국민토론회'를 개최해 대통령 개헌안에 비판을 가했다. 토론회에서는 외국인도 내국인과 함께 헌법적 보호의 대상이 될 수 있다는 논리, 국가 전복을 꾀하는 외국 정당과 사회단체가 국내에서 반(反)국가적 집회와 시위를 해도 이를 수용해야 한다는 논리, 외국인의 참정권 행사도 가능해질 수 있다는 논리를 제시하면서 기본권의 주체를 국민에서 사람으로 변경하는 안의 문제점을 지적했다. 또한 기본권적 주체를 사람으로 변경함으로써 헌법을 인권선언문으로 바꾸어버린 안일뿐만 아니라 국가에 대한 소속감, 국가의 의미 복원과 같은 지향에 위배되는 안이라고 비판했다. 자유한국당은 궁극적으로 "대한민국의 건국을 인정하지 않는 개정안"(김태영 2018)이라는 체제 정체성 논리를 앞세워 대통령 개헌안을 공격했다.

대통령 개헌안으로 정치권은 양분되었다. 여당은 의회에서의 표결로 통과시키려 했고 야당들은 격렬히 반대했다. 그러한 대립 속에서 개헌안은 2018년 5월 24일, 의결정족수 미달로 국회 계류 상태로 머물러 있어야 했다.

2. 개헌의 역사와 2018년 개헌 논의

근대국가 한국은 1948년 1공화국 수립 이후 수십 차례 개헌에 관한 논쟁들을 이어왔는데, 당시의 권력 관계와 정치적 상황에 따라 개헌안의 운명이 결정되었다. 2018년의 개헌 논쟁은 그와 같은 개헌의 정치사에 자신의 이름을 올려 헌법 개정의 역사적 연장선에 자리하게 될 것이다. 그런데 헌법 개정의 역사에 비추어볼 때 2018년의 사례는 우리의 눈길을 끄는 중요한 양상을 갖는다. 헌법 개정의 역사에 관한 간략한 스케치를 통해 그 문제에 접근해 보기로 하자.

최초의 개헌 발의는 1950년 1월 27일에 제출된 의원내각제로의 변경에 관한 것이었다. 개헌안을 발의한 의원들은 대통령제의 독재적 성격과 정부의 부패와 무능을 근거로 제시했다. 하지만 헌법이 제정된 지 얼마 되지 않은 시점에서 개헌을 이야기하는 것의 문제와 의원내각제가 정치적 불안정을 야기한다는 논리에 기초한 반대가 적지 않았다. 결국 개헌안은 부결되었다. 이듬해인 1951년 11월 30일, 정부가 개헌안을 발의했다. 권력구조를 대통령 직선제와 국회 양원제로 변경하는 안이었다. 당시 이승만 대통령이 자신의 정치적 위기를 돌파하기 위한 개헌안으로 판단한 야당의원들의 압도적 반대(찬성 19, 반대 143, 기권 1)로 부결되었다. 다음 해인 1952년 4월에는 의원내각제로의 변경에 관한 개헌안이, 다음 달인 5월 14일에는 대통령 직선제와 양원제 국회로의 변경을 담은 안이 발의되었다. 의회는 이 두 안을 함께 검토했는데, 결국 전쟁의 혼란기인 1952년 7월 4일, 형식적으로는 두 안을 절충했다는 의미에서 발췌개헌으로 불리는 개헌안이 통과되었다. 대통령 직선제와 양원제의회 그리고 국무원불신임제로의 변경안이 통과되었다(장영수 2018, 101-103).

1954년 1월 23일, 정부는 또 하나의 헌법 개정안을 국회에 제출했다.

외국인 투자 유치를 위한 경제조항 개정안이었다. 의회가 국무총리를 출석시켜 개정안이 가져올 효과를 놓고 논쟁을 벌이는 중 정부가 개정안 철회를 통보했다. 의회는 정부의 철회 결정을 놓고 논쟁을 벌였고, 최종적으로 개정안 철회를 승인했다. 정부는 같은 해 9월 6일, 새로운 개헌안을 제출했다. 기존에 발의한 경제조항 개정을 포함해 여러 조항의 개정을 제안했는데, 가장 핵심적인 내용은 부칙 조항이었다. "이 헌법 공포 당시의 대통령에 대하여 제55조 제1항 단서의 제한을 적용하지 아니한다"는 규정을 명시하는 제안이었다. 당시 헌법 제55조 1항은 "대통령과 부통령의 임기는 4년으로 한다. 단, 재선에 의하여 1차 중임할 수 있다"라고 규정했다. 이미 두 차례 연속적으로 대통령에 당선되었기 때문에 이 헌법 조항을 적용한다면 이승만 대통령은 출마할 수가 없다. 따라서 그 개헌안은 이승만 대통령의 장기집권을 가능하게 할 수 있는 장치의 의미를 갖는다. 찬반토론 이후 진행된 투표에서 찬성 135, 반대 60, 기권 7로 부결되었다. 재적의원 203명의 2/3의 찬성으로 통과되는 규정에 따르면 136명이 되어야 했다. 그런데 이튿날인 11월 28일, 국회는, 203명의 2/3는 135.333인데, 자연인은 정수이어야 하므로 0.333은 버려야 하고, 따라서 2/3가 135명이라는 논리로 개헌안을 가결했다(장영수 2018, 101-103).

　1960년 4·19혁명에 따른 1공화국 해체와 헌법 개정으로 제3차 개헌이 이루어졌다. 그 해 5월 11일 국회가 개헌안을 발의했고, 표결 결과 재적의원 218명 중 211명이 투표해 찬성 208, 반대 3명으로 가결되었다. 헌법 본문 중 총 52개의 조문을 수정하고 부칙 15개 조항을 명시하는 방대한 개헌으로 확정된 제2공화국 헌법은 무엇보다 권력구조를 대통령제에서 내각책임제로 변경하는 중대한 변화로 특징지어지지만, 국민의 기본권 강화를 위한 조치 또한 실현했다. 헌법 제10조 거주·이전의 자유, 제11조 통신의 비밀, 제13조 언론·출판·집회·결사의 자유 등에서 '모든 국민은 법률에 의하지 아니하고는'이라는 유보문구를 삭제함으로써 기본권 보장의 토대를 강화했으며, 제25조에서 선거권 연령을 20세로 낮추고, 27조 2항(공무원의 정치적 중립성과 신분은 법률의 정하는 바에 의하여 보장된다)을 통해 공무원의 신분보장과 중립성을 제도화했다(장영수 2018, 165-169).

새로운 헌법으로 수립된 제2공화국이었지만, 내부의 분열과 외부로부터의 정치적 요구로 인한 불안정한 국면을 피해나가지는 못했다. 3·15 부정선거 책임자 처벌이 미진하게 진행되는 것에 불만을 품은 여론에 밀려 발의된 개헌안(1960년 10월)은 그러한 배경과 밀접한 관련을 갖는다. 헌법 부칙에 다음과 같은 조항을 신설하는 개헌안이었다.

> 이 헌법 시행 당시의 국회는 단기 4293년 3월 15일에 실시된 대통령·부통령 선거에 관련하여 부정행위를 한 자와 그 부정행위에 항의하는 국민에 대하여 살상 기타의 부정행위를 한 자를 처벌 또는 단기 4293년 4월 26일 이전에 특정 지위에 있음을 이용하여 현저한 반민주행위를 한 자의 공민권을 제한하기 위한 특별법을 제정할 수 있으며 단기 4293년 4월 26일 이전에 지위 또는 권력을 이용하여 부정한 방법으로 재산을 축적한 자에 대한 행정상 또는 형사상의 처리를 위하여 특별법을 제정할 수 있다. 전항의 형사사건을 처리하기 위하여 특별재판소와 특별검찰부를 둘 수 있다. 전 2항의 규정에 의한 특별법은 이를 제정한 후 다시 개정하지 못한다(「헌법 제5호」).

개헌안은 11월 23일 민의원에서 총 투표자 수 200인 중 찬성 191, 반대 1, 무효 6, 기권 2로 가결되었고, 11월 28일 참의원에서는 52인의 투표자 중 찬성 44, 반대 3, 기권 3, 무효 2로 가결되었다.

4·19혁명으로 탄생한 제2공화국은 이듬해 5·16 군사 쿠데타로 붕괴되었고, 새로운 헌법으로 1963년 12월 제3공화국이 탄생하기까지 한국은 오랜 시간 군사정부 통치 하에 있게 된다. 헌정체제로의 이행 시기와 절차에 관한 긴 논쟁을 지나 새로운 헌법이 1962년 12월 17일의 국민투표를 통과했다. 제3공화국 헌법은 권력구조를 내각책임제에서 대통령제로, 국회를 기존의 양원제에서 단원제로 변경하고, 헌법재판소를 폐지하고 그 기능을 법원으로 이관했다. 그리고 새로운 헌법에서 주목해야 할 중대한 변화를 전문에서 관찰할 수 있는데, "유구한 역사와 전통에 빛나는 우리들 대한국민은 기미 삼일운동으로 대한민국을 건립하여 세계에 선포한 위대한 독립정신을 계승하여 이제 민주독립국가를 재건함에 있어서"라는 제2공화국 헌법 전문이 "유구한 역사와 전통에 빛나는 우리 대한국민은 3·1운동의 숭고한 독립정신을 계승하고 4·19의거와 5·16혁명의 이념에 입각하여 새로운 민주공화국을 건설함에 있어서"로 변경되었다. 군사 쿠데타의 헌법적 정당화 시도다(장영수 2018, 219-221).

1969년 9월 9일, 헌법 개정안(제6차 개헌)이 발의되는데, 대통령의 중임 제한 폐지를 위한 것이었다. 1954년 이승만 대통령의 중임 제한 철폐를 위한 개헌 역사의 반복이다. 개헌안에 대해 야당과 시민사회가 강력한 반대로 맞섰지만, 정부와 여당은 일요일 새벽에 자신들만 모이는 변칙적 방법으로 개헌안을 통과시켰다.

1972년 10월에는 이른바 유신헌법의 탄생을 알리는 제7차 개헌이 이루어진다. 한국헌정사에 비춰, 그 절차와 내용에서 가장 반민주적인 것으로 평가받고 있는 개헌이다. 박정희 대통령은 1972년 10월 17일 특별선언을 발표해 국회를 해산하고 정당과 정치활동의 중지를 선언했다. 국회의 역할을 대신하는 비상국무회의는 1972년 10월 27일까지 헌법개정안을 공고하고, 1개월 이내에 국민투표에 부치는 일정을 공표했다. 새로운 헌법에 대한 국회 토론이 불가능한 차원에서 절차상 반민주성을 말할 수 있으며, 새로운 권력구조 또한 민주주의에 적대적이었다. 무엇보다 대통령에게 절대적 권한을 부여함으로써 권력분립이라는 민주주의의 제도적 기초를 무너뜨렸다. 대통령 선출방식을 국민의 직접선거에서 통일주체국민회의라는 간접선거제도로 변경함으로써 권력교체의 가능성을 원천적으로 봉쇄했으며, 제3공화국 헌법에 명시된 대통령의 임기제한(제69조 3항, "대통령의 계속 재임은 3기에 한한다.")을 철폐함으로써 권력의 영속적 재생산을 제도적으로 보장했다. 또한 국회의원 정수의 1/3을 추천할 수 있는 권한을 대통령에게 부여함으로써 대의민주주의와 권력분립 원리를 근간으로부터 흔들었다. 아울러 제3공화국 헌법의 국정감사권을 폐지함으로써 행정부에 대한 의회의 견제 기능도 약화시켰다. 가장 중대한 문제는 "대통령은 천재지변 또는 중대한 재정·경제상의 위기에 처하거나, 국가의 안전보장 또는 공공의 안녕질서가 중대한 위협을 받거나 받을 우려가 있어, 신속한 조치를 할 필요가 있다고 판단할 때에는 내정·외교·국방·경제·재정·사법 등 국정전반에 걸쳐 필요한 긴급조치를 할 수 있다"는 헌법 제53조 1항이었다(「헌법 제8호」). 이 '긴급조치권'은, 1970년대의 억압적 통치행위가 증명하고 있듯이, 기본권을 비롯한 시민적 자유와 권리를 근본적으로 침해하는 초헌법적 권한이었다.

제8차 개헌은 신군부세력의 1980년 쿠데타 결과물이다. 신군부세력은 단계적 쿠데타를 진행하면서 그 해 3월 헌법개정심의위원회를 발족해 헌법 개정 작업에 돌입했다. 제5공화국 헌법은 국민투표를 거쳐 1980년 10월 27일 공포되었다. 우선 이 헌법은 전문에서, 유신헌법 전문에 명시되어 있던 "4·19의거 및 5·16혁명의 이념을 계승하고"를 삭제함으로써 박정희 정권과의 차이를 드러내고자 했다. 권력구조와 관련해서도 유신헌법의 임기 제한 없는 6년 대통령제로부터 7년 단임의 대통령제로, 유신

헌법의 긴급조치권을 비상조치권으로 바꾸고 그에 대한 국회 통제권한을 강화하는 방향으로 변화했다. 하지만 선거인단에 의한 대통령 선출방식은 그대로 유지했기 때문에 대통령 권력 교체의 가능성이 크지 않을 수밖에 없었다. 새로운 헌법은 인권 불가침성을 선언하고 행복 추구권을 포함하는 등 기본권 강화를 위한 조문들을 포함하면서 민주주의의 제도적 외연을 확장하고자 했다. 하지만 당대의 정치적 현실은 헌법 조문에 반영된 민주주의와는 거리가 멀었다(장영수 2018, 265-278).

이와 같은 개헌의 역사가 말해주는 것처럼, 헌법 개정은, 1960년 2공화국 헌법제정을 제외하면, 민주주의 확장이라든가 강화와 같은 공동체적 가치가 아니라 지배 권력의 이해관계에 연결된 정치적 과정이었다. 그러한 상황 속에서 헌법 개정에 관한 야당과 시민사회의 요구들이 분출되었던 것은 너무나 당연했다. 1960년대 후반부터 1970년대 초반까지 반정부세력은 개헌을 지배 권력의 반민주주의로 규정하며 저항했다. 1969년, 대통령의 3선을 가능하게 하는 개헌안이 발의되자 야당은 범국민투쟁위원회를 조직하고 대학가는 반대시위를 개최하면서 이른바 3선 개헌 반대운동을 펼쳐나갔다. 이렇게 시작된 정치투쟁은 1972년 유신헌법이 통과되면서 본격적인 양상으로 전개되었다. 야당과 재야 정치인들은 1972년 12월, 개헌 청원 1백만인 서명운동을 민주화운동의 일환으로 조직하고 실천해나갔다. 하지만 그들의 정치적 행동이 반민주주의적 개헌을 저지하지는 못했다.

헌정쿠데타로 명명될 수 있는 왜곡된 개헌의 역사에 비추어볼 때, 1987년의 개헌은 근본적으로 다른 의미로 다가온다. 제6공화국을 탄생시킨 개헌은 길게 보면 1960년대 후반부터 이루어진 민주주의 헌법을 향한 의지의 결과물이었고, 짧게 보면 1980년대 중반부터 전개된 민주주의 헌법 쟁취를 위한 노력의 결실이었다. 1980년대 중반부터 야당과 반정부 사회단체들은 5공화국 헌법에 맞서 개헌운동을 전개해나갔다. 1985년 총선에 참여하기 위해 분산된 세력을 결집해 창당된 신한민주당은 대통령 직선제 도입, 국정감사권 부활, 지방자치제 전면 실시, 언론기본법 폐지, 노동관계법 폐지를 향한 개헌을 의제화하고자 했다. 노동운동과 학생운동도 그러한 개헌 움직임에 가세했다. 그런데 이 정치세력은 보다 근본적인 문제의식을 표출했는데, 그들은 민중을 역사와 정치의 주체로 세우는 헌법으로 '민중·민주·민족통일헌법', 이른바 '삼민헌법'을 주창했다. 1986년 초부터는 민통련(민주통일민중운동연합)이 신년사를 통해 '민주헌법쟁취 범국민서명운동'을 전개했고, 종교계와 학계의 참여로 점차적으로 확대되어 나갔다. 이후 신민당이 부산, 광주, 대구, 대전, 청주, 인천 등 전국을 돌며 개헌추진위 지역지부 결성대회를 진행해 나가면서 개헌운동의 대중적 영향력이 점점 확대되어 나갔다. 하지만 1986년 5월의 인천 사태가 말해주고 있듯이, 반정부세력의 개헌운동은 그 이념과 방향에서 내부적 통일을 이루지 못했고 급진세력들의 개헌론이 정부의 탄압에 빌미를 제공하면서 개헌운동의 전개에서 어려움이 초래되기도 했다(이재성 2021). 궁극적으로 신민당과 재야 세력이 1987년 5월 '민주헌법쟁취 국민운동본부'라는 대연합체를 결성해 개헌운동의 의제를 '대통령 직선제 개헌'으로 구체화하면서 그와 같은 정치적 국면을 벗어날 수 있었고, 결국 1987년 6·29 선언을 이끌어내고 87년 헌법을 수립했다.

   '87년 헌법'은, 당시 많은 정치세력들의 비판을 받았지만, 제2공화국 헌법과 함께 한국 헌정의 역사에서 매우 중대한 의의를 지닌다고 말하지 않을 수 없다. 헌정주의와 민주주의에 역행해온 개헌의 역사에 비추어보면, 그것은 반정부세력의 정치적 단결과 연대가 만들어낸 결과물이자 제도권 주체들의 합의를 통해 이룩된 최초의 헌법으로 평가할 수 있기 때문이다. 그러한 예외적 경험은 이후 개헌의 정치가 과거처럼 지배 세력이 자신의 정치적 이해관계를 위해 헌정 쿠데타와 같은 반민주주의적 절차를 시도하고 반대 세력이 그에 대한 저항을 감행하는 퇴행적 방식에서 자유롭도록 만들었다.

정치적 논의와 합의의 과정으로서 1987년 개헌정치의 실험은 2018년의 개헌 움직임으로 이어졌다. 그러나 보다 멀리 보면, 그 본격적인 시작은 2007년 노무현 대통령이 대통령 5년 단임제를 4년 중임제로 변경하는 개헌을 주장하면서부터였다. 임기 말이라는 특수성 때문에 본격적으로 전개되지 못한 상태로 닫히게 된 개헌 논의는 2016년 박근혜 대통령의 탄핵 사태를 지나 2017년 국회가 헌법개정특별위원회를 구성하면서 다시 본격화되었다(장영수 2020, 10-12).

하지만 앞서 살펴본 것처럼, 2018년의 개헌 과정은 성과를 내지 못하고 중단되었다. 정당 간 의견 대립과 갈등으로 개헌이 전진하지 못하게 된 결과의 가장 직접적인 원인은 대통령 권력구조를 둘러싼 쟁점이었다. 4년 중임 대통령제, 4년 중임 분권형 대통령제, 이원집정부제, 권한축소형 대통령제 등 다양한 안들을 놓고 정치세력들은 합의에 도달하지 못했다.

돌이켜보면, 한국의 개헌 역사에서 언제나 핵심적인 사안은 대통령의 선출방식과 권력구조였다. 대통령 권력의 안정적이고 예측 가능한 재생산과 실천이야말로 지배 권력의 위치를 보장해줄 가장 중대한 제도적 장치였기 때문이다. 이승만 대통령은 의회를 통한 재선이 어려울 것으로 판단해 선출방식을 직선제로 변경하고자 했고, 삼선 입후보를 위해 중임 제한 규정을 폐지하고자 했다. 박정희 대통령은 이승만 대통령과 같이 삼선 입후보를 위해 헌법 조항을 수정하고자 했고, 직선제 선거를 통한 권력 창출의 어려움으로 인해 간선제 대통령 선거제를 도입했으며, 심지어는 대통령의 임기 제한 자체를 철폐하면서 권력의 영속적 소유 의지를 헌법에 투영했다. 그리고 전두환 대통령은 단임 권력을 명문화했지만 간선제를 유지함으로써 정당 간 권력 교체의 가능성을 원천적으로 봉쇄했다.

이처럼 왜곡된 역사에 대한 반성의 결과로 1987년 헌법은 기존의 간선제 7년 단임 대통령 권력을 직선으로 선출되는 5년 단임 대통령제 권력구조로 변경했다. 유신헌법에서 시작되어 5공화국까지 지속된 간선제 선출방식의 비민주성에 대한 국민적 비판의 반영이다. 그로부터 2017년에 이르기까지 30년간 한국의 대통령제는 그 제도적 형식과 절차에서 민주주의 원리를 유지하고 재생산해나갔다. 하지만 '제왕적 대통령'이라는 아주 오래된 논쟁적 언어(이금옥 2018)가 단적으로 말해주고 있듯이, 한국의 대통령제는 권력의 민주적 통제 어려움을 필두로 여러 부정적 평가를 받아왔다. 그 점에서 2018년의 개헌안이 — 개헌안에 대한 정치세력 간의 합의를 이끌어내지 못했지만 — 대통령 권력구조의 다양한 대안을 놓고 논쟁을 벌인 것은 상당한 역사적 의의를 지닌다.[1]

이러한 논의 지평 위에서 볼 때, 2018년 개헌 프로젝트는 근대국가 한국의 수립 이후 전개되어온 개헌정치의 연속선 위에서 관찰하고 해석할 수 있다. 하지만 이 개헌 논의를 이끌어간 대결과 갈등의 차원은, 헌법의 언어를 둘러싼 대립의 이념적 날카로움이 말해주듯이, 단순히 대통령 권력구조에 관한 이견으로 국한되거나 환원되지 않는다. 오히려 정치적 대결의 중심에는 헌법 전문과 본문을 구성하는 '이념적 성격의 언어들'이

---

[1] 2018년 개헌 논의의 의의는 또 다른 관점에서도 관찰할 수 있다. 그 절차에서 합의 민주주의의 전통을 보여주었다는 점을 간과할 수 없다. 특히 그 과정에서 제도권 정당들의 합의를 넘어 시민들의 적극적 참여를 통한 개헌 필요성이 중요하게 제기되었다는 점에서 개헌의 민주주의적 토대를 한층 더 강화해나간 계기로 평가될 수 있다. 나아가 87년 헌법이 30년 이상 유지해오는 정치사회적 상황에 대한 비판적 인식을 배경으로 하는 이 개헌 논의는 한국정치와 사회의 미래 디자인 차원에서 매우 중대한 정치적 계기와 의미를 지니는 것으로 해석할 수 있다.

자리하는 것으로 해석하는 것이 타당해 보인다.

바로 이 점이 지난 개헌 논쟁과 2018년 개헌 논쟁의 중대한 차이로 보인다. 2018년 개헌 논의에 대한 정치학계의 접근이 권력구조에 초점을 맞추고 있는 점은 그러한 점에서 문제인식의 한계를 드러낸다. 가령, 『1987년 제6공화국 헌법과 2017년 개헌 논의』의 서론은 "본 연구는 '권력구조'를 중심으로 한 헌법 개정 논의에서 한국의 상황에 적합한 최적의 대안을 마련하는 데 도움이 되고자"(진영재 2017, 5)라는 과제 설정으로 시작하고 있다.

3. 집단상징으로서 헌법의 언어

일본의 정치사상가 가라타니 고진은 『헌법의 무의식』에서 일본의 군사력 보유와 전쟁권을 금지하고 있는 전후헌법 제9조[2]의 문제를 정치적 무의식의 관점에서 접근하고 있다. 그는 9조를 필두로 하는 헌법 개정을 통해 군사력과 전쟁의 권리를 갖는 국가로의 이행을 시도하는 일본 우익의 정치적 의지가 쉽게 구현되지 못하는 이유를 묻는다. 그의 답은 이렇다.

헌법 9조가 집요하게 살아남은 것은 의식적으로 그것을 지키려고 했기 때문이 아닙니다. 만약 그러했다면 이미 사라졌을 것입니다. 인간의 의

---

[2] "제9조(전쟁의 포기, 전력 및 교전권의 부인) ① 일본 국민은 정의와 질서를 기조로 하는 국제평화를 성실히 희구하고 국제 분쟁을 해결하는 수단으로써 국권이 발동되는 전쟁과 무력에 의한 위협 또는 무력행사를 영구히 포기한다. ② 전항의 목적을 달성하기 위해 육해공군 기타 전력을 유지하지 아니한다. 국가의 교전권은 인정하지 않는다."

지는 변덕스럽게 취약하기 때문입니다. 9조는 오히려 '무의식'의 문제입니다만 […] 그들이 아무리 9조가 비현실적인 이상주의라고 호소해도 소용이 없었습니다. 9조는 '무의식' 차원에 뿌리를 둔 문제이기에 설득이 불가능합니다(고진 2007, 18).

고진은 프로이트의 무의식과 초자아 개념에 입각해 헌법 제9조에 깊게 깔려 있는 일본인들의 집단 무의식을 해석한다. 고진에 따르면 헌법 9조는 일본인들의 자발적인 의지와 결정에 의해 탄생한 것이 아니다. 그것은 외부로부터의 강제에 의한 것이다. 패전국 일본을 점령한 맥아더는 효과적인 점령통치를 위해서는 천황제를 유지할 필요가 있다고 생각했다. 그는 메이지유신 이후 일본의 국가적 중심으로 존재해온 천황제의 폐지 그리고 천황의 단죄가 가져올 혼란과 일본인의 적대감을 예견했다. 그러한 판단 하에서 맥아더는 일본 헌법 제1조[3] 조항을 통해 국가적 상징으로서 천황제를 유지하고자 했다(고진 2007, 31-34). 하지만 일본 천황의 전쟁 책임과 천황제에 내재되어 있는 것으로 의심되는 일본의 전쟁욕망에 대한 우려가 적지 않았기 때문에 맥아더로서는 침략적 전쟁을 금지하는 헌법 제9조를 제정함으로써 그와 같은 불신과 염려를 차단하고자 했다. 그렇게 보면 헌법 제9조는 "국제여론을 설득하기 위해 필요한 수단"(고진 2007, 36)이었다고 말할 수 있다. 그런데 한국전쟁이 발발하자 맥아더는 일본정부에 일본군의 재결성과 군대 파견을 요청함으로써 헌법 9조를 무효화하고자 했는데 오히려 당시 요시다 수상이 그 요청을 거절했음을 고진은 환기했다. 이러한 역사적 움직임에 대한 인식 속에서

---

[3] "천황은 일본국의 상징이자 일본 국민 통합의 상징이며, 이 지위는 주권이 존재하는 일본 국민의 총의에 근거한다."

고진은 다음과 같은 주장을 펼치고 있다.

> 맥아더에게는 헌법 1조야말로 중요하고 9조는 부차적인 것에 지나지 않았습니다. 그러므로 한국전쟁의 발발과 함께 그것을 개정하도록 압박했던 것입니다. 그런데 그 시점에서는 9조가 일본인에게 깊은 의미를 가지게 되었습니다. 그것은 9조가 '무의식의 죄악감'과 이어지게 되었다는 것을 의미합니다. 아마 요시다 수상이 맥아더의 요청을 거절한 시점에서는 그것이 명백해졌을 것입니다(고진 2007, 39).

맥아더는 9조의 문제를 전략적으로 판단했지만, 일본인들에게서 그것은 집단적 무의식과 연결된 조항이었다는 말이다. 전쟁을 피하고 평화를 유지해야 한다는 일본인들의 도덕적 무의식과 그로부터 유래하는 내적 자기 검열의 원칙이 9조에 담겨 있었다는 것인데, 고진은 그 집합적 무의식의 근원을 17세기 일본 역사에서 찾으려 한다. 그러니까 내적인 대결과 외적인 전쟁의 긴 기간을 지나 도쿠가와 이에야스(德川家康)의 통치가 시작하면서 일본은 탈 군사, 탈 무력의 시대로 이행했고, 평화가 만들어낸 새로운 사회적 질서에 대한 일본인들의 절대적인 집단 믿음이 형성되었다. 그렇게 형성된 집단적 믿음은 일본인들의 무의식적 초자아의 원형이 되어 평화를 위협하는 모든 정치적 움직임에 대한 도덕적 방어막으로 작동하고 있다는 것이다(고진 2017, 82-83).

일본의 헌법에 대한 고진의 해석은 헌법의 언어에 대한 새로운 이해의 가능성을 열어준다. 그의 해석에 따르면, 일본의 전후 헌법 제9조는 일본 전근대와 근대의 정치사적 운동 속에서 조형된 집단 무의식이 투사되어 있는 상징물이라는 점에서 외면적 의미민으로 규정될 것이 아니다. 그것은 군사력 보유와 전쟁 금지를 명문화하는 헌법적 규정으로서의 자격과 더불어 일본 전근대의 역사적 경험과 기억으로부터 추동된, 평화에 기반을 두는 새로운 국가 질서의 희망을 담고 있는 상징적 조항이다. 그 역사적 기억의 의미와 무게를 마음속에 간직하고 있고, 그리하여 그것이 어떠한 가치보다 더 소망스러운 것이라고 믿는 사람들의 집단 무의식은 그 조항을 수정하거나 폐기하려는 세력에 맞서는 싸움을 전개한다.

    9조의 수호에 대한 굳은 신념을 공유하는 사람들에게서 그것은 일본 헌법의 여러 조항들 중 하나 이상의 의미와 위상을 지니는 것으로 인식해야 할 듯하다. 그 조항에 내재된 이념과 그 이념을 담아내고 있는 언어들은 역사적·정치적 차원에서 반드시 지켜내야 할 가치물로 해석될 수 있기 때문이다. 그 조항에는 전근대 일본의 오랜 군사적 대결과 갈등의 역사, 도쿠가와 이에야스로부터 시작되는 장기 평화의 정치와 사회, 2차 대전이 초래한 혼란과 무질서 그리고 패전의 불안하고 불행한 심리 등이 복합적으로 스며들어 있을 것이고, 그에 더해 그러한 부정적인 과거를 벗어난 평화에 토대를 두는 새로운 국가와 정치공동체 건설에 대한 집단적 희구가 담겨 있다는 이야기다. 그 점에서 9조의 언어들은 단순히 겉으로 표현되는 정치적, 군사적, 외교적 의미를 넘어, 과거와 현재와 미래라는 시간이 중첩된, 일본인들의 집단적 기억과 반성과 희망의 의지와 욕망의 응축물인 것이다.

    이러한 관점을 한국에 적용해보면, "대통령은 국민의 보통·평등·직접·비밀선거에 의하여 선출한다"는 대한민국 헌법 제67조 1항에 대해서도 우리는 같은 해석을 시도해볼 수 있다. 1987년 개헌으로 탄생한 이 조항이 명시하고 있는 대통령 선거 방법, 즉 '직접선거'는 단순히 대통령 권력 선출에 관한 법적 규정이 아니다. 1987년 6월 전국적으로 전개된 반정부운동이 쟁취하고자 했던 '민주헌법'의 본질로서 국민의 직접선거에 의한 대통령 선출을 규정한 67조는 정치적 상징으로 이해해야 한다.

무엇보다 그것은 1970년대 초반 유신정권으로부터 전두환 군사정권에 이르는 시기 동안, 선거인단에 의한 대통령 선출방식이 양산해낸 반민주주의에 대한 국민적 기억, 그러한 긴 역사 속에서 만들어진 민주적 권력에 대한 국민적 희구가 담긴 조항이었다.

그러나 대통령 직선제라는 헌법적 언어는 그와 같은 장기적 정치사의 국면만이 아니라 개헌운동이 전개된 1987년 초에 발생한 박종철의 고문치사와 그에 이어 발생한 이한열의 비극적 죽음, 공권력의 폭력과 거짓말에 대한 분노, 그 두 청년의 사망이 가져온 가족적 비극에 대한 국민적 슬픔과 좌절감 등의 집단적 감성이 복합적으로 응축된 상징이기도 했다. 그 조항은 한국 현대 정치사 속에서 형성된 한국인의 집합적 경험과 기억의 투영체라고 말할 수 있다. 그러므로 만약 특정한 정치세력이 67조 1항의 규정을 바꾸려고 할 경우, 1970년대와 1980년대 한국 현대정치사의 공적, 사적 기억이 다시 소환되게 될 것이다.

그러한 관점에서 본다면, 대통령 직선제를 규정하고 있는 헌법 조항은 제도 권력의 소유에 관련된 정치집단들의 이해관계 차원을 넘어 대중들의 관심과 정서를 불러일으킬 정치적 상징인 것이다. 정치를 상징의 관점으로 접근하기를 요청하는 미국의 정치학자 에델만(Murray Edelman)의 용어를 빌린다면, 헌법 제67조 1항의 규정은 '도구적' 조항이기도 하면서 '표현적' 조항이기도 하다. 그러니까 그 조항은 권력집단에게는 구체적인 이해관계에 관련된 것(도구적 이해관계)이기도 하지만, 대중들의 정치적 움직임과 행동에 연관된 것(표현적 이해관계)이기도 하다는 말이다(Edelman 1967, 12). 후자의 경우, 헌법 조항의 언어들은 동원, 동질화, 정체성, 결속과 같은 정치적 운동과 깊은 관계를 맺는다.

같은 맥락으로 프랑스 헌법 제1조를 살펴볼 수 있다. 프랑스 5공화국 헌법 제1조, "프랑스는 분리불가능하고, 세속적이며, 민주적이고, 사회적인 공화국이다"에서 가령, '세속적'(laïque)이라는 언어는 정교분리 공화국으로서 프랑스의 제도적 정체성을 담고 있는 헌법적 용어만은 아니다. 거기에는 그 어느 나라보다 잔인한 방식으로 자행되어온, 가톨릭에 의한 타 종교, 특히 개신교에 대한 탄압과 학살의 역사, 절대주의 권력과 결탁해 지배권을 행사해온 가톨릭 성직자들의 정치적 무도함의 역사가 응축되어 있다. 프랑스가 공화국의 이념적 정체성에 세속주의를 굳이 명문화하고자 한 이유를 이해하기 위해서는 16세기 후반에 벌어진 성 바르톨로뮤 대학살에서 시작된 종교적 혐오와 반인륜의 긴 역사에 대한 설명이 필요하다. 루터의 종교개혁에서 시작되어 일련의 급진적인 또는 온건한 후속 개혁운동들을 통해 탄생한 유럽의 개신교(Protestant)는 1618년부터 30년간 가톨릭과 전면적으로 대결했다. 가톨릭을 국교로 삼아 참전한 프랑스는 위그노(Huguenot)로 불린 프랑스 개신교도에 대한 박해와 탄압을 멈추지 않았다. 그러한 반개신교 운동은 1572년 프랑스 왕국의 왕녀와 나바르 왕국 군주 간의 결혼식을 계기로 가톨릭이 개신교도를 잔인하게 살해한 성 바르톨로뮤 대학살로 이어졌다. 이후에도 프랑스의 가톨릭은 권력과 결탁해 비 가톨릭 기독교를 근본적으로 부정해왔다. 이러한 프랑스적 특수성으로 말미암아 프랑스혁명세력은 절대군주제와 함께 가톨릭을 척결과 해체의 주요 목표로 삼았고, 그러한 정치적 의지 속에서 프랑스는 궁극적으로 1905년의 정교분리에 관한 법률을 통해 세속공화국으로 나아갔다.

　　헌법적 언어들에 대한 이러한 몇 가지 사례들은 헌법의 정치적 본질에 대해 생각하게 한다. 헌법이란 국가 권력구조의 성격을 담고 있는 정치적 텍스트이면서 국가 정체의 이념적 원리를 규정하고 있는 궁극의 텍스트다. 그 점에서 헌법적 규정에 관한 싸움은 이익정치의 차원과 함께 상징정치의 차원을 지니고 있다고 말해야 한다. 권력 장악과 국가 운영을 핵심적 목표로 삼는 정당들에서 헌법이 권력구조를 어떻게 규정하는가, 라는 문제야말로 가장 근본적인 이익정치의 영역이다. 하지만 국가적 정체와 국민적 권리를 헌법이 어떠한 이념적 언어로 명문화하는가의 문제는 상징정치에 더 가까워 보인다. 이 때의 상징정치란 프랑스의 정치학자 스페즈(Lucien Sfez)의 관점에 접근한다.

> 우선 정치는 이익에 관한 일이 아니다. 만약 그렇다면 정치는 '경제'로 명명해야 한다. 또한 구조에 관한 일도 아니다. 만약 그렇다면 정치 영역은 사회학에 포섭될 것이다. […] 그렇다, 정치는 상징에 관계하는 일이다. 정치적 상징과 규칙과 표출방식을 말하는 것은 궁극적으로 정치의 장, 그 장의 경계와 폭을 정의하는 일이다. 왜냐하면 정치란 무엇보다 정당성에 관한 일, 말하자면 믿음과 정당한 기억, 달리 표현하면 상징에 관한 일이기 때문이다(Sfez 1988, 3).

일본, 한국, 프랑스 헌법의 언어들, 정치적 이슈의 영역으로 진입해 정치적 주체들의 이성만이 아니라 감성을 자극하게 하는 그러한 언어들은 특정한 정치공동체의 역사와 정치사 속에서 확립되어 집단 무의식에 자리 잡은 정치적 기억과 믿음으로 채워진 상징물이다. 그 언어 상징들은 정치 무대 위에서 집단들을 구분해내고, 동질성을 만들고, 결속하게 하고, 싸우게 한다. 그리하여 그러한 상징투쟁을 이끄는 언어들은 선-악, 정의-불의 같은 규범적이고 도덕적인, 상상을 더 밀고나간다면, 성스러움-더러움과 같은 종교적 원리 속에서 운동하곤 한다.

2018년 헌법 개정의 무대로 올라온 언어들 또한 그와 같은 정치적 본질을 공유하는 것처럼 보인다. 신보의 의지에 맞서 한국의 보수가 굳건하게 지키고자 했던 자유민주적 질서, 국민, 근로라는 언어는 해방 이후 현대 한국의 역사와 정치사적 궤적 위에서 한국 보수의 이념적 정체성을 만들어낸 집합적 기억, 경험, 가치관을 응축하는 상징이다. 따라서 진보세력이 민주적 질서, 사람, 노동이라는 헌법적 언어로의 대체를 기획한 것은 보수의 관점에서 볼 때 정치적 이익을 넘어 자신들의 존재론적 정당성에 대한 도전으로 인식될 사안이었다. 우리는 그러한 관섬에서 한국의 보수가 자신들의 역사적 정체성을 간직하고 있는 언어 상징이 사라지거나 변경되는 것에 맹렬히 저항해야 했던 근원적 이유가 무엇인가를 알게 된다.

이 연구는 2018년에 전개된 개헌의 정치를 그와 같은 언어 상징의 차원에서 접근하고 해석하고자 한다. 이를 위해 자유민주적 질서, 근로, 국민이라는 헌법적 언어가 어떠한 역사적 국면과 경험적 계기들을 지나오면서 한국의 보수가 지켜내려는 정치적 상징으로 주조되고 강화되어 나갔는지를 추적하는 일을 진행한다. 다음으로, 진보세력이 어떠한 정치적 논리를 통해 그와 같은 보수의 상징적 언어들에 도전했는지를 살펴보고, 그 과정 속에서 한국의 보수와 진보가 헌법적 언어의 무대 위에서 어떠한 상징투쟁을 실천해나갔는지에 대한 추적을 시도한다.

이러한 문제들에 대한 본격적인 분석으로 들어서기 이전 먼저, 근대정치의 본성에 대한 새로운 논의를 통해 한국에서 전개되고 있는 헌법을 둘러싼 상징정치의 이론적 원리를 인식하고자 한다.

제2장
정치적 근대에 대한 새로운 상상: 성스러운 이념의 세계로서 근대

1. 이념국가, 근대국가의 본성

왕권신수설의 대표적 사상가였던 필머(Robert Filmer)는 1680년에 출간된 『가부장론』(*Patriarca*)에서 "아버지에 대한 자연적 의무와 왕에 대한 자연적 의무를 비교한다면, 우리는 그 둘이 모두 하나임을, 그 범위나 정도를 제외하면 어떠한 차이도 없다는 것을 알게 된다. 아버지가 한 가족을 책임지는 것처럼, 왕은 마치 아버지가 여러 가족을 책임지는 것과 같이, 자신의 돌봄을 국가 전체를 유지하고, 영양을 공급하고, 안전을 제공하고, 가르치고, 수호하는 일로까지 확장한다"(Filmer 1680, 4)고 주장했다. 그에게서 국가는 곧 가부장적 권위가 확대된 것에 다름 아니다.

필머의 이와 같은 정치적 인식은 1689년에 출간된 로크(John Locke)의 『통치론』(*The Second Treatise of Government*)에서 근본적인 비판을 받았다. 로크는 "로버트 필머 경이 우리에게 가르쳐준 것과는 다른 또 하나의 통치의 발생, 별도의 정치권력의 기원 그리고 정치권력을 소유할 인격[사람이나 기괜을 고안하고 분별하는 방법을 필히 발견해야 할 것"

(로크 1996, 8)이라고 말했다. 이어지는 글에서 로크는 정치적 권력은 자식에 대한 아버지의 권력, 하인에 대한 주인의 권력, 아내에 대한 남편의 권력, 노예에 대한 노예주의 권력과 근본적으로 상이하다고 언급했다(로크 1996, 9). 우리는 필머의 논리에 맞서, 권력과 국가의 전통적 원리와 근대적 원리를 구분하려고 하는 로크의 목소리에 주목한다. 아마도 국가와 권력에 대한 로크의 근대적 관념은 당대 영국의 변화하는 정치적 세계관과 밀접한 관련을 맺고 있었을 것이다. 그의 책이 명예혁명이 완결된 이듬해에 출간되었다는 사실은 그 점에서 의미심장한바, 혈연성에 기초한 전근대적인 절대군주의 축출과 의회권력에 의해 추대된 입헌군주의 탄생은 당대 영국사회 내 정치적 의식의 근본적인 단절을 증거해줄 역사적 사건이었다.

그러한 변화 국면 속에서 영국의 휘그파(the Whig) 지도자 샤프츠베리(Shaftesbury) 백작은 『인간, 풍습, 의견, 시간의 특성』(*Characteristics of Men, Manners, Opinions, Times*)에서 정치적 상상력을 보여준다. 백작은 정치적 충성과 사랑과 헌신에 관한 새로운 상상력을 펼친 바 있는데, 그는 "파트리아(partria)라는 단어를 사용하지 못하게 하고, 우리의 토착 공동체를 표현하는데 '컨트리'(country)라는 이름과는 다른 어떤 이름도 가지고 있지 못한 우리 언어에 때로 화가 난다"(Saftesbury 1999, 402)고 고백했다.

여기서 그가 구분하려는 파트리아와 컨트리는 근본적으로 다르다. 컨트리가 혈연과 지리의 공동체라고 한다면, 파트리아는 자유, 평등, 공동선, 공공 가치 등을 실현하기 위해 상호동의의 원리로 묶인 이념의 공동체를 의미한다(조승래 1999, 59-60). 샤프츠베리는 "자기가 태어난 땅이 아니라 공동선을 위해 자유로운 사람들이 힘께 살아가는 공동체"인 파트리아에 대한 충성과 사랑과 헌신의 마음에 주목하면서 그것을 근대적 개념인 애국주의로 부른다(비롤리 2020, 92). 샤프츠베리의 애국 개념을 해석하면서 비롤리(Maurizio Viroli)는 그가 땅에 대한 애정에 맞서 진정한 애국의 개념을 이야기하고 있음을 강조한다. 그의 해석에 따르면 땅에 대한 애정이 "우리만의 것, 그것을 가짐으로 우리가 다른 사람들보다 나아질 것이라고 믿는" 것이라면, 진정한 애정은 "우리만의 것인지의 여부와 관계없이 다른 개인들과 공통으로 가지고 있는 어떤 것을 사랑하는 것"(비롤리 2020, 94)이다. 그 점에서 근대적 가치를 공유하는 자유로운 사람들로 구성된 파트리아에 대한 애정이야말로 고결한 열정이다(비롤리 2020, 95).

영국의 토리파(the Tory) 정치가인 볼링브로크(Henry Saint John Bolingbroke) 또한 1738년 저작인 『애국적 군주에 관한 관념』(*The Idea of a Patriot King*)에서 애국의 진정한 가치가 무엇인지를 명확히 밝힌 바 있다. 애국적 군주에 대한 논의와 관련해 그는 "인민의 가장 큰 선은 그들의 자유"임을 강조하면서 건강이 개인의 신체에 가장 중요한 것처럼, 집단적 신체, 즉 정치체에는 자유가 가장 중요하다고 이야기했다. 그러한 맥락에서 그는 "헌법의 자유를 수호하고 유지하는 의무를 수행하는 애국적 군주에게는 성스러움이 부여된다"고 역설해마지 않았다(Bolingbroke 1738). 볼링브로크의 사유는 정치적 전통과 근본적으로 결별하고 있다. 왜냐하면 군주의 권력이 헌법적 질서와 자유의 이념 아래에서 자신의 존재 이유와 정당성을 지닌다고 말함으로써 절대군주권력이라는 전통적 원리를 부정하고 있기 때문이다.

우리는 17-18세기 영국의 정치사상 속에서, 혈연적 원리로 생성된 권력이 지배하는 공동체, 태생에 의해 삶의 터전으로 자리매김 되는 공동체가 아닌, 자유로운 구성원들의 의사에 의해 자신들이 공유한 가치들을 보호하고 유지하기 위해 만들어낸 공동체야말로 근대적 국가의 비전임을 인식하게 된다. 근대적 국가는 자연발생적 정치체가 아니다. 그것은 특정한 이념적 원리를 따라 조형된 인공적 정치체다. 홉스(Thomas Hobbes)와 로크의 정치사상에서 구현된 사회계약론(social contract)이 그 사실을 명확히 보여주고 있다. 국가는 자연 상태 속 개인들이 자신의 생존의 자유, 소유의 자유를 보편적으로 실현하기 위해 자신의 이성이 명령하는 자연법의 원리를 따라 계약으로 만들어낸 창조물이다(조긍호·강정인 2012).

근대국가 생성의 궁극적 원리는 이성적 사유와 판단에 내재하고 있음을 사회계약론은 밝히고 있다. 가령 로크는 "그들 모두에 공통된 자연법에 의해서 그와 나머지 모든 인류는 하나의 공동체를 형성하며, 다른 피조물과 구분되는 하나의 사회를 구성한다"(로크 1996, 121)라고 이야기하고 있다. 그가 말하는 자연법은 인간 이성의 법적 형식에 다름 아니다.

이러한 사상적 맥락에서 우리는 서구의 지적 시간을 한참 뒤로 밀고 나가 철학자 만하임(Karl Manheim)의 근대정신에 대한 사유에 접근해볼 수 있다. 만하임은 서구의 정신사를 오랫동안 지배해온, 기독교에 근거한 통일된 세계상이 와해된 뒤 세계 인식을 이끌 새로운 형식이 태동한 것에 주목하는데, 바로 '주체'(Subject)라는 형식이다.

> 그리하여 이제부터의 세계는 오로지 **주체**와 관계한 '세계'로서 존재하는 가운데 바로 이 주체의 의식 작용은 세계상을 형성하는 데 없어서는 안 될 구성 요인으로 등장하기에 이르렀다(만하임 2012, 179. 강조는 필자).

만하임이 말하는 이 주체는 "세계 형성에 관한 여러 원리를 단순히 수용하는 것이 아니라 오히려 자발적으로 스스로의 내면 그 자체에서 이를 조성하는"(만하임 2012, 179) 존재로 묘사된다. 자신의 내면에 세계 구성의 원리를 지니고 있는 이 근대적 주체를 마주하는 우리는 칸트(Immanuel Kant)의 비판철학이 조형한 진리 인식과 실천의 선험적 주체를 떠올린다. 그러니까 진리 주체는 경험 세계의 경계 안에서 자신의 진리 형식을 통해 세계에 관한 참된 인식과 실천을 수행한다. 철학 위에서 탄생한 그 진리 주체는 정치적 무대로 올라와 정치적 진리 인식과 실천을 위한 주체가 된다. 그리고 정치적 진리 주체에 내재되어 있는 이성은 기왕의 정치적 세계를 비판하고 부정하면서 진리가 구현될 이상적인 정치, 이상적인 국가의 원칙과 구조와 운동 원리를 제시한다.

근대국가, 정치적 근대를 창조하기 위한 혁명을 견인한 '선언문'(Declaration)이야말로 그러한 이성이 담고 있는 정치적 진리의 언어적 형식일 것이다. 예컨대, 1789년 8월, 프랑스혁명의 출발점에서 선포된 '인간과 시민의 권리 선언'(Déclaration des droits de l'homme et du citoyen)은 경험을 통한 정치적 지식이 아니라 이성이 가리키는 선험적 진리로 구성되어 있다. 모든 인간은 자유롭게 태어나 권리의 평등을 누리는 존재이며(1조), 자유를 누리고, 소유권을 지키며, 압제에 대해 저항하기 위한 권리를 수호하기 위해 정치적 결사를 만들었으며(2조), 주권은 본질적으로 국민의 것이며(3조), 법은 일반의지의 표현이며(6조), 사상과 의견의 자유로운 소통은 인간의 가장 고귀한 권리(11조)라는 선언문의 조항들은 그 이전의 역사 속에서 단 한 번도 경험적으로 관찰된 적이 없는 이념과 가치들이다. 자유, 권리, 평등, 소유권, 주권, 국민, 일반의지, 자유로운 소통과 같은 정치적·이념적 언어들은 근대적 주체의 정치적 이성 속에 내재되어 있는 규범과 당위를 지닌 보편적 형식이라고 말해야 한다(하상복 2014).

우리는 이러한 논의 지평 위에서, 만하임의 '총체적 이데올로기' 개념을 이야기할 수 있다. 만하임은 허위의식으로서 이데올로기, 즉 "상대방이 지니고 있는 일정한 '이념'이나 '표상'을 믿지 않으려는 경우에 사용하는 용어"(만하임 2012, 161)인 '특수적인 이데올로기'를 넘어, 세상에 대한 합리적 인식의 틀로서 이데올로기를 이야기한다. 그러한 차원에서 그는 "이제 우리는 모든 시대의 그 어떤 당파의 경우에도 인간의 사유란 필연적으로 이데올로기적 성격을 띨 수밖에 없다고 하는 **총체적 이데올로기 개념에서의 보편적 파악 방식**을 받아들이지 않을 수 없게 되었다"(만하임 2012, 199. 강조는 원문)고 강조한다. 이데올로기의 보편성에 대한 만하임의 입론은 궁극적으로 이데올로기를 참과 거짓의 차원이 아니라 "일정한 사회구조적 존재상황이 그 나름의 일정한 존재해석 양식을 낳게 하느냐"(만하임 2012, 203)의 차원으로 이해하려는 태도와 연결되어 있다. 근대는 자신이 놓여 있는 사회적 조건에 대한 합리적 틀로서 이데올로기를 향한 의지를 보편적으로 드러낸다는 것이다.

한편 만하임은 이데올로기 개념과 떨어질 수 없는 근대적 개념으로 유토피아를 이야기한다. 사회적 현실을 향한 합리적 인식구조로서 이데올로기는, 아직까지 실현되지 못한 세계에 대한 희망과 동경의 자리로서 유토피아와 결합한다. 여기서 우리가 만하임의 관점을 따라 유토피아를 이데올로기와 불가분의 개념으로 이해한다면, 그것 역시 근대적 개념 세계 속에서 해석되어야 한다. 만하임이 상기하는 바와 같이, 유토피아는 인류학적 기원을 갖는다. 말하자면, 인간사회는 먼 옛날부터 "기존의 현실에 만족하지 못하는 환상이" "소망의 공간이나 소망의 시간 속에서 안식처를 찾아왔다." "신화, 동화, 종교적 피안의 약속, 인도주의적 입장이 기초가 된 환상 또는 여행담 등은 모두 현실화된 삶을 간직하지 못한 데 대한 제 나름의 욕구 불만적 표시"(만하임 2012, 424-425)에서 유토피아의 원리를 만난다.

하지만 만하임은 그러한 기원적 유토피아를 근대적 유토피아 개념과 연결하려 하지 않는다. 왜냐하면 근대적 유토피아는 자신이 놓인 사회적 현실에 일정한 힘을 가해 그 현실을 변화시키려는 객관적 의지와 능력과 결합할 때 탄생하는 것(만하임 2012, 409)이기 때문이다. 앞서 언급한 현실에 대한 불만, 신화적 환상, 동화적 희구의 심리는 합리적으로 구축된 의지, 열망과는 다르다. 유토피아 의식은 "모든 세상사를 운명적인 것으로 받아들이거나 또는 '위로부터'의 조종에 의한 것으로 보는 것이 아니라 공동체로서의 모든 사회 계층이 현세적 의미에서의 세계 형성에 의식적으로 참여"(만하임 2012, 437)하려는 것이다.

결론적으로 말하자면, 정치적 근대는 합리적 의지와 실천 위에서 운동하는 세계인바, 그 정치적 세계는 현실에 대한 논리적 설명과 해석의 형식으로서 이데올로기와 이상적인 사회를 향한 합리적 청사진으로서 유토피아라는 두 축이 만들어낸 시공간 속에 구축되었다. 그 근대적 인식 논리와 실천의 의지를 담고 있는 언어적 형식이 바로 이념이다.

잘 알려진 것처럼, 미국의 정치학자 립셋(Seymour-Martin Lipset)은 미국의 정치적 예외성을 설명하면서, 미국이 "혁명을 통해 수립되었으며", "이념을 중심으로 조직된" 나라임을 강조한다. 그가 말하는 미국의 이념은 "자유, 평등주의, 개인주의, 포퓰리즘, 자유방임주의"(립셋 2006, 33)다. 립셋은 체스터턴(Gilbert Keith Chesterton)의 주장을 따라, "세계에서 유일하게 일종의 신념을 기반으로 건설된 국가"가 미국이라는 의견을 표명하고 있다. 미국은 "공통의 역사" 속에서 국민의식이 구현된 나라들과는 근본적으로 다른바, 어떻게 보면 로크가 말하는 '백지상태'(로크 2015) 위에 구축된 국가라고 말할 수 있을지도 모른다. 그 백지상태란 일체의 전근대적 과거가 없다는 의미에서다. 그 의미처럼, 미국은 전근대적 역사와 전통과는 무관한, 근대적 이념으로 구축된 국가라는 사실을 수용해야 할 것으로 보인다.

하지만 미국만이 이념 위에 성립한 정치공동체라고 말하는 것은 타당하지 않다. 미국이 근대적 국가원리의 이념형적인 양상을 보여준다고 말할 수 있지만, 다른 여러 근대국가들 또한 자신의 정치적 과거와 단절하면서, 때로는, 홉스봄(Eric Hobsbawm)이 『만들어진 전통』(*The Invention of Tradition*)에서 주장한 것처럼, 그 과거를 재구성하면서 이념국가의 형식을 만들어냈다(홉스봄 외 2004). 그 점에서 우리는 근대국가가 본질적으로 이념 국가임을 말해야 할 것으로 보인다.

"근대세계에서는 오직 한 형태의 정치공동체만이 인정되고 허용된다. 그것은 우리가 '국민국가'(nation-state)라고 부르는 형태다"(Smith 1986, 228)라는 스미스의 주장에서 우리는 근대국가의 이념적 본성을 드러내는 명확한 한 사례를 만난다. 예컨대, 스미스가 말하는, 국민을 뜻하는 '네이션'(nation)은 신체를 지닌 개별적 인격체가 아니다. 그것은 하나의 집합체인데, 근대국가의 본질로서 국민은 주권을 지닌 구성원 전체를 의미하는 추상적 전체다. 정치적 근대는 왕, 황제와 같이 자연적 인격을 매개로 한 국가적 표상을 매우 추상적이면서 관념적인 집합개념인 네이션이라는 국가적 표상으로 대체했다. 그 점에서 우리는 그 네이션에 대해 "어떠한 물질성 혹은 육체성"과도 관계없는 것으로, 오히려 "자유, 평등, 인권과 같은 근대국가의 이념들을 체현하는 정치적 의지의 개념적 집합체", "개별적인 정치적 의지들의 순수한 결정(結晶)"(하상복 2014, 52)으로 이해할 필요가 있다.

주지하는 것처럼, 근대 국민국가는 거의 예외 없이 국립묘지 제도를 운용하고 있다. 근대적 죽음의 정치적 장소와 관련해 『상상의 공동체』(*The Imagined Community*)의 서사 앤더슨(Benedict Anderson)은 이렇게 말하고 있다.

근대 민족주의 문화의 상징으로 무명용사의 기념비나 무덤보다 더 인상적인 것은 없다. 일부러 비워 놓았거나, 누가 그 안에 누워 있는지를 모른다는 바로 그 이유 때문에 무명용사의 기념비와 무덤에 공식적으로 의례적 경의를 표한다는 것은 일찍이 그 전례가 없었던 일이다. 이 근대적 힘을 실감하기 위해서는 무명용사의 이름을 '발견하거나' 기념비를 진짜 유골로 채우기를 주장하는, 참견하기 좋아하는 사람들에 대해 일반의 반응이 어떨 것인가를 상상해보면 된다. 괴이한 근대적 신성모독이 될 것이다!(앤더슨 2002, 29)

앤더슨의 이 상상력 넘치는 입론은 근대국가의 이념적 본질을 설득적으로 말해준다. 한 개인의 무덤을 생각할 때, 그가 이름 없이 묻혀 있다는 것은 매우 특이하고 예외적이다. 가령 이름 없는 무덤은 '무연고묘지'와 같은 이름으로 지칭되면서 매우 불행하고 비정상적인 것으로 간주되곤 한다. 하지만 근대의 정치적 무대에서 그와 같이 사적인 이름이 없다는 사실은 결코 부정적이지 않다. 앤더슨이 주장하고 있는 것처럼, 그것은 오히려 정치적 근대성을 가장 잘 드러내주는 표상이다.

그런데 모든 무덤에는 이름이 있어야 하는바, 그렇다면 정치적 근대에서 이 무명용사 무덤의 이름은 무엇인가? 아마도 '애국자'라는 이름일 터, 그 이름은 국가라는 정치적 권위체에 의해 부여된 것이다. 그럼 그 무명용사가 애국자인 이유는 무엇인가? 의심할 나위 없이 자신이 속한 국가의 이념적 정체성을 수호하다 희생된 존재로 간주되기 때문이다. 근대국가의 발명품으로서 국립묘지에는 그와 같이 자신의 사적인 이름을 버리고 국가적 이념의 가치를 품은 애국자들이 잠들어 있다는 집단적 믿음이 형성되어 있다. 국립묘지처럼 근대국가의 여러 공적 장소들은 그 국가가 수호해야 할 이념들의 여러 형식들로 채워져 있다. 정치적 근대는 이념에 대한 집합적 열망으로 가득 찬 세계다.

그와 같은 근대적 정치세계가 보편화한 이후의 정치공동체는 거의 예외 없이 특정한 이념적 정체성 위에 수립되고 운동해나가기 시작했다. 그리하여 정치적 근대는 이념적 대결을 본질로 하는 싸움에 의해 지배되기에 이른다. 근대국가에서의 수많은 투쟁이 비타협적 원리에 의해 전개되어야 했던 것은 그러한 이유인데, 왜냐하면 정치적 이념은 이익의 문제이기 이전에 가치와 정체성의 문제이기 때문이다. 그 고차원적 대결은 타협과 양보가 아니라 충돌과 수호의 차원에 놓여 있는 싸움이다. 근대국가 수립 과정에서 적지 않게 관찰되고 하는 '내전'이 그러한 사실을 잘 말해준다. "종족, 지리, 역사, 문화, 언어에서 동질적인 구성원들 ― 말하자면 민족적 동질성을 지닌 구성원들 ― 이라도 이데올로기적 차원에서 상이하거나 적대적이라면 그 둘 사이에는 무관용의 싸움이 벌어지는데"(하상복 2020, 204) 그 궁극적 원인을 우리는 자신들이 지향하는 이념적 원칙에서 찾을 수 있다.

2. 구조로서 언어: 정치적 언어에의 적용

언어 원리에 대한 소쉬르(Ferdinand Saussure)의 강의록이 1915년에 『일반언어학 강의』(*Cours de linguistique générale*)로 출간되었다. 스위스의 언어학자 소쉬르는 '과학'으로서 언어학의 대상이 무엇인가에 대한 질문으로 강의를 시작하고 있다. 이 때 말하는 과학이란 법칙에 대한 연구를 본질로 하는 학문을 의미하는데, 여기서 소쉬르는 언어활동(langage)과 언어를 구분한다. 소쉬르에 띠르면 언어활동은 "다양하고 잡다하며, 여러 영역에 걸쳐 있고, 동시에 물리적·생리적·정신적인가 하면, 또한 개인적 분야와 사회적 분야에 속한다."(소쉬르 2006, 15) 그러한 개념 규정은 곧 언어활동이 일관된 법칙의 지배를 받는 과학적 언어학의 대상이 될 수 없다는 것을 의미한다.

이제 소쉬르는 언어활동 속 언어(langue) 개념에 주목한다. 언어활동의 일부에 속하는 언어는 "언어활동 능력의 사회적 산물인 동시에, 개개인이 이 능력을 발휘할 수 있도록 사회집단이 채택한 필요한 약정의 총체"(소쉬르 2006, 15)로 정의된다. 소쉬르는 두 사람 사이에서 수행되는 언어활동을 관찰하면서 화언(parole)과 언어를 구별하는데, 언어활동에 참여하는 주체들이 자신의 발화를 통해 의사를 표명하는 행위를 화언으로 부른다면, 언어는 그러한 화언 안에 깊이 내재되어 있는, "모든 개인의 뇌 속에 잠재적으로 존재하는 문법체계"(소쉬르 2006, 20)다. 화언은 개인적인 영역에 속하지만 언어는 집단의 영역에 속한다. 그러니까 언어는 "언어활동의 사회적 부분이며, 개인의 외부에 있으므로 개인 혼자서는 창조할 수도, 변화시킬 수도 없다." 그 언어는 "공동체 성원들 사이에서 맺어진 일종의 계약에 의해서만 존재하는" 것으로서, "개인이 언어의 기능을 알기 위해서는 이를 습득해야만 한다."(소쉬르 2006, 21) 그 점에서 사람들 사이의 의사소통을 가능하게 하는 규칙의 체계로서 언어는 개인이 만든 것이 아니다. 오히려 그것은 개인이 수동적으로 습득해야 하는, 개인 바깥에 존재하는 외적 실체다.

소쉬르는 그러한 언어에 대한 과학적 연구를 기호학으로 명명하면서 언어의 기호적 특성을 분석한다. 일반적으로 낱말은 특정한 대상물을 지칭하는 문자라고 할 수 있는데, 우리는 일정한 음가를 지닌 시각적 문자를 기표로, 그 기표가 대응하는 의미를 기의라고 말한다. 기호는 그 둘의 결합체다. 소쉬르는 이 기호의 '자의성'에 주목하는데, 소쉬르가 들고 있는 한 예를 보자. 가령 누이를 가리키는 프랑스어는 soeur인데, 누이라는 의미를 담는 문자가 반드시 soeur이어야 할 필요는 없다(소쉬르 2006, 94). 결국 우리는 지시대상과 기호의 연결 관계에 대해 어떠한 존재론적 필연성도 없다고 말해야 한다. 소쉬르가 말하는 언어 자의성의 의미다. 그런데 특정한 지시대상에 특정한 기호를 대응시키는 과정은 자의적이지만, 그것은 개인적 자의성이 아니라 사회적 자의성이다. 말하자면 특정한 언어 공동체가 합의하고 집단적으로 수행하고 있는 규칙으로 구현된 자의성인 것이다. 그런 맥락에서 소쉬르는 "사실상 한 사회에 채택된 표현 수단 전반은 원칙적으로 집단적 습관에 토대를 두고 있다. 즉 같은 말이 되겠지만 일종의 규약에 의존한다. […] 이러한 기호들을 사용하도록 강요하는 것은 바로 그 규칙이지 기호들에 내재하는 가치가 아니"(소쉬르 2006, 95)라고 말한다.

다음으로 사회적 규약으로서 언어기호는 개인에게 강요된다. 특정한 언어 공동체 일원으로 살아가기 위해서는 자신이 원하건 원하지 않건 그 의미의 규칙을 습득하고 수행해야 한다는 것이다. 그 점에서 기호는 강제적이다. 바꾸어 말하면 언어 규칙은 개인들의 의지에 저항하는 불변적 실체다(소쉬르 2006, 99). 그러니까 "한 개인이, 설령 원한다 할지라도, 이미 행해진 선택을 변경할 수는 도저히 없을뿐더러, 심지어 대중도 한 단어에 대해서조차도 절대권을 행사할 수 없다. 대중은 있는 그대로의 언어에 매여 있다"(소쉬르 2006, 99)는 말이다. 소쉬르에 따르면 언어의 그러한 특성이 '불변성'이다.

사실 그 어떤 사회에서도 언어는 이전 세대로부터 물려받은 산물이며, 그대로 취할 수밖에 없는 것으로만 생각되고, 또 생각되어 왔다. 언어의 기원 문제가 일반적으로 으레 생각하듯 그렇게 중요하지 않은 것은 바로 그 때문이다. 그것은 제기될 성질의 문제조차 되지 못한다. 언어학의 진정한 단 하나의 대상은 이미 형성된 고유 언어의 정상적이고 규칙적인 삶 그 자체다. 특정한 언어 상태는 항상 역사적인 요인들의 산물이며, 바로 이 요인들이야말로 왜 기호가 불변적인지, 다시 말해 왜 어떠한 자의적 대체에도 저항하는지를 설명해준다(소쉬르 2006, 100).

모든 언어 기호는 자신의 고유한 의미와 청각적 가치, 즉 음가를 지닌다. 이 문제와 관련해 소쉬르는 '차이'라는 개념에 주목하고 있다. 차이가 뜻하는 바는, 언어 기호의 개념적 의미와 청각적 음가는 그 기호 안에 고유하게 존재하는 것이 아니라 다른 언어 기호와의 차이로 인해 만들어진다는 사실이다. "언어가 내포하는 것은 언어 체계에 선행하여 존재하는 개념이나 소리가 아니라, 단지 언어 체계에서 나온 개념적 차이와 음적 차이일 뿐"이라는 것이다. 그러한 연유로 우리는 "하나의 기호가 갖는 개념이나 음적 재료보다는 그 기호의 주위에 있는 것, 즉 다른 기호들 속에 있는 개념이나 음적 재료가 더 중요하고", "언어체계는 일련의 소리 차이와 일련의 개념 차이가 결합된 것"(소쉬르 2006, 166)이라고 말해야 한다. 이러한 차원에서 소쉬르는 인간의 언어적 본성이 "구별되는 개념들에 해당하는 구별되는 기호들의 체계를 구성하는 능력"(소쉬르 2006, 16)이라는 통찰을 우리에게 전달하고 있다.

차이의 체계에 대한 소쉬르의 사유는 그의 언어학으로부터 영향을 받은 야콥슨(Roman Jacobson)의 언어이론에서 한층 더 심화된 양상을 보인다. 야콥슨이 들고 있는 예로, 『이상한 나라의 앨리스』의 주인공 앨리스와 고양이의 대화를 보자. 고양이가 앨리스에게 '너 pig라고 말했니, fig라고 말했니?'라고 묻자, 앨리스는 'pig라고 말했어'라고 답한다. p와 f는 서로 대립하는 청각적 성질(무성 양순 파열음/유성 순치 마찰음)의 관계에 있는바, 그 차이의 관계 속에서 p와 f의 음가가 성립한다. 언어

기호의 음성 형식은 소리의 성질, 조음 방법과 위치, 성대 진동에서의 이항대립(+/-)에 따라 구별되는 것으로서 야콥슨은 이를 '변별적 자질'이라고 말했다(야콥슨·할레 2009). 소쉬르와 마찬가지로 야콥슨의 언어학에서 언어는 차이의 체계라는 원리를 따라 운동한다. 한 언어의 고유한 의미와 소리는 그 내부가 아니라 그 언어와 대립하고 있는 다른 언어의 의미와 소리와의 대비에 의해 성립한다는 이야기다.

차이의 체계 속에서 언어가 운동한다는 야콥슨의 인식은 그가 말하는 인접성의 원리와 유사성의 원리에서 잘 드러난다. 야콥슨에 따르면 우리가 말을 한다는 것은 결국 여러 단어들을 연결해 문장을 구성함으로써 의미를 만드는 인접성의 원리와 문장 속의 한 단어를 다른 단어로 대체함으로써 의미를 만드는 유사성의 원리를 실천하는 과정이다. 언어 능력을 상실한 사람, 즉 실어증 환자는 그와 같은 인접성과 유사성 원리를 실천하는 데 어려움을 겪는다는 야콥슨의 관찰(야콥슨·할레 2009, 106)은 언어 수행의 본질이 곧 차이의 체계의 실천임을 설득적으로 보여 준다.

소쉬르와 야콥슨의 언어학은 언어 주체들의 개별적이고 자발적인 발화행위가 아니라 그러한 발화행위를 강제하는, 발화행위의 기저에 놓여 있는 규칙과 체계에 주목한다. 그들의 언어학이 구조주의(structuralism)로 지칭되는 이유다. 그들은 차이의 체계, 자의성, 불변성의 원리 위에서 언어공동체의 운동을 설명하려 한다. 단어의 개념적, 청각적 특성은 그 단어의 내부가 아니라 바깥으로부터 만들어지며, 문장 또한 인접된 단어들의 연결이거나, 한 단어에 다른 단어들을 대체하는 과정을 통해 구성된다. 또한, 특정한 대상물과 단어의 대응 관계는 필연적이 아니라 자의적이다. 그러나 그 자의적 대응관계는 외부에서 부여되어 언어적 주체들이 따라야 하는 불변적 규칙, 강제적 규칙이다.

프랑스의 인류학자 레비-스트로스(Claude Lévi-Strauss)는 소쉬르와 야콥슨의 언어학적 규칙이 언어 세계를 넘어 사회적 삶의 보편적 원리라고 생각했다. 그는 원시부족의 친족체계 분석에 구조주의 언어학의 방법론을 적용하고자 했다. 그는 "친족 문제에 대한 연구 앞에서 인류학자는 자신이 구조주의 언어학자와 그 형식에서 유사한 상황에 놓여 있음을 발견한다"고 생각하면서 "음소처럼, 친족의 용어들은 체계에 통합되어 있을 때에만 의미를 획득한다. '친족체계'는 '음소체계'처럼 무의식의 차원 위에 구축된다"고 주장했다(Lévi-Strauss 1963, 34). 그리하여 그는 브라질 원시부족의 삶에 대한 참여 연구를 통해 구조주의 언어학의 원리가 혼인 제도를 필두로 그들의 친족체계에 얼마나 깊게 드리워져 있는지를 경험적으로 보여주었다. 프랑스의 사상가는 차이의 체계가 그들의 친족체계를 얼마나 강력하게 지배하고 있는가를 추적해내고자 했다. 이후, 레비-스트로스는 전 세계 신화들에 대한 방대한 분석을 통해 현상적으로는 상이하고 다양한 것처럼 보이는 여러 신화들이 근본적으로는 구조주의 언어학의 이항대립 구조의 변형된 형태들임을, 그리하여 궁극적으로 동일한 구조임을 밝혀냈다. 가령, 꿀과 재(담배)에 관한 신화는 남아메리카만이 아니라 프랑스에서도 오랜 시간 전승되어 왔다는 것이다(레비-스트로스 2008, 39-41).

우리는 레비-스트로스의 상상력에 기대어 정치적 삶, 정치적 세계 또한 구조주의 언어학의 규칙 속에서 운동하고 있을 가능성을 생각해본다. 독일의 정치사상가 슈미트(Carl Schmitt)의 사유는 그러한 가능성에 무게를 던져준다. 슈미트는 정치의 본질을 이렇게 이야기하고 있다.

정치적인 것의 개념 규정은 특정한 정치적 범주들을 밝히고 확정함으로써만 얻어질 수 있다. 즉 정치적인 것에는 그것에 특유한 표지 — 인간의 사고나 행동의 다양하고 상대적으로 독립된 영역, 특히 도덕적·미적·경제적인 것에 대해 독자적인 방법으로 작용하는 — 가 있는 것이다. 따라서 정치적인 것은 특정한 의미에서 정치적인 행동이 모두 거기에 귀착될 수 있는, 거기에 고유한 최종적인 구별 속에서 찾아야 하는 것이다. 도덕적인 것의 영역에서 최종적인 구별이란 선과 악이며, 미학적인 것에서는 아름다움과 추함이고, 경제적인 것에서는 이(利)와 해(害), 예컨대 수익성과 비수익성이라고 할 수 있다. […] 정치적인 행동이나 동기의 원인으로 여겨지는 특정한 정치적 구별이란 **적**과 **동지**의 구별이다(슈미트 2012, 38-39. 강조는 원문).

슈미트의 이러한 입론과 관련해 우리는 먼저, 정치 세계이든, 비정치 세계이든 모든 사회적 세계가 공통의 원리 위에 서 있다는 사실을 환기해야 한다. 그러니까 선과 악, 미와 추, 이익과 손해, 적과 동지 모두 '이분법'의 구별을 따른다는 점이다. 그와 같은 이분법적 대비에 기초하는 두 존재 혹은 가치는 상호공유의 어떠한 가능성도 없는 배타적인 것으로 나타난다.

그런데 슈미트에 따르면 비정치적인 세계의 이분법과 정치적 세계의 이분법은 본질적으로 같지 않다. 관련해 슈미트는 "도덕적으로 악하고, 미학적으로 추하고, 경제적으로 해롭다고 해서 아직 적이라고 할 수는 없다. 도덕적으로 선하며, 미학적으로 아름답고, 경제적으로 이롭다 해도 그것만으로는 그 말의 특수한 의미, 즉 정치적 의미에서의 동지가 되지는 않는다"(슈미트 2012, 40)고 말한다. 정치적 대립은 다른 모든 대립과는 다른, "가장 강도 높고 극단적인 대립"(슈미트 2012, 43)이다. 적과 동지라는 정치적 대립은 그 둘이 '투쟁'의 관계 속에 놓일 때 성립한다. 투쟁은 "물리적 살해의 현실적 가능성과 관련을 가진"(슈미트 2012, 46)다는 것을 의미한다. 그러니까 정치적 구별은 "타자의 존재 그 자체의 부정"(슈미트 2012, 46) 위에 자리하는 개념인바, 전쟁은 적에 대한 근원적 부정의 가장 극단적인 양상이다.

슈미트는 그처럼 "인간을 적과 동지로 가르는 정치적 대립"(슈미트 2012, 51)의 중요한 과제가 "적과 동지를 올바르게 구별하는"(슈미트 2012, 51) 것이라고 이야기한다. 투쟁은 정치적 세계를 구성하는 핵심적 과정일 테지만, 그 투쟁은 누가 동지이고 누가 적인지를 명확하게 구별하고 인식하는 일을 전제로 하기 때문이다. 그렇다면 그 구별은 어떻게 이루어지는가? 그 기준은 무엇인가? 두 가지를 언급해야 한다. 첫째, 슈미트가 말하고 있듯이 그 구별은 추상적인 것이 아니라 "구체적인 상황과 결부"(슈미트 2012, 44)되어 있다는 점이다. 동지와 적은 특정한 정치공동체가 놓인 개별적 조건에서 만들어진다는 말이다. 둘째, 동지와 적은 독자적 실체가 아니라 관계적 실체라는 점이다. 말하자면 "적의 개념을 정의하면 '적이 아닌 자'는 친구가 되는 것이고, 반대로 친구의 개념을 정의하면 친구가 아닌 자는 적이 되는 것"(성정엽 2020, 56)이다. 정치적인 세계에서 동지와 적은 투쟁의 주체이고 대상이라는 점에서 존재론적 실체이지만, 그 둘은 상대방에 의해 존재 근거를 부여받는 관계성 위에 놓여 있다.

정치적 세계 — 나아가 사회적 세계 일반 — 에 대한 슈미트의 사유는 구조주의적 인식론에 연결되어 있는 것으로 보인다. 무엇보다 동지와 적이라는 근본적 개념은 구조주의 언어학이 말하는 차이의 체계를 반영하고 있다. 동지라는 개념은 적이라는 개념과의 변별 속에서 자신의 의미를 만들어낸다. 그 두 개념은 적대적 변별 속에서 자신의 존재성을 확보한다. 언어적 삶이 그러하듯이 정치적 삶 또한 그러한 차이의 체계를 벗어날 수 없는 것인데, 말하자면 정치는 언제나 동지와 적, 우리와 그들이라는 이분법적 차이, 대립적 변별 속에서 운동한다는 것이다.

근대의 정치세계는 이념적 정체성을 본질로 한다는 우리의 논리에 기대어 슈미트의 정치 개념을 살펴본다면, 그 세계가 동지와 적을 구별하고 인식하는 자리는 세계관, 원칙, 규범 등을 응축하고 있는 정치 이념일 것이다. 같은 이념을 지지하고, 추종하며, 숭배하는 사람들 사이에는 동지라는 정치적 정체성이 구축되고, 그 이념 반대편의 상이한 이념을 따르고 숭상하는 사람들은 적이라는 존재로 만들어진다. '이념적 동일성'이라는 근대적 원리에 의해 동지와 적이 형성된다.

그렇다면 어떠한 이념을 가진 존재가 동지이고, 적인가? 여기서 우리는 구조주의 언어학의 원칙을 떠올려야 하는데, 궁극적으로 말하자면, 동지는 적의 이념에 적대하는 이념들의 결합체, 역으로 적은 동지의 이념에 적대적 변별력을 지닌 이념의 결합체다. 하지만 하나의 이념에 적대적인 이념들은 여럿일 수 있는데, 그렇다면 어떤 이념이 적의 이념으로 정립되는가? 여기서 우리는 소쉬르의 자의성 원리를 따라, 적의 이념은 정치 공동체의 역사적 특수성에 의해 인위적으로 만들어진다고 말해야 한다. 예컨대, 1860년대 초반 미국은 연방주의(federalism)와 연합주의(con-federalism)라는 이념 대립 위에서 동지와 적이라는 적대적 변별을 만들어냈다. 하지만 모든 정치적 시공간에서 연방주의와 연합주의가 동지와 적의 이념적 변별은 아닌 것이다. 그렇지만 그러한 역사적 인위성은 정치공동체 구성원들에게 그와 같은 이념의 적대적인 차이가 하나의 정치적 진실임을 강제한다. 언어 공동체의 규칙이 그러하듯이 정치 공동체 또한 그 구성원들에게 자신의 규칙을 강요한다. 그리하여 적어도 30년 이상 미국의 정치 공동체는 그 두 이념적 차이의 체계를 의심할 수 없는 진리로 믿어오면서 정치적 대결을 실천해왔다.

슈미트가 말하는, 정치적 세계를 관통하는 동지와 적의 구조주의적 이분법의 중요한 과제는 동지와 적을 일정한 기호로 만들어내는 일이다. 말하자면 하나의 지시대상에 하나의 언어기호를 대응시키는 작업의 정치적 양식일 텐데, 소쉬르가 말하고 있듯이 그 또한 어떠한 필연성도 없다. 내전을 거친 미국에서 연합주의 이념을 추종하는 사람들은 정치적 우리에 맞서는 적으로 나타나, 폭도, 반도, 악마, 불순분자와 같은 부정적 기호들에 연결되어 왔다. 적이 그렇게 언어적 규정을 받게 되면, 동지는 자연스럽게 그에 반대되는 정치적 의미로, 애국, 충성, 희생, 연대와 같은 기호들로 구축된다. 그것은 연방주의 정치 공동체가 강제해 온 정치적 문법이었다. 따라서 그 정치적 언어 규칙을 거부하거나 부정하는 사람은, 마치 언어 공동체의 성원의 자격을 박탈당해야 하듯이, 연방주의 정치 공동체 구성원의 권리를 빼앗겨야 했다. 언어 문법의 불변성처럼, 정치적 문법 또한 그처럼 변화의 의지에 저항하는 불변성의 규칙을 따른다.

프랑스의 철학자 푸코(Michel Foucault)는 『담론의 질서』(*L'ordre du discours*)를 "어떤 사회에서든 담론의 생산을 통제하고, 선별하고, 조직화하고 나아가 재분배하는 일련의 과정들 — 담론의 힘들과 위험들을 추방하고, 담론의 우연한 사건을 지배하고, 담론의 무거운, 위험한 물질성을 피해가는 역할을 하는 과정들 — 이 존재한다"는 주장으로 시작하고 있다(푸코 1998, 10). 일정한 주장을 담고 있는 진술이나 발언들을 담론이라고 할 때, 푸코는 그 담론이 아무렇게나 언어 공동체 속에서 순환하는 것이 아님을 강조한다. 푸코에 따르면 담론의 질서를 만들어내는 세 유형의 규칙이 있는데, 금지, 분할과 배척, 진위의 대립이다. 금지에 대해 푸코는 "우리가 모든 것에 대해 말할 수 있는 권리가 없다는 것, 즉 우리가 어느 상황에서나, 누구나, 그리고 무엇에 관해서나 말할 수는 없다는 것을 우리는 잘 알고 있다"(푸코 1998, 10)고 말한다. 그러니까 금지란 특정한 사람에게 발언권을 부여하지 않거나, 어떤 사회적 주제에 대해서는 말할 수 없도록 하거나, 특정한 상황에서는 발언을 하지 못하게 하는 규칙이다. 다음으로 분할과 배척의 규칙과 관련해, 푸코는 자신의 박사학위 논문 주제였던 서구가 광인을 다루어 온 역사에 대한 연구를 들어 설명하고 있는데, 사람들이 광인의 말에 대해서는 어떠한 가치도, 중요성도 부여하지 않고 무시하고 무효화해온 역사적 과정을 배척이라고 본다. 분할은 광인들의 말을 청취하면서 그 의미를 파악하려고 했지만 그들을 정상적인 사람들과는 다른 존재로 간주하는 것 위에서 수행되는 구분의 과정을 의미한다(푸코 1998, 11-12). 담론의 질서의 세 번째 규칙인 진위의 대립은, 푸코가 말하는 '진리에의 의지'로서, "참된 담론과 거짓된 담론"(푸코 1998, 13)을 나누는 과정이다. 이것은 일종의 분할의 규칙과 같아 보이지만, 하나의 담론을 참된 것으로 만드는 과정이라는 점에서 다르다. 푸코가 근대적인 담론의 질서라고 말하고 있는 이 규칙은 진리를 담고 있다고 간주되는 지식체계의 형식을 빌려 담론을 참된 것으로 만들고 사회적으로 유포한다.

3. '성과 속', 종교에서 정치로

독일의 사회사상가 베버(Max Weber)는 '합리화'(rationalization)의 확산에서 서구 근대의 원리를 찾으려 했다. 베버 사회학의 저명한 해석가의 논점에 기댄다면 그가 말하는 합리화는 다음과 같다.

원리적으로 볼 때 합리화란 양화될 수 없는 신비한 힘들에 의존하지 않고 모든 것들을 계산법을 통해 다룬다는 사실을 뜻한다. 합리화는 세계가 미몽에서 깨어났음을 의미한다. **신비**로운 힘이 존재한다고 믿었던

야만인들이 **신령**들을 제어하거나 그들에게 간청하기 위해 의지한 **마술적 수단**들에 더 이상 의존할 필요가 없다. 기술적 수단과 계산법이 그러한 역할을 대신한다. 이것이 바로 합리화의 의미다(Gerth & Mills 1946, 139. 강조는 필자).

'신비', '마술', '신령'과 같은 비과학적 현상이나 초월적 존재로부터 벗어나는 과정을 합리화라고 한다면 서구 근대의 본질은 탈 종교성이라고 해도 좋을 것이다. 근대를 탈 종교성으로 이해하는 관점은 베버만의 것은 아니다. 가령, 루마니아의 종교학자 엘리아데(Mircea Eliade)는 서구 문명이 근대에 들어서면서 종교성의 근본적 세계관에서 벗어나기 시작했다고 주장하고 있다. 나중에 보다 자세히 보겠지만, 엘리아데는 성과 속으로 나뉘는 이중적 시공간에서 종교성의 근본을 파악하고자 하면서, 서구의 근대를 그와 같은 시공간적 성스러움의 관념을 해체하고 모든 시공간을 속화하려는 의지로 해석했다. 그는 "근대의 비종교적 인간은 새로운 실존적 상황을 상정한다. 즉 그는 그 자신을 오로지 역사의 주체 및 동인으로만 간주하며, 초월적인 것을 모두 거부한다. […] 그리고 그는 오로지 자기 자신과 세계를 탈 신성화시키는 정도에 비례해서만 스스로 자신을 완전하게 만든다"(엘리아데 1998, 183)고 말한다.

베버와 엘리아데의 주장에서 우리가 공통적으로 관찰하는 부분은 근대가 과거와 근본적으로 다른 시공간 관념을 만들고 그 위에서 스스로를 조형했다는 점이다. 근대는 성스러움과 속됨으로 구분되어 서로 뒤섞일 수 없는 이중적 시공간 개념을 버리면서 모든 시공간을 속됨을 본질로 하는 자리로 전환해 버렸다. 베버가 이야기하고 있듯이 그 시공간의 속화 또는 속된 시공간의 의미는 기술의 논리와 계산의 논리를 따른다는 것에 있다. 기술의 논리란 시공간이 일정한 물질적 효과를 산출하는 기능적 대상물이 되었음을, 계산의 논리란 시공간의 질적 특성이 양적 특성으로 바뀌게 되었음을 의미한다. 국가, 정치공동체의 근대적 원리로서 자유주의적 사회계약 이념을 창안한 로크는 자연과 세계를 다음과 같이 인식하려 한다.

> 사람들에게 세계를 공유물로 주신 하느님은 또한 그들에게, 삶에 최대한 이득이 되고 편의에 봉사하도록 세계를 이용할 수 있는 이성을 주셨다. 대지와 그것에 속하는 모든 것은 인간의 부양과 안락을 위해서 모든 인간에게 주어진 것이다. 그리고 대지에서 자연적으로 산출되는 모든 과실과 거기서 자라는 짐승들은 자연발생적인 작용에 의해서 생산되기 때문에 인류에게 공동으로 속한다. 따라서 그러한 것들에 대해서는 그것들이 자연적인 상태에 남아 있는 한, 어느 누구도 처음부터 다른 사람을 배제하는 사적인 지배권을 가지지 않았다(로크 1996, 34).

로크의 자연은 기술에 의해 가공되어 인간적 효과를 산출하는 물질적인 세계라는 그 점에서 세속적인 장소로 인식되고 있다. 이와 같은 기능적 관념과 더불어 근대는 수학이라는 지식을 매개로 자연을 이해하고 해석하는 자연과학을 정립함으로써 시공간에 대한 전통적인 사고체계를 해체해 버렸다. 예컨대, 근대 자연과학의 체계화에 결정적인 공헌을 한 갈릴레오(Gallileo Gallilei)는 자연을 수학으로 측정 가능한 양의 세계로 이해했다. 그에게서 자연은 "측정과 계산이 가능한"(버터필드 1986, 107) 과학의 영역이었는바, 그는 "우주라는 책은 수학적 언어로 쓰였으며, 그 알파벳은 3각형, 원, 기하학적 도형으로 되어 있다"(버터필드 1986, 109)라고 생각했기 때문이다. 갈릴레오가 정교화한 수학으로서이 자연과학은 뉴턴(Isaac Newton)에 이르러 지적 최고점에 이르게 된다. 후대는 "뉴턴의『자연철학의 수학적 원리』(*Philosophiae naturalis principia mathematica*)는 세계상의 수학화의 정점으로 간주될만하다"(Henry 2008, 31)는 평가를 내리고 있는 것이다. 이처럼 자연과학으로 말미암아 근대는 "수만큼이나 동질적으로 대수적으로 계산되며 일정한 단위에 의해 분할 가능한 추상적인", "형태와 성질이 사라진"(이진경 2010, 207-208), 달리 말하자면 질적인 차원이 모두 사상되고 양적 차원만으로 파악되는 자연관을 갖게 되었다.

근대적인 시공간 관념의 탄생은 궁극적으로 성스러움과 속됨의 이질성으로 구축된 전통적인 시공간 관념의 소멸을 가져왔는바, 그것이 곧 베버가 말하는 합리화를 향한 운동의 핵심적 양상이었다. 시공간을 관찰하는 근대적 눈은 신, 절대자, 신비로움과 같은 초월성과 상징성의 인식을 맹목적이고 비합리적 태도로 간주하면서 과학적 균질성의 형식, 세속적 기능성의 원리로 그것을 바라보고 해석할 것을 강력하게 요청한다.

앞서 이야기한 근대에 대한 엘리아데의 테제는 그러한 맥락에 놓여 있다. 하지만 루마니아의 종교학자는 근대에 대한 정반대의 테제를 제시하고 있기도 하다. 엘리아데는 근대의 자기모순성을 통찰하고 있다.

> 달리 말하면, 세속적 인간은 비록 종교적 의미를 배제했다고 하더라도 종교적 인간 태도의 흔적을 보존하지 않을 수 없다. 그가 무슨 행동을 하든, 그는 계승자인 것이다. 그 자신은 과거의 산물이므로 과거를 전적으로 폐기하는 것은 불가능하다. 그는 일련의 부정과 거부를 통해 자신을 형성하지만 그가 거부하고 부정한 실재들은 여전히 그를 따라다닌다. 자신의 세계를 획득하기 위하여 그는 자신의 조상들이 살았던 세계를 탈 신성화시켰다. 그러나 그는 그렇게 하기 위하여 선조의 행동을 거역할 수밖에 없었지만 그 행동은 여전히 어떤 형태로든 그에게 정서적으로 현존해 있으며 가장 깊은 존재 속에서 재현될 준비를 하고 있는 것이다.

왜냐하면 이미 앞에서도 말한 바와 같이 **순수한 상태로서**의 비종교적 인간이란 심지어 가장 탈 신성화된 근대 사회에서조차 비교적 드문 현상이기 때문이다. '비종교적' 인간의 대부분은 비록 의식하지는 못하더라도 여전히 종교적으로 행동하고 있다(엘리아데 1998, 183-184. 강조는 원문).

같은 맥락에서 엘리아데는 "세속적인 인간은 종교적 인간의 후예이며", "순수하게 이성적인 인간이란 하나의 추상일 뿐 현실 생활에서는 결코 발견할 수 없다"(엘리아데 1998, 187)고 주장하고 있다.

스위스의 정신분석학자 융(Carl G. Jung)도 근대와 근대인을 양면적 성격으로 풀어내고 있다. 근대인과 근대세계는 합리적 의식의 작용에 의해 지배되고 있어서 신비롭거나 초월적인 존재나 현상과 어떠한 관계도, 융의 개념을 따른다면, 어떠한 "신비적인 관여"도 맺고 있지 않는 것처럼 보인다. 그러한 이유 때문에 근대는 전통과 근본적인 존재론적 단절을 경험하는 것으로 간주되고 있다.

하지만 종교적인 것, 성스러운 것, 신비로운 것을 향한 전통적 열정들은 근대적 심성의 무의식에 깊이 뿌리내리고 있다고 융은 말하는데, 그는 그것을 무의식에 관여하는 '원형'(archetype) 혹은 '원초적 심상'(융 외 2009, 99)이라는 개념으로 제시하고 있다. 융에게서 근대인은 "합리적으로 움직이고 능률적으로 살고 있으면서도 자신이 제어할 수 없는 엄청난 어떤 '힘'에 얽매여 있"는 존재다. 그들은 그것을 의식하지 못할 뿐이다. 종교적 세계를 지배한 "신이나 악마는 사라져 버린 것이 아니"라, "새로운 이름으로 등장하고 있는 데 지나지 않는다."(융 외 2009, 121)

근대에 대한 베버의 합리화 테제에 맞서는 지적 상상력은 종교학과 정신분석학이라는 우회로를 지나 사회학에서 본격적으로 만들어졌다.

미국의 미시사회학자 고프만(Erving Goffman)은 사람과 사람 사이 사회적 관계의 규칙적 질서를 만들어내는 원리로서 '성스러운 개인'이라는 개념을 제시하고 있다. 그는 『상호작용의례』(*Interaction Ritual*)라는 잘 알려진 저서에서, 독일의 사회학자 짐멜(Georg Simmel)의 통찰력을 따라, 모든 개인은 타인이 아무렇게나 침범할 수 없는 성스러운 인격체라는 명제야말로 근대적 사회관계의 근간이라고 주장했다. 그에 따르면 근대는 종교와 같은 전통적인 성스러움의 제도와 현상을 합리성의 이름으로 해체했지만 그렇다고 해서 탈 신성화, 즉 세속적 세계로 이행한 것이 아니다. 왜냐하면 근대는 종교적 성스러움이 사라진 자리에 개인이라는 새로운 성스러운 존재를 세워놓았기 때문이다. 개인이라는 신성한 인격체들의 장소로 등장한 근대에서 그 신성한 존재들 간의 사회적 관계를 맺고 유지하기 위해서는 매우 엄격하고 정교한 의례적 절차가 필요하게 되었는데, 고프만은 그것의 총체를 '상호작용의례'로 명명하고 있다. 그것은 우리가 일상적으로 경험하는 타인에 대한 일련의 예법, 예절과 같은 것들이다(고프만 2013, 2장).

    성스러운 인격의 원리 위에서 사회적 관계가 만들어지고 안정적으로 작동한다는 관점 위에 정립된 고프만의 사회학은 스스로가 말하고 있듯이, 프랑스의 사회학자 뒤르케임(Emile Durkheim)의 지적·사상적 영향력을 받았다. 뒤르케임의 사회학이야말로 베버의 근대에 가장 날카롭게 대립하는 사회학적 지평을 열어주고 있음을 우리는 잘 알고 있다. 뒤르케임은 모든 사회는 결속과 질서를 필요로 하는바, 그것은 물리적 힘이나 제도적 차원을 넘어 성스러운 대상의 현현과 공유라는 종교적 원리를 필요로 한다고 주장하고 있다. 그의 그러한 주장은 특히 근대사회에 대한 인식에서 명확히 드러나고 있다.

    뒤르케임은 『사회분업론』(*De la division du travail social*)에서 영국

의 사회학자 스펜서(Herbert Spencer)의 기능주의 논리를 비판했다. 스펜서는 근대사회는 과거와는 달리, 개별적 구성원들의 욕망과 사고와 판단이 자동적으로 전체적인 조화와 질서를 만들어낸다고 생각했다. 왜냐하면 그 개인들은 개별적인 행위를 전체적인 질서로 전환해내는 합리성을 지니고 있기 때문이다. 하지만 뒤르케임은 그 관점에 반대하면서 이렇게 말했다.

> 이렇게 보면, 사람들이 상상하는 독자적 개성처럼, 자율성을 가진 개인으로부터는 개인 밖에 나올 것이 없다. 따라서 사회적 사실인 협력 그 자체는 사회적 규칙에 종속되어 있으며, 그와 같은 규칙 없이 사회적 협력은 생겨날 수 없다. 바로 이 같은 이유로 자신의 자아 속에 스스로 갇혀 있는 심리학자는 자아 이외의 것을 발견하기 위해 그 자아로부터 더 이상 탈출하지 못한다. 집단생활은 개인생활에서 탄생한 것이 아니다. 오히려 개인생활이 집단생활에서 탄생한 것이다(뒤르케임 2012, 414-415).

근대는 근본적으로 합리적인 사유능력을 지닌 개인들의 욕망과 의지로 이해될 수 있다. 합리성에 기반을 둔 개인들의 행위는 궁극적으로 개인의 이익만이 아니라 사회 전체의 이익을 산출하고 그 바탕 위에서 통합과 결합을 만들어낸다. 영국의 경제 사상가 애덤 스미스(Adam Smith)가 『도덕감정론』(*The Theory of Moral Sentiments*)에서 제시한, 개인의 합리적인 이익 추구가 사회 전체의 이익을 결과한다는 자유방임주의 경제관을 예로 들 수 있다. 자유주의 이념이라고 할 수 있는바, 여기서 사회의 독자적 실체성은 존재하지 않는다. 사회의 원리는 결국 개인들의 합리적 의지로 환원되기 때문이다.

뒤르케임은 그와 같은 인식론에 동의하지 않는다. 그러한 지적 스탠스를 잘 보여주는 앞의 인용문은 사회적 분업에 대한 그의 생각으로 구체화되고 있다. 근대는 사회의 운영 원리로서 효율적인 성과 산출을 가능하게 하는 분업의 체계를 만들어내었다. 그런데 그러한 근대적 분업은 어떻게 가능했을까? 스펜서와 같은 기능주의 노선에 선다면, 개인들의 이기적 합리성이라는 조건이 그 원천이라고 말할 수 있지만, 뒤르케임은 근본적으로 다른 관점을 제시한다. 그는 "분업은 이미 존재하고 있는 특정 사회 내부에서만 일어날 수 있다. 이 말은 개인들이 서로 물질적으로만 결합해야 한다는 것이 아니라, 그들 사이에 도덕적 연결 관계가 있어야 한다는 것을 의미한다"(뒤르케임 2012, 410-411)고 말하고 있다. 사회적 분업은 단순히 개인들의 개별자적 행위의 영역이 아닌데, 그것은 그 개인들이 하나의 사회적 집합체로 통합되어 있다는 조건 위에서 가능하기 때문이다. 그 사회적 집합체는 구성원들이 하나의 도덕적 연대로 연결되어 있는 것을 전제로 한다. 만약 그렇지 않다면 분업은 개인들의 이기적 욕망으로 귀결될 것이라고 뒤르케임은 이야기한다(뒤르케임 2012, 604). 뒤르케임이 사회적 삶과 관계의 보편적 근거로 연대를 말하면서, 근대사회 또한 개별자적 존재들 사이를 도덕적으로 결합하는 새로운 연대, 즉 유기적 연대를 요청한다고 주장하는 이유가 거기에 있다.

    종교의 본질에 대한 뒤르케임의 연구는 그와 같은 사회학적 문제의식에 연결되어 있다. 즉, 사회적 구성원들을 도덕적으로 결합해내는 힘으로서 거룩한 것, 신성한 것에 대한 문제의식이다. 원시부족들에 대한 연구를 통해 뒤르케임은 그들의 사회적 결속과 연대가 종교 영역과 깊이 연결되어 있음을 통찰했다. 뒤르케임은 원시부족의 공동체적 통합의 궁극적 원리를 무엇보다 그들이 성스럽다고 믿는 대상, 즉 토템(totem)을 집합적으로 공유한다는 사실 속에서 찾는다. 말하자면 그들은 숭배의 대상으로서 성물(聖物)을 함께 지니고 있는 사람들이라는 믿음이 그들을 도덕적인 집합체로 만들고 그럼으로써 공동체가 유지된다는 것이다. 이 과정에서 주기적으로 개최되는 의례는 너무나도 중요하다. 왜냐하면 토템을 감각적으로 드러내고 함께 공유하게 하는 집단적 행사이기 때문이다.

뒤르케임에게서 종교는 본질적으로 "성스러운 사물들, 즉 구별되고 금지된 사물들과 관련된 믿음과 의례가 결합된 체계"로서 "단일한 도덕적 공동체 안으로 그것을 신봉하는 모든 사람을 통합시킨다."(뒤르케임 2020, 188) 그렇다면 그와 같은 종교는 전근대적인 현상에 불과한 것인가? 뒤르케임은 그렇지 않다고 말한다. "사회는 자연의 일부이며 자연의 가장 고매한 표상이다. 따라서 사회의 영역이란 자연의 한 영역이며, 사회의 영역이 좀 더 복잡하다는 점에서만 다른 것들과 구별된다"(뒤르케임 2020, 144)는 그의 명제는 원시사회의 원리와 근대사회의 원리를 보편적인 연속성 위에서 관찰할 수 있다는 주장을 지지해준다. 따라서 뒤르케임은 근대사회 또한 원시사회와 동일한 사회적 통합과 연대의 원리 위에서 운동하고 있다는 논리를 견지하고 있는 것이다. 그러한 관점에서 그는 "뿐만 아니라 역사에서와 마찬가지로 현재에도 우리는 사회가 끊임없이 온갖 종류의 성스러운 사물들을 만들어내는 것을 볼 수 있다"(뒤르케임 2020, 457)고 주장하고 있다. 그렇게 보면, "어떤 사회도 자신에 대한 신성성의 감정 없이는 존재할 수 없다"(김종법 2001, 163)고 말해야 한다. 또한 우리가 "어느 시대 어느 곳에서나"(벨 2007, 7) 의례를 발견하게 되는 이유도 거기에 있는 것이다.

하지만 뒤르케임은 원시사회와 근대사회, 전근대사회와 근대사회의 종교적인 것, 신성한 것, 성스러운 것의 대상이 근본적으로 다르다는 사실에 주목하고 있다. 관련해 아래의 주장을 읽어볼 필요가 있다.

신으로 자처하거나 신을 만들어내는 사회의 이러한 성향은 프랑스 대혁명의 처음 몇 해 동안 가장 눈에 띄게 나타났다. 사실상 이 시기에는 전체적인 열광의 영향으로 본질상 순전히 속된 사물들이 공공여론에 의해 성스러운 사물들로 바뀌었다. **조국, 자유, 이성**이 바로 그것이다. 종교는 그 자체가 교리, 상징, 제단, 축일들을 가지는 형태로 확립되는 경향이 있다. 이성과 지고의 존재에 대한 숭배는 이러한 자빌적인 열망들에게 일종의 공적인 만족감을 주려는 것이다(뒤르케임 2020, 459. 강조는 필자).

우리는 앞의 논의에서 정치적 근대는 이념을 중심으로 형성되고 운동하는 자리라고 말했다. 그러한 맥락에서 보면, 프랑스대혁명 시기에 조국, 자유, 이성, 즉 근대적 이념을 종교적 신성함의 형식으로 전환해내고자 했다는 뒤르케임의 관찰은 우리의 관점을 지지해주는 것으로 해석된다. 성스러움에 대한 믿음과 의례가 종교의 본질이라고 하는 뒤르케임의 선구적인 통찰이 공개된 20세기 초반(1912년), 독일의 신학자 오토(Rudolf Otto)는 『성스러운 것의 관념』(*The Idea of the Holy*)이라는 저서를 출간했다. 그 책에서 오토 역시 종교의 본질적 특성을 성스러운 경험으로 파악했다. 앞서 이야기한 엘리아데는 오토의 논점을 수용하면서도 다음과 같은 새로운 관점을 제시한 바 있다.

40년이 지난 오늘날까지도 오토의 분석은 아직도 가치를 잃지 않고 있다. […] 그러나 우리는 이 책에서 또한 다른 관점을 받아들이고자 한다. 우리는 성스러운 것의 현상을 그 다양한 복잡성 안에서 해명하려고 하며, 단순히 **비합리적**인 측면에만 국한하려고 하지 않는다. 우리의 관심은 단지 종교가 지닌 비합리적인 요소와 합리적인 요소의 관계가 아니라 **성스러운 것 그 전체**다. **성스러운 것**의 정의는 우선 **속된 것과 대조**를 이룬다는 것이다. 이 글의 목적은 성과 속의 대조를 설명하고 정의하고자 하는 데 있다(엘리아데 1998, 48. 강조는 원문).

엘리아데는 언어의 본질인 차이의 체계가 종교 영역에도 적용된다는 것을 말하고 있다. 그러니까 성과 속은 독자적인 실체라기보다는 관계적 실체다. 프랑스의 종교학자 카이루와(Roger Caillois)는 한층 더 인상적인 주장을 펼치고 있다. "이 세계의 모든 종교적 관점은 성스러움과 속됨의 구별을 함축하고 있다", "성과 속, 이 두 세계는 상호 관계 속에서 엄격하게 정의되고 있다. 이 둘은 서로 배타적이고 모순적이다. (그러나-필자) 이 모순을 없애려고 노력하는 일은 무의미하다"(Caillois 1959, 190)고 이야기하고 있다.

생각해보면, 언어 세계에서 두 관계적 언어는 가치론적, 규범적 판단의 대상은 아니다. 가령 남자와 여자는 차이의 체계 속에서 의미론적 관계로 통합되어 있지만 그렇다고 해서 둘 중 어느 것이 더 우월한 가치가 있다거나 규범적으로 더 바람직하다는 판단을 내릴 수는 없다. 하지만 종교적 세계에서는 그렇지 않다. 성과 속은 차이의 체계 속에서 자신을 드러내지만, 그 둘은 동등한 존재론적 가치를 가진 개념이 아니다. 규범적으로도 동등하지 않다. 예컨대, 엘리아데에 따르면 성은 공간적으로 중심인 반면, 속은 그 주변에 위치한다. 또한 성이 창조와 생성의 시간이라면 속은 소멸과 해체의 시간이다. 엘리아데는 "성스러운 공간의 계시는 인간에게 고정점을 부여하고, 그리하여 혼돈된 규정성 가운데서 방향성을 획득하며 '세계를 발견하고' 진정한 의미에서 삶을 획득하게" 되는 반면, "속된 경험은 공간의 균질성과 상대성에 머문다. 이 경우에는 고정점이 더 이상 유일한 존재론적인 지위를 가지고 있지 않기 때문에 어떤 **참된** 방향성도 불가능하다"고 말한다. 속에는 "어떤 세계도 더 이상 존재하지 않으며 단지 흩어진 우주의 단편들, 무한히 많은 다소 중성적인 장소의 무 형태적인 집적에 지나지 않는 것이다."(엘리아데 1998, 57. 강조는 원문)

이처럼 성스러운 세계와 속된 세계는 존재론적, 가치론적 우열관계에 놓여 있다고 말해야 한다. 그리하여 종교적 세계에서 성스러운 대상과 장소와 시간은 속된 대상과 장소와 시간과 뒤섞여서는 안 된다. "성스러운 것과 장소는 오염으로부터 보호되어야 한다."(Douglas 1966, 7) 성스러운 세계의 오염과 무질서는 궁극적으로 존재의 근원을 상실하는 것이기 때문이다. 속된 세계로부터 성스러운 세계가 오염되는 것을 막기 위한 장치로 터부(taboo)가 존재하는 이유, 속된 세계에서 성스러운 세계로 들어오는 과정에 일종의 상징적인 문턱(liminality)을 만들고 통과의례(passage ritual)를 진행하는 이유가 바로 거기에 있다. 따라서 성스러운 세계를 속된 세계에 의한 오염과 무질서와 혼돈으로부터 보호하는 일은 너무나도 중차대한 일이 아닐 수 없다.

그렇다면 정치적인 세계는 어떠한가? 뒤르케임 사회학의 지평을 문화정치, 상징정치의 차원으로 확장하는 시도를 하고 있는 미국의 사회학자 스미스(Philip Smith)는 영국과 아르헨티나의 포클랜드 전쟁을 성과 속의 종교적 프레임으로 분석해냈다. 그에 따르면 당시의 전쟁에서 영국인들의 집단 심성에는 매우 강력한 종교적 이분법이 형성되어 있었다. 그러니까 성은 영국인, 도덕적, 민주주의, 자유, 해방자, 법률 수호, 법률 집행, 합리적, 전략적과 같은 가치들로, 속은 아르헨티나인, 비도덕적, 독재, 부자유, 침략자, 법률 위반, 범죄, 비합리적, 감정적 등의 가치들로 구성된 규범적 이항대립이 만들어졌다는 것이다(스미스 2007, 99). 포클랜드 전쟁에 대한 스미스의 연구는 정치세계가 어떻게 구성되는지, 종교적 원리와 얼마나 밀접하게 결합하고 있는지를 보여준다.

이 글에서 나는 전쟁기에 근대사회와 국가의 명백히 합리적인 표면 아래에 정치적이고 군사적인 활동을 구조화하고, 공식적, 정치적 그리고 지적인 담론을 형성하며, 견해, 신념, 태도, 정서 그리고 사회 행위를 주조하는 데 결정적으로 중요한 하나의 **강력한 종교적 영역이 잠복**해 있다는 것을 보여주었다. 종교적 차원은 단지 산만한 정서, 신념, 관념의 혼합도 아니고 단순히 사회적 이해관계의 이데올로기적 반영도 아니다. 그것은 자율적이며 내적으로 일관되고, 유기적으로 조직된 코드다. 그 코드는 **성과 속 요소**를 특정화하고 내생적인 반어적 논리를 구체화한다(스미스 2007, 122. 강조는 필자).

동지와 적의 이분법적 차이로 구성되는 슈미트의 정치 무대 위에서, 관계적 개념으로 묶인 그 둘은 결코 동등한 존재론적, 규범적 가치를 지니지 않는다. 오히려 동지와 적은 종교적 세계에서의 성과 속에 비유될 만하다. 그리하여 성스러움의 범주에 포함된, 그러한 가치를 공유하는 사람들은 동지애 아래 강력한 정치적 결속체로 성립하고, 그 반대편, 속의 범주를 구성하는 그러한 속성을 지니는 사람들은 적으로 나타난다. 그들은 정치적 성스러움을 오염시키고, 그 세계를 무질서로 환원하려는 위험한 존재들로 나타난다. 동지와 적이 차이의 체계로 묶여 있을수록 적을 속된 존재로 규정하면 할수록 그 대비 속에서 동지는 선하고, 도덕적이고, 정직하며, 올바른 존재로 그 모습을 드러낸다. 그러므로 모든 정치적 과정 속에서 적은 "사악함, 부도덕함, 심리적 뒤틀림, 병리적 성격과 같은 내적 요인들을 보유하고 있는 존재들로 그려져야"(Edelman 1967, 67) 한다.

*

　우리는 근대정치의 원리로서 이념적 정체성을 논의했고, 그러한 이념의 존재와 운동 원리를 이해하기 위해 소쉬르와 야콥슨의 구조주의 언어학 모델을 바탕으로 정치에 대한 슈미트의 이분법적 개념을 실펴보았다. 그리고 푸코가 제시한 담론의 질서를 통해 정치 세계에서 언어적 실천이 권력과 밀접한 연결 관계에 있음을 인식하고자 했다. 아울러 성과 속이라는 종교적 이분법 프레임을 통해 근대정치에 대한 새로운 인식 가능성을 모색하고자 했다. 우리는 이러한 이론적 틀이 헌법적 언어들을 둘러싸고 전개된 한국의 보수와 진보의 이념적 대결을 분석하고 해석하기 위해 유용한 방법적 관점과 도구를 제공할 수 있을 것으로 판단한다.

제3장
근대국가 한국과 정치적 주체의 탄생: 인민에서 국민으로

1. 정치적 근대와 네이션(nation)의 형성

1688년 영국의 군주 제임스 2세(James II)가 의회의 무력에 굴복해 프랑스로 망명하면서, 전제군주를 몰아내는 데 의회와 협력한 네덜란드 총독 윌리엄(William of Orange)과 그의 부인 메리(Mary)가 국왕 자리에 올랐다. 명예혁명(Glorious Revolution)으로 부르는 정치적 사건이다. 승리를 쟁취한 의회는 법률의 지배를 받는 군주제, 입헌군주제로의 이행을 완료하고 이듬해에 '권리장전'(Bill of Rights)을 선포했다. 영국은 17세기 내내 전제적 권력을 행사하고자 하는 군주와 그에 맞서는 의회가 격렬한 정치투쟁을 벌여왔다. 군주는 혈연에 기초한 정치적 정당성을 기초로 절대 권력을 행사하고자 했고, 의회를 중심으로 하는 저항세력은 의회의 권리를 정당화하는 이념적 문서들을 제정해 절대 권력에 맞섰다. 1688년의 대사건은 절대군주와 의회의 오랜 대결을 마무리 짓는, 그리하여 근대국가 영국을 향한 이념과 제도를 완성하는 결정적 계기로서의 의미를 지닌다.

그로부터 근 백년 뒤 영국의 식민지 아메리카 대륙에서 또 하나의 혁명이 발발한다. 1776년, 식민 모국에 맞서 혁명전쟁을 주도한 대륙회의(Continental Congress)는 회의체 내부에 5인으로 구성된 독립선언 준비위원회를 설립해 선언서 작성 임무를 맡겼다. "인류 역사에서 한 민족이 다른 민족과 정치적 결합을 해체하고 세계 여러 나라 사이에서 자연법과 신의 섭리가 부여한 독립·평등의 지위를 차지하는 것이 필요해졌을 때 우리는 인류의 신념에 대한 엄정한 고려를 하면서 독립을 요청하는 여러 원인을 선언하지 않을 수 없다"(한국미국사학회 2006, 65)로 시작하는 독립선언문이 그해 7월 4일 채택되었다. 식민 모국의 종교적 박해를 피해 신앙의 자유를 찾아 떠난 청교도들이었지만 영국인으로서의 소속의식과 정서를 강하게 품고 있었던 식민지인들은 이제 영국인의 일부가 되지 않을 것을 결의했다. 그들은 새로운 국가 수립의 길을 걷고자 했다. 1783년 9월 3일 종전조약, '파리조약'이 체결되었고, 영국 국왕은 아메리카 식민지의 주권과 독립을 인정하는 문서에 서명했다. 독립혁명으로 탄생한 이 새로운 국가는 유럽의 전통적인 보편적 국체인 군주국이 아니라 공화국(republic)이라는 근대적 국체였다.

그로부터 오랜 시간이 지나지 않아 대서양 건너편 프랑스에서 혁명이 발발하고 또 하나의 공화국이 수립된다. 1789년 5월 베르사유 궁에서 열린 신분제 회의, 삼부회가 계급 대표들 간의 대립과 갈등으로 파행을 겪으면서 시작된 프랑스혁명은 부르주아 계급이 이끄는 제3신분 대표들이 국민의회를 수립하고, '인간과 시민의 권리 선언'을 선포하고, 그 정치적 움직임에 동조한 농민들이 전제군주권력의 상징인 바스티유감옥을 공격하는 일련의 정치적 과정을 지나 1792년 8월, 급진세력의 주도로 공화국을 수립하는 길로 나아갔다. 미국에 이어 두 번째의 근대적 공화국이 수립되었다. 물론 프랑스혁명은 그 이후 전진과 역진이 반복하는 오랜 정치적 시간을 지나야 안정된 공화국의 길을 열게 된다.

17-18세기 내내 대서양의 양쪽에서 혁명이 전개되고 근대적 국가체제가 수립되는 중에도 유럽의 다른 지역은 여전히 전통적인 국가와 권력체제를 유지하고 있었다. 그와 같은 정치적 관성을 변화시킬 강력한 힘이 19세기 초반부터 프랑스에서 만들어지기 시작했다. 혁명의 혼란기를 지나 권력을 장악한 나폴레옹(Napoléon Bonaparte)은 프랑스혁명의 이념을 전파한다는 명분으로 유럽의 많은 나라들을 침략하고 정복했다. 나폴레옹의 군사적 모험은 유럽지역에서 근대국가 수립을 향한 정치적 열망의 상승을 가져왔다. 그 가장 인상적인 사례를 독일에서 만날 수 있다. 프랑스와 국경을 마주하는 신성로마제국은 나폴레옹의 군사적 공격에 가장 심각한 피해를 받았다. 신성로마제국 해체라는 굴욕을 당해야 했던, 제국의 맹주 프로이센에는 통일국가 수립이라는 정치적 열망이 빠르게 조성될 수밖에 없었다. 그 집단적 에너지는 1867년 프로이센 중심의 북독일 연방, 1871년 독일제국이라는 근대적 입헌군주국의 수립을 이끌었다.

17세기 중반부터 19세기 후반에 이르기까지 서구에서 전개된 근대국가체제 형성의 역사적 과정은 유럽의 주변 지역들에 동일한 정치적 열망의 확산을 만들어냈다. 역사학자 홉스봄은 그러한 국제적 양상을 아래와 같이 묘사한 바 있다.

> 이제 핀인(Finns)들과 슬로바키아인들처럼 이때까지 '무(無) 역사'(예컨대 이전에 어떠한 독립국가, 지배계급 혹은 문화 엘리트들을 가져보지 못한) 민족으로 간주된 인민들 사이에서 뿐만 아니라, 에스토니아인들과 마케도니아인들처럼 민족을 중시했던 사람들을 제외하면, 이전에는 그것을 생각해본 적이 전혀 없었던 인민들 사이에서도 '민족운동들'이 존재하게 되었다. 그리고 오랫동안 성립되어온 민족국가들 내에서도 지방

사람들이 이제 정치적으로 '민족들'을 동원하기 시작했다. 이러한 상황은 이후 자주 그 이름을 듣게 될 조지(D. L. George)라는 지방 변호사의 지도하에 1890년대에 청년 웨일스 운동이 조직된 웨일스에서도, 1894년 바스크 민족당이 형성된 에스파냐에서도 발생했다. 그리고 비슷한 시기에 헤르츨(T. Herzl)이 유태인들 사이에서 시오니즘을 제창했는데, 그것이 표현하고 있는 민족주의의 일종은 기존에는 유태인들에게 알려지지도 않았으며 의미도 없었던 것이다(홉스봄 1998, 288).

단 한 번도 자신들의 근대적 정치 공동체 수립에 대한 상상을 하지 못한 종족 집단들도 그와 같은 시도를 할 정도로, 서유럽에서 출발한, 근대국가를 향한 정치적 의지와 열정의 반경과 깊이는 너무나도 넓고 컸다. 우리는 19세기 후반부터 전개된 이 시대를 '내셔널리즘'(nationalism)의 시대로 부른다.

내셔널리즘의 시대는 국가 간 경쟁의 시대였다. 근대적 체제를 수립한 나라들은 자신의 국력을 대외적으로 과시하고자 했고, 그 정치적 욕망은 자본주의 경쟁으로 실천되었다. 우리가 '제국주의'(imperialism)로 명명하는 국제정치 현상의 발현이다. 서구의 근대 제국주의는 아시아와 아프리카 지역을 대상으로 식민지 경영에 돌입했다. 그리하여 홉스봄이 이야기하는 것처럼, 식민지배가 본격화되는 1880년부터 1차 대전 발발 직전인 1914년까지 "유럽과 아메리카 바깥에 존재하는 대부분의 세계가 형식적으로 하나 혹은 몇몇 국가들의 공식적인 통치 아래 혹은 비공식적인 정치적 지배하의 영토들로 분할"(홉스봄 1998, 166)되기에 이른다. 서구 자본주의 국가들의 제국주의 열망이 얼마나 강렬했던가를 보여준다. 광풍처럼 몰아친 제국주의는 서구의 내셔널리즘이 징고이즘(jingoism), 즉 극단적이고 맹목적이며 배타적인 애국주의로 변질되는 결과를 가져왔다.

자신의 외교력, 군사력, 경제력, 문화력 등의 수준이 다른 국가들을 넘어서거나 압도해야 한다는 제국주의 욕망의 전 지구화는 역설적으로, 독립을 쟁취해 자신들의 근대국가를 수립해야 한다는 내셔널리즘을 피식민지 세계가 열망하게 만들었다. 비서구 세계의 그와 같은 근대적 의지는 1차 대전과 이후에 소련과 미국에서 발표된 식민지 독립 선언에 의해 한층 더 강력한 양상으로 전개되어 나갔다. 1917년 10월 26일, 볼셰비키 혁명을 이끈 레닌(Vladimir Lenin)은 '평화에 관한 포고'(Decree on Peace)를 발표했다(전상숙 2009, 18). 레닌은 사회주의적 경제개혁의 추진이라는 대내적 계획과 함께, 휴전의 필요성 그리고 피식민지국의 독립과 자결의 정당성을 역설했다.

> 어떤 민족이든 일정한 상태의 경계를 벗어날 수 없도록 강제되고 있다면, 그 민족이 자신의 욕망을 표현했음에도, [공격적] 점령군 또는 일반적으로 지배민족이 완전히 철수한 뒤에 일체의 압력 부과 없이 자유선거로 자신의 존재 상태를 결정할 권리가 부여되지 않는다면 그와 같은 점령은 합병, 즉 강탈이자 폭력이다. 강하고 부유한 민족들이 자신들이 정복한 약소민족들을 어떻게 분할할까를 놓고 전쟁을 계속하는 것은 인류애에 대한 가장 심각한 범죄로 간주하고, 공평하게 명시한 조건 위에서 전쟁을 종료하기 위한 협약에 모든 민족들이 즉각적으로 동의해야 한다는 결정을 이 정부는 엄숙하게 공표한다(Lenin 1917).

1918년 1월 8일, 미국의 윌슨(Woodrow Wilson) 대통령은 전쟁종식과 영구평화와 민주주의 건설을 제창한 '14개조 선언'(Fourteen Points)을 발표했다. 여기서 윌슨은 레닌이 그러했던 것처럼, 식민지 독립과 민족자결의 당위성을 명확히 했다.

세계의 모든 인민들은 이러한 이해관계(자결과 정의와 공정의 원리를 따라 세계를 만들어가는 일-필자)의 실질적 파트너이며, 우리의 입장에서 타자들을 향해 정의가 세워지지 않으면 우리에게도 세워지지 않는다는 점을 아주 명확히 인식하고 있다. 따라서 우리 프로그램이 세계 평화를 위한 프로그램이며 이 프로그램, 유일한 단 하나의 프로그램은 우리가 보는 것처럼 다음과 같다. […] 5. 자유롭고 개방적이며 완전히 불편부당한 방식으로 식민지의 모든 요구들에 대한 적절한 조치가 필요한데, 이는 모든 주권의 문제를 결정하는 일에서 관련된 사람들의 이해관계가 동등한 무게를 지니고 있고, 그 명칭이 정해져야 할 정부의 요구들 또한 동등하게 다루어져야 한다는 원칙의 엄격한 준수를 토대로 해야 하는 것이다. […] 14. 강한 나라이든 약한 나라이든 정치적 독립과 영토 통합을 상호 보장하기 위한 구체적인 협약 아래에서 민족이라는 일반적 결사체가 형성되어야 한다. […](Wilson 1918).

이 연설들은 당대의 국제정치 상황과 밀접한 관련을 맺는 전략적 결과물이었지만, 그럼에도 내셔널리즘의 보편주의에 대한 이 선언들로 말미암아 세계적 차원에서 매우 중대한 변화가 만들어졌다. 이후 "민족주의 운동의 지리적 확산"과 "유럽 패턴과는 다른 새로운 형태의 민족주의 출현"을 만나게 되는 시대, 다시 말해 "민족적 원칙"으로, "자결권의 개념으로" 자신들의 상황과 요구를 정당화하는 보편적 내셔널리즘의 시대가 도래하게 되었는데, 홉스봄이 "민족성 원칙(the principle of nationality)의 승리"(홉스봄 1994, 172, 178)로 명명한 흐름의 형성이다. 이제 서구의 정치적 근대가 주조한 집합적 운동으로서 내셔널리즘은 20세기 초반부터 범세계적 차원으로 확산되어 나가기 시작했다.

내셔널리즘은 네이션이라는 주체들로 구성되는 국가(nation-state)

건설을 향한 정치운동이다. 그렇다면 그 국가적 주체로서 네이션은 누구인가? 프랑스의 인문학자 르낭(Ernest Renan)은 1882년 소르본느 대학 연설에서 네이션의 의미를 명확히 했다. 르낭은 "인간은 인종의 노예도, 언어의 노예도, 종교의 노예도, 강물 흐름의 노예도, 산맥 방향의 노예도 아닙니다. 인간들의 대 결집, 건전한 정신과 뜨거운 심장이야말로 네이션이라 부르는 도덕적 양심을 창출합니다"(르낭 2002, 88)라고 이야기하고 있다. 그에게서 네이션의 본질은 인종, 언어, 종교, 지리 등 전통적인 공동체 구성 원리들과는 다른, 너무나도 새로운 것이다.

> 하나의 네이션은 하나의 영혼이며 정신적인 원리입니다. 둘이면서도 사실 하나인 것이 바로 이 영혼, 즉 **정신적인 원리**를 구성하고 있습니다. 한쪽은 풍요로운 추억을 가진 유산을 공동으로 소유하는 것이며, 다른 한쪽은 현재의 묵시적인 동의, 함께 살려는 욕구, 각자가 받은 유산을 계속해서 발전시키고자 하는 의지입니다(르낭 2002, 80. 강조는 필자).

르낭에 따르면, 네이션은 혈연, 언어, 종교, 지리와 같은 전통적인 요소들을 공유하는 집단을 의미하는 종족(ethnic)과는 관련이 없다. 네이션은 공통의 정신적 경험과 더불어 정신적 의지와 가치와 열정을 공유하는 사람들의 정치적 결합이기 때문이다. 말하자면 네이션은 이념의 집합체다. 앞서 샤프츠베리의 정치사상에서 살펴본 것처럼, 17세기 영국의 지적, 실천적 무대에서는 혈연, 지연과 같은 전통적 공동체 원리에 맞서는 근대적 원리가 확산하기 시작했다. 예컨대, 당대 급진적 개혁주의 목사 프라이스(Richard Price)는 "지리적 개념으로서의 국가에 반대하면서, 동일한 헌정체제 아래에서 보호받으며 같은 정치체제 안에서 연대하며 사는 사람들의 집합체"로서 국가 관념을 제시했다(조승래 1999, 70). 지리, 언어, 풍습 등 정체성 구성의 원초적 요소들이 다르다 하더라도 동일한 정치적 이념으로 묶인 사람들을 네이션으로 부를 때, 우리는 그들을 국민으로, 그 주체들에 의해 수립된 국가를 국민국가로 명명할 수 있다. 영국, 미국, 프랑스에서 전통적인 정치체제와 근본적으로 구별되는, 근대적 이념 위에 수립된 정치공동체로 구현된 국가다.

하지만 르낭이 네이션이 아니라고 주장한 전근대적 집단들, 그러니까 인종, 언어, 종교, 지리를 공유하는 사람들의 근대적 결합 양상 또한 네이션으로 부를 수 있다. 『종족내셔널리즘』(*Ethnonationlaism*)의 저자 코너(Walker Conner)는 네이션은 "동일한 혈통적 기원을 갖는다고 느끼는 사람들의 집합체로서 바로 그 혈통적 유대에 근거해 구성원들의 충성심을 강제할 수 있는 가장 큰 규모의 집단이다"(Norman 1999, 54)라고 말했다. 그러니까 코너가 말하는 네이션은 전근대적 정체성의 요소들과 무관한 사람들의 정치적 집합이 아니라 오히려 그러한 요소들을 기반으로 자신들의 근대국가를 세운 집합적 주체다. 이 네이션을 민족으로, 그 민족이 구성한 국가를 민족국가로 명명할 수 있다.

우리는 이러한 민족국가의 대표적 원리를 프로이센을 중심으로 전개된 통일국가 독일의 형성 과정에서 볼 수 있다. 프랑스 제국에 대한 여러 복합적인 적대적 감정은 독일인이라는 정치적 자각을 불러일으켰고(벨러 2007, 116-117), 강대한 이웃에 맞서는 통일된 국가의 수립이 필요하다는 정치적 인식이 만들어지기 시작했는데, 그 선구적 인물이 바로 프로이센의 철학자 피히테(J. G. Fichte)였다. 그는 수차례의 연설을 통해 통일된 독일을 향한 강한 열정을 보여주었다.

이번으로 끝나는 이 강연은 당장은 여러분에게 호소하는 것이지만 사실은 독일 국민 전체를 염두에 두었으며, 이 강연의 의도는 **독일어가 사용**

되는 모든 지역에서 독일어를 이해하는 모든 사람들을 여러분이 지금 호흡하고 있는 이 공간으로 불러 모으려는 것입니다. […] 나는 공통의 기반인 조국을 바탕으로 같은 심정과 같은 결의를 가진 사람들을 그 사람 곁에 모으고 그의 가슴에 연결시켜 먼 변방으로부터 그 중심에 이르기까지 조국의 전 영토가 조국에 대한 생각이라는 단 하나의 활활 타오르는 단결의 불꽃으로 불타오르기를 바라는 것입니다(피히테 1997, 229. 강조는 필자).

이 마무리 연설에서 우리가 알게 되는 중요한 사실은 피히테의 국가 수립 프로젝트 주체들이 국민으로서 네이션이 아니라는 점이다. '독일어가 사용되는 지역'에서 '독일어를 구사하는 사람'이라는 아이디어는 르낭의 네이션 개념에 위배되는 전통적인 것인바, 지리와 언어와 역사 위에 정립되어 있는 피히테의 그 주체는 민족으로서 네이션에 부합한다.

여기서 우리는 내셔널리즘의 두 유형을 만나게 된다. 즉, 국민 형성을 통한 국민국가 수립의 유형과 민족 형성에 토대한 민족국가 건설의 유형이다. 그 유형은 다르지만, 국민 또는 민족이라는 집합체로 구성되고 그들의 정치적 의지로 통치되는 국가를 수립하려는 운동은 명백히 근대적이다. 왜냐하면 통치자의 인격성, 의지, 계보라는 제도적 구조로 성립하고 유지해 온 전근대의 왕조국가와는 근본적으로 다른 원리를 실천하고 있기 때문이다. 정치적 근대는 국가 구성에서 국민 또는 민족으로 불리는 집합적 피통치자가 주체로 성립하는 새로운 원리를 발명해내었다.

2. 한반도 분단과 적대적 두 이념체제의 성립

　식민지 한국 또한 내셔널리즘의 보편적 운동 세계 속에 들어와 있었다. 보다 정확히 말하자면, 한국은 내셔널리즘을 향한 선구자적 열정을 보여주었다. 일본 제국주의 지배 아래 있었던 한국에서는 독립 이후 형성될 근대적 국가 체제에 대한 논의가 빠르게 부상하고 있었고, 그 기획은 크게 두 가지 방향으로 나아갔다. 하나는 식민 이전 체제인 대한제국으로의 복귀를 주장하는 '복벽운동'(復辟運動)의 흐름이었고, 다른 하나는 구체제의 특권적 계급이 아니라 식민통치의 억압 속에서 살아가고 있는 사람들, 인민으로 불리는 이들이 주체가 되는 공화국 수립의 흐름이었다. 그러나 경쟁하는 두 대안적 노선에서 복벽주의의 정치적 호소력은 그리 강하지 않았다. 망국의 1차적 책임을 져야 하는 이들이 다시 정치권력자로 복귀하는 것은 타당하지 않다는 여론이었다. 또 하나의 정치적 대안인 공화주의 운동이 여론의 우위를 점하게 되었으며, 이는 1919년 3·1운동의 계기 속에서 강력한 정당성을 얻을 수 있었다(한인섭 2009, 179; 이준식 2017, 67).

　1919년 봄, 식민지 한반도에는 식민 지배를 부정하고 독립을 주장하는 집단적 선언이 대내외적으로 선포되었다. 3·1운동은 "조선이 독립국임과 조선인이 자주민임을 선언"했고, "반만 년" 역사의 이름으로 "독립을 선언"했으며, "자유와 평등"의 보편성을 주창했고, "민족자결주의"의 대의를 천명했다. 이 전국적인 저항은 내셔널리즘을 향한 중대한 정치적 실천을 이끌었는데, 임시정부 수립을 시작으로, 독립 이후 국가가 지향해야 할 이념적 정체성과 제도적 원칙에 대한 청사진을 그리는 작업이었다. 그러나 그 내셔널리즘의 초기적 운동은 일제로부터의 해방이라는 1945년 여름의 민족적 시간을 통과해야 실천될 수 있었다.

1945년 8월 15일 정오, 히로히토 일왕은 '대동아전쟁종결조서'라는 제목의 라디오 연설을 통해 일본의 항복을 선언했다(베르 2002). 이제 일본 제국주의 권력이 물러난 한반도에는 근대국가의 제도적 완성을 위한 정치적 시공간이 열렸다.

정치적 상상력과 가능성으로 채워진 무대의 초기 주도권은 민족주의 좌파 세력이 장악했다. 일본의 패망에 대비해 건국을 준비해온 지도자 여운형은 해방 직후 '건국준비위원회'(건준)를 발족시켰다. 건준은 8월말 현재 한반도 전체를 망라하는 145개 지방조직을 구축함으로써 전국조직으로서의 위상을 갖추어 나갔다. 여운형은 좌우파의 광범위한 지지를 받는 건국 조직이라는 목표를 위해 좌우파 지도자가 고르게 참여하는 건준을 기획하고 관철해 나갔다. 1945년 9월 6일 건준은 한반도에 들어설 새로운 국가를 '조선인민공화국'(인공)으로 명명하면서 그 이념적 성격을 명확히 했다. 하지만 해방정국의 우파 세력은 건준의 정치적 주도권으로 정국이 움직이는 것을 방관하지 않았다. 송진우가 이끄는 우파 세력은 조선인민공화국 선언 다음날 '국민대회준비회'를 결성, 임시정부 지지를 선언했다.

한편, 초기 해방정국의 권력 구도에 결정적인 영향을 미칠 새로운 변수가 등장한다. 9월 8일 미군의 진주다. 미군은 9월 9일 '태평양 미 육군 총사령관 포고1호'를 공포하면서 38도선 이남에의 군정 실시를 알렸다. 군정 출범 이틀 뒤인 9월 11일 박헌영 중심의 공산당 세력은 '조선공산당'을 결성하고, 9월 25일 '8월 테제'를 발표해 사회주의 국가 건설을 향한 단계적 청사진을 제시했다. 10월 10일, 미 군정청은 조선 인민공화국을 부인하는 성명을 발표하면서 유일한 합법적 권력체가 미군정이라고 주장했다. 인공은 미군정 논리의 부당성을 공격했지만, 무력을 보유하고 있는 미군정을 누르고 정치적 우위를 점할 수는 없었다. 좌파의 위기를 예감하게 되는 정치적 국면 속에서 향후 해방정국에 영향을 미칠 두 정치세력이 귀국했다. 10월 16일에 이승만이, 11월 후반부터 임시정부 요인들이 돌아왔다.

미군정의 패권 아래, 민족주의 좌·우파, 극좌, 보수 우파 세력들이 자신들의 국가 건설 프로젝트를 놓고 경쟁을 벌이는 정국은 1945년 12월 모스크바3상회의의 신탁통치 결정으로 말미암아 돌이킬 수 없는 대결과 갈등의 국면으로 빨려 들어갔다. "공동위원회의 제안은 조선임시정부와 협의 후 5년 이내를 기한으로 하는 조선에 대한 4개국 후견의 협정을 작성하기 위해 소, 미, 영, 중 제국 정부의 공동심의를 받아야 한다"(김남식 외 1986, 37)는 결정은 정치세력들을 찬탁 세력과 반탁 세력으로 날카롭게 분열시켰다. 정치세력들의 대립 속에서 임시정부 수립을 위한 미소공동위원회가 개최되었지만 두 패권국의 상이한 이해관계로 인해 성과를 내지 못한 채 결렬되었다.

2차 미소공동위원회가 합의 없이 종료되자 미국은 새로운 방안을 생각했다. 한국 문제를 다룰 4개국 특별회담을 열어 남북한 각각의 점령지에서 입법부 구성을 위한 선거를 유엔 감시 아래 치르는 계획을 소련에 제안한다는 전략이었다. 미국은 만약 소련이 그 제안을 거부한다면 남한에서만이라도 제헌의회 선거를 치르는 것을 생각하고 있었다. 그런데 미국의 그 방안은 한반도의 정치적 미래에는 매우 위험한 것이었는데, 왜냐하면 소련이 한국 문제의 유엔 이관을 반대했기 때문에, 미국의 그 구상은 곧 남한 단독정부 수립 가능성을 배제하지 않는다는 것을 의미하기 때문이다(박찬표 2008, 385).

1945년 겨울부터 이듬해 봄 사이 전개되고 있던 그와 같은 정치적 움직임이 무엇을 의미하는지를 권력의 차원에서 정확히 포착한 인물은 이승만이었다. 남한에 단독정부가 들어설 가능성이 적지 않다는 사실과, 냉전이 시작되는 국제정치적 질서 속에서 미국이 친미 우익정권을 세우고자 한다는 사실을 인식한 이승만은 남한 단독정부 수립을 통한 권력 장악의 이해관계를 공개적으로 표명했다. 1946년 6월 4일의 '정읍발언'이 그것이다.

> 이제 우리는 무기 휴회된 공위(共委)가 재개될 기색을 보이지 않으며 통일정부를 고대하나 여의케 되지 않으니 우리는 남방만이라도 임시정부 혹은 위원회 같은 것을 조직하여 38 이북에서 소련이 철퇴하도록 세계 공론에 호소하여야 될 것이니 여러분도 결심하여야 될 것이다. 그리고 민족통일기관 설치에 대하여 지금까지 노력하여 왔으나 이번에는 우리 민족의 대표적 통일기관을 귀경한 후 즉시 설치하게 되었으니 각 지방에 있어서도 중앙의 지시에 순응하여 조직적으로 활동하여 주기 바란다(이종범·최용구 편 1995, 386).

1947년 8월 26일, 미국은 워싱턴에서 4개국(미, 영, 중 소) 회의를 개최해 한국 문제를 해결하기 위한 새로운 방안으로 '남북 각 점령지역에서 유엔 감시하의 선거를 통한 남북인구비례에 따른 임시의회 구성 및 임시정부 수립'을 논의할 것을 제시했다. 그러나 소련은 미국의 제안을 거부했다. 모스크바 협정의 범주에서 벗어나는 것일 뿐만 아니라, 공동위원회의 테두리 안에서 모스크바 협정 내용을 실천하기 위한 모든 노력을 기울인 것이 아니라는 논리였다. 이에 1947년 9월 미국은 한국문제를 유엔에 상정하기로 결정했다. 유엔은 찬성 46표, 반대 6표, 기권 7표로 한국문제를 제1분과위원회인 정치위원회에 회부했다. 미국은 그해 10월 17일 한국 문제 해결의 구체적인 방안을 제시했다. 미국의 제안은 미소 점령당국이 늦어도 1948년 3월 31일까지 각각의 점령지역에서 유엔 감시하의 선거를 실시하고 인구비례에 따라 국회의원을 선출해 전국적인 국회 및 정부를 수립하며, 이후 미소 점령군의 완전한 철수를 이룬다는 것이었다. 이에 대해 소련은 한국문제 토의와 관련해 남북한의 대표를 유엔에 초청할 것과 1948년 초까지 미국과 소련이 남북한에서 군대를 동시 철수시켜 정부수립을 한국인들에게 일임해야 한다고 대응했다(박찬표 2008, 387-388).

유엔은 미국과 소련의 제안을 놓고 논의를 진행했는데, 결과적으로 소련 측의 안이 거부되고 미국 측의 '수정안'이 통과되었다. 1947년 11월 14일 유엔총회에서였다. 유엔총회는 "유엔에서의 한국문제 토의에 투표로 선출된 한국 국민의 대표가 참여하도록 초청하며", "호주, 캐나다, 중국, 엘살바도르, 프랑스, 인도, 필리핀, 시리아, 우크라이나, 소비에트 사회주의 공화국 9개국 대표로 구성되는 유엔한국임시위원단을 설치해 1948년 3월 31일까지 보통, 비밀선거원칙에 따라 유엔한국임시위원단 감시 하에 선거를 실시해 남북인구비례에 따른 대표자들로 국회를 구성하고 중앙정부를 수립"하는 내용을 골자로 하는 결의안을 채택했다(박찬표 2008, 389).

하지만 문제는 소련이 유엔의 결의안을 수용하지 않겠다고 결정 내린 일이었다. 한국문제가 유엔에 이관되기는 했지만 그것은 소련의 의지와는 반대되는 것이었으며, 미국이 주장하는 '남북한 인구비례에 따른 총선거' 또한 소련이 수용하고자 한 것이 아니었다. 그런 차원에서 '구속력이 없는' 유엔의 결의안에 대한 소련의 거부는 이미 예견된 것이라고 해도 과언이 아니었다. 소련은, 총선거를 위한 광범위한 조사를 위해 유엔한국임시위원단이 38도선 이북으로 들어오는 것을 거부했다.

이러한 상황에서 유엔한국임시위원단은 총선거와 그에 이은 정부수립 과정을 남한 지역에서만 시행할 것인지의 여부를 놓고 입장을 정리했다. "위원단이 접근 가능한 지역에서 선거를 실시하여 남한 단독의 독립

국가를 건설하자는 입장"과 "그러한 조치는 한국의 분단을 영구화할 것이므로 위원단은 그 위임받은 임무를 수행할 수 없음을 알리고 앞으로의 지시를 구해야 한다는 입장"으로 나뉘었다. 1948년 2월 26일 유엔은 "위원단이 접근 가능한 한국의 지역에서 11월 14일 총회결의안에서 설정된 계획을 이행하는 것은 유엔한국임시위원단에 부과된 임무"라는 요지의 결의안을 채택했다. 그 결의안의 채택은 곧 남북 단일정부의 수립이라는 역사적 과업이 실현불가능하게 되었음을 의미하는 것이었다(박찬표 2008, 392).

남한만의 선거 실시라는 유엔의 결의안은 국내 정치세력들의 분열을 가져왔다. 앞서 살펴본 것과 같이 이러한 정치적 상황을 정확하게 예측한 이승만과 그를 지지하는 한국민주당 세력은 즉각적인 총선을 강력하게 주장했다. "이들은 북한의 군사력으로부터 보호되기 위해서는 강력한 남한정부가 수립될 필요가 있다고 인식했다. 또한 그들은 북한 인구의 35%가 남한으로 이주했으므로 남한정부가 정당한 '국민정부'라고 주장했다." 하지만 좌익세력은 단독선거를 민족의 분열을 초래하는 잘못된 정치기획으로 평가했다. 그들은 제국주의 선동에 맞서 폭동과 파업을 위시한 무력투쟁을 전개할 것이라고 경고했다(조순승 1982, 165).

이러한 극단적 대립 속에서 분단이라는 최악의 상황을 막기 위한 국내 정치지도자들이 등장하는데 바로 '남북협상'그룹이었다. 김규식, 김구, 조소앙, 홍명희 등은 남한만의 단독선거가 가시화되는 시점인 1948년 3월 12일, 통일국가 수립을 위해 모든 노력을 기울일 것을 맹세하면서 남한만의 단독선거에는 참여하지 않을 것을 서약하는 공동성명을 발표했다. 이들은 이북의 김일성과 김두봉에게 서한을 보내 "통일된 민주정부 수립 방안을 남북한 정치지도자회의를 통해 토의할 것"을 제안했다(조순승 1982, 167). 북한은 3월 25일 평양방송을 통해 '남조선 단독정부수립을 반대하는 남조선 정당, 사회단체에게 고함'이라는 제목의 남북정당 사회단체 대표자 연석회의 초청장을 남로당과 한독당 및 민족자주연맹 등 남한의 17개 정당, 사회단체에 발송한다고 보도했다(안철현 1985, 319).

북한의 제의가 공개되자 남한 정국은 반대와 지지를 둘러싸고 또다시 소용돌이쳤다. 1948년 4월 19일, 김구 일행은 남북협상을 반대하는 우익세력의 저지를 뚫고 평양으로 향했으며 그 뒤로 홍명희(민주독립당), 조소앙(한독당) 그리고 김규식이 서울을 떠났다. 그들은 4월 19일부터 26일까지 진행된 '전조선정당사회단체대표자 연석회의'를 시작으로, 4월 27일부터 30일까지 남북인사 15명으로 구성된 '남북조선정당사회단체지도자협의회'에 참석했다. 이어서 김구, 김규식, 김일성, 김두봉의 4자회담이 개최된다. 남북조선정당사회단체지도자협의회는 공동 성명을 채택해 남한 단독선거를 반대한다는 입장을 확인했다.

"남조선 단독선거를 반대하는 조선 정당 사회단체 대표자연석회의를 뒤이어 평양시에서 4월 30일에 남북조선 제 정당 사회단체 지도자들의 협의가 진행되었다. 이 협의회에서는 전조선 정당 사회단체 대표자연석회의의 남조선 단독선거를 파탄시키는 문제와 함께 채택된 양국 군대 철퇴문제와 그 철퇴 실시 후에 당면하는 제 문제에 관하여 토의하였다. [⋯] 천만여 명 이상을 망라한 남북조선 제 정당 사회단체들이 남조선 단독선거를 반대하느니만큼 유권자수의 절대 다수가 반대하는 남조선 단독선거는 설사 실시된다고 하여도 절대로 우리 민족의 의사를 표현하지 못할 것이며 다만 기만에 불과한 선거로 될 뿐이다. [⋯]"(심지연 1986, 109-110)

김구와 김규식은 5월 6일 남북협상 결과에 대해 "자주적 통일조국을 재건하기 위해 양 조선의 단선단정을 반대하며, 미소 양군이 철퇴하는

데 의견이 일치했으며, 북한 당국자도 단정을 절대로 수립하지 않겠다고 약속했다"는 요지의 공동성명을 발표했다(안철현 1985, 328). 하지만 남한 정국은 그들의 정치적 의지와는 별개로 전개되었다. 남한 내 단독선거가 이미 5월 10일로 예정되어 있었으며, 입후보자들이 선거전을 치르고 있었다. 남북협상을 통한 통일국가 건설을 소망하는 민족주의 우파와 좌익이 선거를 거부했지만 그럼에도 총 유권자의 75%가 투표에 참여하는 등 참여한 세력으로서는 외견상 선거의 대표성과 민주성을 선전할만 했다. 이승만이 주도하는 독립총성국민회가 54석, 한국민주당이 29석, 대동청년단이 12석, 민족청년단이 6석, 대한노동연맹이 2석을 차지했으며, 무소속이 85석이었다(조순승 1982, 176).

1948년 5월 31일에 개원한 제헌의회는 헌법제정 절차에 들어갔다. 7월 12일 헌법이 제정되었고 7월 20일에는 이승만이 초대 대통령으로 선출되었으며, 8월 15일 남한에 새로운 국가가 수립되었다. 김구와 김규식은 총선거가 실시되어 국가건설을 위한 제도적 과정이 진행되는 상황 속에서도 남북협상세력을 중심으로 통일독립운동을 전개하는 등 단정 반대 움직임을 지속해나갔지만, 9월 3일 북한에서 최고인민회의가 헌법을 비준하면서 김일성을 공화국의 수상으로 임명하고 9월 9일 조선민주주의인민공화국 수립을 선포함에 따라 그 정치적 무게를 상실할 수밖에 없었다.

결국 탈식민지 한반도는 오랜 민족적 동질성을 지닌 민족 구성원들이 주체가 되는 민족국가를 건설하는 데 실패했다. 동일한 종족, 동일한 언어, 동일한 역사, 동일한 문화로 채워진 한반도에는 서로 다른 이념, 이후 적대적 이념의 정체성을 지닌 두 국가가 수립되기에 이른다. 그 두 정치공동체는 슈미트의 테제가 아주 정확히 들어맞게 되는, 이념적 적대에 기초한 동지와 적의 관계 속으로 들어갔고, 그것은 내전의 경험을 통해 성과 속이라는 종교적 차원으로 질적 변화하기 시작했다.

3. 국민, 대한민국의 헌법적 주체가 되다

1919년 4월 11일 상하이에서 대한민국 임시정부가 수립되었다. 같은 날 임시정부는 '대한민국임시헌장'을 제정했다. 총 10개조로 이루어진 임시헌장의 내용은 다음과 같다.

> 제1조 대한민국은 민주공화제로 함
> 제2조 대한민국은 임시정부가 임시의정원의 결의에 의하여 차(此)를 통치함
> 제3조 대한민국의 인민은 남녀귀천 및 빈부의 계급이 무(無)하고 일절 평등임
> 제4조 대한민국의 인민은 신교(信敎), 언론, 저작, 출판, 결사, 집회, 신서(信書), 주소, 이전, 신체 및 소유의 자유를 향유함
> 제5조 대한민국의 인민으로 공민 자격이 유(有)한 자는 선거권 및 피선거권이 유함
> 제6조 대한민국의 인민은 교육, 납세 및 병역의 의무가 유함
> 제7조 대한민국은 신의 의사에 의하여 건국한 정신을 세계에 발휘하며 진(進)하야 인류의 문화 및 평화에 공헌하기 위하야 국제연맹에 가입함
> 제8조 대한민국은 구 황실을 우대함
> 제9조 생명형, 신체형 및 공창제를 전폐함
> 제10조 임시정부는 국토회복 후 만 일개 년 내에 국회를 소집함(「대한민

국 임시헌장」).

이 헌장은 임시정부가 터하게 될 새로운 국가의 정치적 정체성을 민주공화국으로, 그 정치적 주체의 본질을 '인민'으로 명문화했다. 그 인민은 정치사회적 삶을 위해 필요한 주요 자유를 향유할 뿐만 아니라 성적, 경제적으로 평등을 누리는 존재로 규정된다. 일제 식민지의 정치적 안티테제(anti-thesis)로 정립된 새로운 국가의 이와 같은 인민 민주주의 이념은 임시정부가 국내의 한성정부, 연해주의 대한국민의회와의 통합을 이루면서 제정한 '대한민국임시헌법'(1919년 9월 11일)에서 다시 한 번 법적 형식으로 구현된다. 전체 7조로 구성된 제1장 총령은 임시헌장의 내용을 대체로 계승하고 있으며, 제2장에서는 인민의 의무와 권리를 규정하고 있다. 인민은 민주공화국 대한민국의 주권자로서 모든 점에서 평등하고, 시민적 자유와 권리를 행사하는 근대적 인간이다(「대한민국임시헌법」).

대한민국은 인민이 정치적 주체로 서는 민주공화국이라는 헌법적 규정의 정치적 근대성은 의심할 나위가 없다. 식민지 조선의 미래 청사진을 만든 정치 지도자들의 근대적 이념체계는 앞서 언급한 것처럼, 대한제국의 기득권 계급이 보인 역사적 무기력과 반동성에 대한 반성적 인식과 그러한 과거의 퇴행성에 맞서 3·1운동이라는 혁명적 저항을 실천한 피통치자들의 의지로부터 큰 영향을 받았다고 할 수 있다. 그리고 대외적인 차원에서 그들은 서구가 만들고 확산한 근대 정치 이념의 자장으로부터 자유로울 수 없었을 것이다. 서구에서 근대적 정치 공동체의 지배적 원리로 세워진 내셔널리즘은, 19세기 후반부터 그 이념적 지향이 변질되기 이전까지, 진보적인 가치들과 결합하면서 운동해나갔다. 내셔널리즘은 절대군주제와 같은 전통적인 지배 원리와 정당성의 논리에 맞서 자유주의 이념을 지향했으며, 소수의 특권계급이 아니라 다수의 피통치자들이 국가의 정치적 주체라는 민주주의 이념을 따르고 있었다. 영국, 프랑스, 미국의 내셔널리즘에서 인식할 수 있듯이 인민(people)은 내셔널리즘의 진보성을 담고 있는 핵심적 주체 이념이었다.

근대 자유주의 내셔널리즘의 선구적 사상을 세우고 전파한 로크는 절대군주제에 맞선 새로운 국가와 정치공동체의 원리를 이야기하면서 인민이라는 개념을 매우 빈번하게 사용했다. "지배자들과 인민 간에 통치자나 통치에 관한 어떤 다툼도 없었다", "군주들에게 자기 인민과 구분되는 별개의 이해관계를 가지도록 가르치자"(로크 2024, 135)와 같은 표현에서 알 수 있듯이 로크가 생각하는 인민은 지배계급의 반대 개념이었다. 그 전통적인 권력의 반대편에 위치하는 인민이야말로 근대 국가의 정치 주체로서의 위상을 지닌다. 국가권력은 인민의 동의에 의해 탄생할 뿐만 아니라, 그 인민에게 알려진 바대로 행사되어야 하며, 궁극적으로 "다른 어떤 목적이 아니라 오직 인민의 평화, 안녕, 공공선으로 인도되어야 한다"(로크 2024, 152)고 로크는 주장했다. 특히 국가권력의 근간이 되는 입법 권력과 관련해 로크는 인민의 주권을 명확히 하고 있다.

> 입법부는 법률을 제정할 권력을 다른 사람의 수중에 이양할 수 없다. 그것은 단지 인민으로부터 위임받은 권력일 뿐이어서 그것을 가진 자들이 다른 사람들에게 넘겨줄 수 없기 때문이다. 오직 인민만이 국가의 형태를 제정할 수 있는데, 그 일은 입법부를 설립하고 그것을 맡길 자들을 임명함으로써 이루어진다(로크 2024, 166).

그런데 근대적 정치공동체 수립의 정치적 근원으로서 인민의 위상은 사상적 텍스트를 넘어 정치적 실천의 담론들 속에서도 명확히 드러났다. 가령, 미국 독립전쟁 중인 1776년 6월에 선포되어 독립선언문의 기초가 되었던 '버지니아 권리선언'(The Virginia Declaration of Rights)의 전문은 "이 권리선언은 전원이 참석한 자유로운 의회에서 버지니아의 선한 인민의 대표들에 의해 작성되었으며, 그 권리들은 정부의 토대이자 근간으로서 그 인민과 그들의 후손에 속한다"라고 명시하고 있는 바, 인민이 입법권력과 행정권력의 궁극적 원천임을 선언하고 있다. 이후 '독립선언문'에도 동일한 선언을 볼 수 있는데, "이 정부의 정당한 권력은 인민의 동의로부터 유리하고 있는 것이다. 또 어떤 형태의 정부이든 이러한 목적을 파괴할 때에는 언제든지 정부를 개혁하거나 폐지하여 인민의 행복을 가장 효과적으로 가져올 수 있는, 그러한 원칙에 기초를 두고 그러한 형태로 기구를 갖춘 새로운 정부를 조직하는 것은 인민의 권리인 것이다"(2장)라는 규정이다. 같은 맥락에서 프랑스혁명 최초의 공적 선언문으로 작성된 '인간과 시민의 권리 선언'은 "국민의회를 구성하는 프랑스 인민의 대표자들은, 인권에 대한 무지와 망각 또는 경시가 공공의 불행과 정부 부패의 원인임을 유의하면서 인간이 가지고 있는 타고난, 양도할 수 없는 신성한 권리들을 엄숙한 선언을 통해 명시하기로 결의하였다"라는 전문으로 시작하고 있다. 혁명으로 수립된 국민의회 의원들의 정치권력은 근본적으로 인민의 의지로부터 정당성을 부여받은 것임을 의미한다.

근대는 주권자로서의 인민, 권력 정당성의 원천으로서 인민이라는 이념 위에 정치공동체를 건설하려는 기획이었다. 하지만 근대적 정치담론의 무대 위에는 인민과 함께 국민(nation)이라는 개념도 폭 넓게 등장하고 있었다. 1688년 명예혁명의 결과로 선포된 '권리장전'은 군주의 권한을 제한하는 항목들과 함께 의회와 국민의 권리를 명시하는 항목들을 포함하고 있는데, "5. 국왕에게 청원을 하는 것은 국민의 권리이니, 그러한 청원을 했다고 해서 구금되거나 박해를 받는 것은 위법이다"라고 규정하고 있다. 앞서 살펴본 버지니아 권리장전의 2항 또한 "모든 권력은 국민에게 귀속되며 따라서 국민으로부터 나온다. 그러므로 관리는 국민의 위탁자요, 봉사자이며, 항상 국민에게 순종해야 한다"라고 규정하고 있다. 인간과 시민의 권리 선언의 제3조, "모든 주권의 근원은 본질적으로 국민에게 있다. 어떤 단체나 어떤 개인도 명백히 국민에게서 유래하지 않는 권력을 행사할 수 없다"에서도 국민의 개념을 만날 수 있다.

이처럼 인민과 국민은 근대적 국가 이념 속에서 서로 모순되거나 대립하지 않고 정치적 의미의 공존을 이루고 있다. 이러한 사실에 주목한다면, 우리는 인민과 국민이라는 두 정치적 주체 위에 선 근대적 정치공동체를 말할 수 있다. 일제로부터 해방된 한반도에 국가를 세우는 프로젝트 또한 인민과 국민이라는 두 주체를 이념적 축으로 운동해나갔다. 하지만 한국의 근대국가 속에서 인민이라는 주체와 국민이라는 주체는 이념적 공존과 조화를 실현하지 못한 채 상호 배타적인 관계로 나아갔다. 그것은 한반도에 서로 상이하고 적대적인 이념을 신봉하는 두 체제가 들어서게 되는 과정에 기인한다.

탈식민지 한반도의 정치 공간은 임시정부가 선언한 근대국가의 완성적 건설을 위한 이념적 원칙과 정체성의 대립으로 채워져 나갔다. 보다 구체적으로 말하면 해방정국의 무대는 각 정치세력들의 국가적 설계도에 관한 근대적 정치 언어들로 채색되었는데(임종명 2014), 그 정치언어 투쟁의 무대를 선점한 집단은 민족주의 좌파와 극좌파 세력이었지만 그 종국적 승리는 보수주의 우파에게 돌아갔다. 그리고 그러한 대결의 결과, 근대국가 한국에서 사용 가능하고 가능하지 않을 정치적 언어들이 결정되었다.

1945년 8월 15일, 여운형은 건국동맹을 중심으로 건국준비위원회 조직의 전국화 작업에 착수했다. 위원장으로 선출된 여운형은, 8월 25일

건준의 선언문과 강령을 발표하는 등, 정국 주도권의 장악을 시도해나갔다. 앞서 언급했듯이, 본래 건준은 좌우파의 협력체로 탄생한 조직이었지만 이후 내부 이념 갈등이 격화됨에 따라 안재홍이 이끄는 우파 세력이 탈퇴하면서 결과적으로 좌파에 의해 장악되었다.

1945년 9월 6일, 건국준비위원회는 전국인민대표자대회를 개최하고 '조선인민공화국'을 선포했다. 대표자 대회의 임시의장 여운형은 인사말을 통해 새로운 국가의 이념적 정체성을 다음과 같이 공표했다.

> 우리의 새 국가는 노동자, 농민, 일체 **인민** 대중을 위한 국가가 아니면 안 된다. 우리의 새 정권은 전 **인민**의 정치적, 사회적 기본 요구를 완전히 실현할 수 있는 진정한 **민주주의** 정권이 아니면 안 된다(송남헌 1985, 1권, 49. 강조는 필자).

이는 주권에 기반을 둔 민주주의 국가라는 이념적 정체성을 표방한 것으로 나라 이름과 관련해서는 애초에, 건국동맹이 제안한 조선공화국과, 공산당 계열이 제안한 조선인민공화국이 경쟁했으나 최종적으로 조선인민공화국으로 결정되었다. 공산당의 허헌은 국가주권이 '인민'에게 있음을 천명했다. 곧 이어 중앙인민위원 선거에 들어가 중앙인민위원회 설립을 완료했다. 9월 8일에 열린 중앙인민위원회는 조선인민공화국의 탄생을 선언하고 주석을 비롯해 내각 인선을 마무리 지었다. 주석-이승만, 부주석-여운형, 국무총리-허헌, 내무부장-김구, 외무부장-김규식의 구성안이었다. 우리는 그 날 공표된 선언문과 정강 그리고 시정방침을 통해 조선인민공화국의 이념적 지향을 명확히 인식할 수 있다.

완전한 독립을 위한 허다한 투쟁은 아직 남아 있다. 우리는 우리 앞에

가로놓여 있는 모든 난관을 돌파하고 우리를 선출한 혁명적 동지와 **인민** 대중의 기본적 요구에 응하여 일본 제국주의의 잔존 세력을 완전히 구축하는 동시에 우리의 자주 독립을 방해하는 외래 세력과 반민주주의적, 반동적 모든 세력에 대한 철저한 투쟁을 통하여 완전한 독립 국가를 건설하여 진정한 **민주주의** 사회의 실현을 기한다. 그리고 우리는 안으로는 조선 **인민** 대중 생활의 급진적 향상과 정치적 자유를 확보하고 밖으로는 소련, 미국, 중국, 영국을 비롯하여 평화를 사랑하는 모든 **민주주의**적 제 국가와 제휴하여 세계 평화의 확립에 노력하려 한다(송남헌 1985, 1권, 52. 강조는 필자).

일제와 봉건세력을 일소하고, 인민대중의 삶과 자유를 보장하는 민주주의 국가 건설로 요약되는 목표를 달성하기 위한 실천적 과제로 중앙위원회는 총 26개의 시정방침을 제시했다. 18세 이상 남녀보통선거권('모든 남녀인민'으로 기술), 특권 해체와 전인민의 절대 평등, 토지 무상분배, 국유화, 사회보장, 의무교육제, 최저임금제와 같은, 정치경제적 차원에서의 민주주의 정책 등이 그것이다. 좌파 민족주의 세력에게서 새로운 국가의 주권자는 '인민' 혹은 '인민대중'으로 호명되었다. 조선인민공화국 선언이 말해주고 있듯이, 이 인민은 친일 반민족주의 세력, 반동적 봉건세력, 민주주의에 반대하는 모든 세력의 반대 개념으로 정립되었다.

그렇게 해방 이후 한국정치에서 인민은 뚜렷한 역사성과 근대적 이념성을 지닌 개념으로 등장했다. 국가의 주권자로서 인민 개념에 대한 좌파 민족주의세력의 강조는 조선인민공화국의 정당성을 부인하는 미군정의 성명서에 대한 반박문에서 다시 한 번 관찰할 수 있다. 조선인민공화국은 1945년 11월 20일, 1차 전국 인민위원회대표자대회를 개최했는데, 여기서 여운형은 (대독연설을 통해) 다음과 같이 주장했다.

조선인민공화국의 탄생은 전국 인민의 총의이며 국제 문제의 민주주의적 해결과 세계 평화 건설의 일환이다. 전국인민위원회대표자대회는 완전 독립에의 거보이며 진정한 민주주의 원칙에 기반한 인민을 위한 인민의 정부를 수립하려는 우리의 애국 열정의 발로이며 우리 민족 통일을 위한 노력이다. 우리 독립 국가 건설은 해방된 조선 인민에게 부여된 자유이며 권리다(송남헌 1985, 1권, 67).

'인민 민주주의' 선언이라고 말할 수 있다. 인민 민주주의에 대한 국가적 청사진은 남조선노동당의 국가적 비전에서도 뚜렷이 볼 수 있다. 조선인민당, 조선공산당, 남조선신민당의 합당으로 결성된 남조선노동당은 1946년 9월 4일에 발표한 당 강령에서 다음과 같이 선언했다.

우리 당은 조선 근로 인민의 이익을 진정하게 대표하고 옹호하는 당으로서 조선 근로 인민에게 민주주의 개혁 실시를 보장할 수 있고 연합국 대열에 동등한 국가의 자격으로 참가할 수 있는 강력한 민주주의 자주독립 조선 국가의 건설을 과업으로 한다(송남헌 1985, 1권, 167).

한 번 더 강조하지만, 근대적 정치공동체에 관한 서구의 사상적·실천적 텍스트에서 인민은 가장 핵심적인 주체 개념으로 등장한다. 서구에서 인민의 정치적 근대성은, 그 개념의 역사적 탄생으로부터 이후의 진화 과정을 거쳐 형성된 복합적 의미 속에서 잘 드러난다.

인민 개념의 서구적 역사를 탐구한 캐노번(Margaret Canovan)에 따르면, 인민은 다층적인 역사적 의미를 지니고 있다. 첫째, 인민은 계급적 개념이다. 서구에서 인민 개념은 고대 로마의 정치적 전통에서 시작되는데, 바로 포풀루스 로마노스(Populus Romanus), 즉 로마의 인민이었던

바, 그 인민은 귀족 계급에 존재론적으로, 정치적으로 대비되는 평민을 가리키는 개념이었다. 그들은 지배계급에 맞서 자신들의 이해관계를 실현하기 위해 정치적 집단으로 결집하곤 했던 피지배계급을 가리킨다(캐노번 2015, 31). 둘째, 인민은 정치적 층위의 개념이기도 한데, 로마 시대 이후 황제와 같은 권력자들이 자신의 정치권력에 정당성을 부여할 원천적 존재로서 인민을 인식했다는 역사적 전통에 관련된다. '렉스 레기아'(lex regia)로 불리는 "이 전통은 모든 정부가 인민으로부터 정당성을 끌어낼 수 있음을 은연중에 보여주"(캐노번 2015, 36)었다. 앞서 언급한 근대의 자유주의 이념에 연결된 인민 개념은 로마의 이러한 전통을 계승하고 있는 것으로 해석된다. 셋째, 캐노번에 따르면 인민의 또 다른 의미가 있는데, "인간으로서 모든 사람들의 보편적인 자연권이란 견지에서 하나의 구체적 인민이 지닌 자결권에 대한 주장"(캐노번 2015, 63)이라는 미국 독립선언문의 이념은 인민을 "인간 그 자체, 다시 말해 일반적인 개인들"(human beings, individuals in general)(캐노번 2015, 14)로 이해할 것을 요구한다고 캐노번은 주장한다. 근대적 국가 수립의 원칙으로서 사회계약의 발생적 주체인 자연인이 곧 인민이다. 넷째, 캐노번은 "민족적 인민 공동체"(national peoplehood)란 복합 개념을 사용하면서 "시간 속에서 존재하면서, 집단 기억, 신화, 상징을 한 세대에서 다음 세대로 넘겨주는"(캐노번 2015, 84-85) 집합으로서 민족과 인민의 결합을 이야기한다. 그에 따르면 자연권을 지닌 개별적 인간으로서 인민은 언제나 특정한 집합적 실체로 존재하고 있고, 민족은 가장 강력한 역사적 형식이다(캐노번 2015, 83). 여기에 우리는 국민이라는 또 다른 집합적 실체와 결합하는 인민, 즉 '국민적 인민 공동체'를 생각해볼 수 있다.

　　서구의 정치적 근대는 이처럼 다층적 존재성을 지니는 인민을 의미론적으로 그리고 실천적으로 동원하면서 새로운 국가, 새로운 정치공동체를 수립해왔다. 해방정국의 정치를 주도하고 있던 좌파 세력이 해방 이후 국가 수립 과정에서 인민을 호명하고 그들을 궁극의 주체로 세우고자 했던 실천적 담론은 그 점에서 명백히 근대적 보편성으로 이해할 수 있다.

그런데 해방정국의 인민은 서구적 의미를 공유하면서도 당대 한국의 역사적 특수성에 깊이 연결된 것이기도 했다. 좌파세력의 여러 담론들에서 인민은 새로운 국가의 이념적 근간으로, 정치권력의 궁극적 존재 이유로 나타나고 있다는 점에서 서구 근대 자유주의 이념으로서의 인민에 부합한다. 그렇지만 새로운 국가의 정치적 주체로 호명되는 인민은 조선이라는 봉건적 질서의 잔재와 제국주의의 지배 구조에 맞서서 해방된 사회를 만드는 근대적 주체로 부상한다. 좌파세력은, 조선 후기부터 "한 번도 권력과 통치의 주체가 되어 본 적이 없었던", 피통치자라는 불행한 의식을 벗어나 일본 제국주의 아래에서 민족의식과 민주주의 의식을 갖추어 나가면서 "근대로 가는 문을 열고자 했던 열망을"(송호근 2011, 49, 64) 드러내기 시작한 주체적 인민의 존재를 인식하고 있었고, 그들을 근대국가 수립의 무대로 불러내고자 했다. 이 인민은 민주주의 원리를 구현하는 공화국의 수립을 위한 민족주의적 집합체로 운동할 것을 요청받았다.

흥미로운 사실은 남조선노동당의 강령이 '근로 인민'과 '전 조선 인민'의 개념을 사용했지만, '모든 국민'이라는 개념의 사용도 적지 않았다는 점이다. 그러니까 인민이라는 용어가 좌파의 국가적 이념을 담고 있는 가장 근원적인 언어이긴 했지만 그렇다고 해서 국민이란 용어가 배제된 것은 아니었다고 말할 수 있다는 것이다. 이러한 상황은, 앞서 살펴본 것처럼, 정치적 근대를 직조하는 인민과 국민이라는 두 개념이 결코 상호 모순되는 것이 아니라는 사실에 대한 인식으로 해석해볼 수 있다. 서구의 근대 이념 속에서 인민은 하나의 자연인으로 정치사회 수립의 계약을 통해 권력을 생성할 정치적 원형질의 존재이고, 국민은 정치사회를 탄생시킨 인민들이 시민적 권리를 지닌 존재로 전화되었을 때의 호명이다(한성훈 2012, 31).

해방정국의 정치언어 무대 위에서 좌파 세력이 새로운 국가의 이념적 원리를 디자인하고 그 주체로 인민대중, 근로인민 등, 인민을 주창하는 데 맞서 보수주의 우파세력은 다른 정치적 주체 개념, 특히 국민을 지배적으로 사용했다. 그 최초의 양상으로 우리는 1945년 9월 1일에 창당한 '조선국민당'의 노선을 언급할 수 있다. 건준을 탈퇴한 안재홍이 창당한 우파정당 조선국민당은 "신생민주주의 이념 아래 민족총의에 의한 자주 독립적 민권본위 정체의 확립"을 추구한다는 정강을 발표했는데, 거기서 '국민소득', '국민재교육운동' 등의 용어가 눈에 띈다. 정당명에서부터 정강의 주요 개념이 국민으로 채워져 있었다는 사실에 우리는 주목한다(김성보 2009, 73). 이후 조선국민당은 사회민주당, 자유당 등과 합당하면서 국민당으로 개칭했다. 한국민주당과 함께 우익 진영의 주요 정당으로 존재해왔던 국민당은 신민주주의와 신민족주의를 선언하고 인민과 더불어 국민이란 용어를 사용했다. 우리는 1945년 9월 24일의 결성 선언문에서 다음과 같은 주장을 볼 수 있다.

> 오인은 초계급적인 전 민족적 피압박의 형태에서 항전하여왔고, 다시 전 민족적 해방의 단계에 들어 있어 초계급적 통합국가 건설의 역사적 약속 아래 있으므로 모든 진보적 반향, 침략 제국주의적인 지주, 자본가 및 농민, 노동자 등 개로층(皆勞層)의 인민을 통합한 신민족주의적 국가를 창업하야 만인 개로와 대중 공생을 이념으로 하는 계급 독재를 지양시킨 신민주주의의 실현을 목표로 한 정치적, 문화적 신기원의 역사를 개창하여야 한다(송남헌 1985, 1권, 132).

그에 이어 강령은 "국민 개로와 대중 공생을 이념으로 신민주주의의 실현을 기함"을 표방했다. 말하자면 인민과 함께 국민이라는 용어가 공존하고 있는 모습인데, 여기서 사용하는 인민은 좌파세력이 주권적 실체로 명명한 인민과는 전혀 다른 개념으로 해석되어야 한다. 왜냐하면 국민당의 인민은 초계급성 또는 중립성을 띠는 반면에 조선인민공화국의 인민은 반봉건, 반민족, 반민주라는 명확한 계급성과 이데올로기성에 기초하고 있기 때문이다. 그 점에서 국민당의 인민은 '국민개로'라는 개념과 유사해 보인다.

이러한 움직임과 함께 우익진영은 해방정국의 보수 세력을 이끌 한국민주당을 창당한다. 1945년 9월 16일에 창당한 한국민주당은 다음과 같은 국가적 비전을 공표했다.

> 나아가 우리 민족의 장래할 세계의 신문화 건설에 뚜렷한 공헌이 있기를 꾀할진대, 무엇보다도 완벽 무결한 자주독립국가로서 힘차게 발전해야 될 것이다. 이는 오직 전제와 구속 없는 대중 본위의 민주주의 제도 앞에 개노개학(皆勞皆學)으로서 국민의 생활과 교양을 향상시키며 특히 근로 대중의 복리를 증진시켜 호말(毫末)의 차별도 중압도 없기를 기한다. 그리하여 우리는 전 국민의 자유로운 발전을 보장하며 전민족의 단결된 총력을 기울여서 국가의 기초를 반석 위에 두고 세계 신문화 건설에 매진하려 한다(송남헌 1985, 1권, 126).

한국민주당의 선언문은 물론이거니와 강령과 정책 어디에서도 ─ 민족, 대중, 국민과 같은 용어는 빈번하게 사용하지만 ─ 인민이라는 개념을 발견할 수 없다. 송남헌은 "한국민주당은 당시 유일한 세력 집단인 건국준비위원회에 대항하기 위하여 반공산 세력이면 수하(誰何)를 막론하고 포섭하려 해왔고"라는 주장(한태수의 『한국정당사』)을 인용하고 있는데, 이러한 관점에 기댄다면, 한국민주당이 선언문과 강령에서 인민 혹은 그에 준하는 어떠한 용어도 언급하지 않고 오직 국민이라는 개념만을 사용한 것은 좌우파 간 정치적, 이념적 대결의 차원으로 해석해야 할 부분이다. 국민당이 민족주의와 민주주의 대신에 신민족주의, 신민주주의를 강조한 것도 같은 맥락으로 해석해봄 직하다.

인민과 국민 사이에서 좌우파가 보인 정치적 선택의 행태는 결코 우연이거나 무시할 만한 상황이 아니었다. 이를테면, "좌우대립이 본격화되기도 전인 9월에 이미 범좌익 측에서는 '인민'이라는 용어를, 범우익 측에서는 '국민'이라는 용어를 선호하는 경향을 분명히 드러냈다"(김성보 2009, 74)는 사실이 말해주는 것처럼, 인민과 국민은 해방정국의 좌우대결 구도를 만들어낼 정치언어로서의 기능을 수행하기 시작했다고 볼 수 있기 때문이다. 유사한 관점에서 이렇게 말할 수도 있을 것이다.

> 이제 인민 개념과 국민 개념은 매우 뚜렷한 정치적 함의를 지니고 서로 대립하는 상황이 만들어졌다. 이런 개념적 분기는 국제적으로는 냉전체제의 출범과 궤를 같이하는 세계사적 흐름의 반영이고 내부적으로는 남북 분단과 두 정부 출현에 따르는 민족 분열의 반영이다(박명규 2009, 166).

좌우 대립이 격화되고, 우익 보수 세력의 패권이 점점 더 확장되어 가는 해방정국에서 국가적 주권체로 좌파가 호명해온 인민과 그에 연관된 개념들은 남한 정치에서 점차적으로 금기어와 사어가 되어 갔다(김성보 2009, 76). 미군정의 대 한반도 정책이 반공주의 노선으로 확립되어 가고, 그에 따라 좌익세력이 정치적 탄압을 받고, 우익세력이 정치적으로

부상하면서, 이제 정치적 용어로 인민을 사용하는 것은 대단히 어려운 일, 위험을 감수해야 하는 일이 되기에 이른다. 인민 개념의 사용은 스스로 좌익임을 공개하는 일, 스스로를 위험에 빠뜨리는 일로 간주되었기 때문이다. 인민은 정치 언어의 무대로 올라오기 어렵거나 불가능한 용어로 전락해갔다. 물론 그 결정적인 국면은 38도선 이북에 인민, 인민주권, 인민공화국이란 이념적 정체성 위에 서게 될 적대적 체제가 수립되면서 조성되었다.

제헌헌법을 제정할 당시에 벌어진 논쟁은 국가주권의 주체가 인민이 아니라 국민으로 확정되는 이유가 두 개념의 헌법적·이념적 성격에 대한 사상적 논쟁이 아니라 북한이 전유해가고 있던 언어가 인민이었다는 사실에 있음을 보여주고 있다. 헌법기초위원들이 제헌의회에 제출한 헌법초안의 총강 제2조는 "국가의 주권은 인민에게 있고 모든 권력은 인민으로부터 발한다"로 명시되어 있었다. 또한 제2장의 제목도 "인민의 기본적 권리의무"였다. 그것은, 1946년 3월 신익희가 주도해 작성한 행정연구회 헌법초안에 명기된 "한국의 주권은 국민으로부터 발함"(제1편 제1장 제2조) 규정을 유진오가 국민을 인민으로 바꾸어 국회헌법기초위원회에 제출한 것이다. 하지만 본회의로 헌법초안이 이송되었을 때, 그 조항은 다시 "대한민국의 주권은 국민에게 있고 모든 권력은 국민으로부터 발한다"로 수정되었다. 제헌의회에서는 국민과 인민의 차이에 대한 질의와 답변이 이루어졌고, 그 이후 조봉암 의원이 서면질의를 통해 인민 개념이 사라진 것에 문제를 제기했다. 1948년 7월 1일, 조봉암은 이렇게 주장했다.

'주권은 국민에 있고 모든 권력은 국민으로부터 발한다'라고 하여 세계 공통으로 쓰이는 '인민'이라는 말을 기피했습니다. 세계 많은 나라의 헌법에서는 모두 인민이라 합니다. […] 모두(국민이 아니라) 인민으로 적혀 있습니다. 최근에 공산당 측에서 인민이란 단어를 잘 쓴다고 하여, 정당히 써야 할 단어를 일부러 기피하는 건 대단히 섭섭한 일입니다. 이 헌법 초안의 미흡함과 보수성은, 불필요하게 완고하고 고루한 생각에서 빚어진 결과입니다. 입법자로서는 이러한 편견을 허용할 수 없습니다(조봉암, 「제헌국회 회의록」, 제1회 21호; 박혁 2024, 53에서 재인용).

같은 날 진헌식 외 44명의 의원이 몇몇 조문에 대해서만 국민이라는 용어를 사용하고 그 이외에는 모두 인민을 사용하자는 안을 제출했다. 이후 상당히 긴 논쟁이 전개되었고 그 과정에서 권승렬 전문위원이 "헌법은 […] 그 나라와 국민의 약속이지, 다른 나라와 다른 나라 국민과의 약속이 아닙니다. 그러니까 '인민'으로 쓰든 '국민'으로 쓰든 헌법이 외국인에게 적용된다는 말이 아닙니다. […] 그러니까 이것을 전적으로 '인민'으로 고치려면 '인민'으로 고칠 것이고, '국민'으로 고치려면 모두 '국민'으로 고쳐야 옳을 것으로 보입니다"(권승렬, 「제헌국회 회의록」 제1회 22호; 박혁 2024, 61에서 재인용)라는 의견을 제출했다.

하지만 윤치영은 인민 개념을 북한과 연결 짓는 논리를 펴면서 인민 개념의 사용에 강력히 반대했다. "국민이라는 것을 '인민'이라고 하는 것은 나는 절대로 반대합니다. 북조선인민위원회 운운만 하더라도 나는 지긋지긋하게 들립니다. 나는 '인민'이라고 쓰는 데에는 절대 반대합니다"라고 말했다. 인민이라는 용어에 대한 반대는 헌법이념과 정치사상적 차원이 아니라 북한에서 사용하는 용어라는 사실에서 유래하는 반감이 크게 작용했다고 해석할 수 있다(김성보 2009, 84).

잘 알려진, 유진오의 다음과 같은 회고는 인민이라는 개념이 남한 정치사회에서 금시된 개념의 운명일 수밖에 없게 된 이유가 북한, 보다 넓게는 좌익세력과의 정치적 대결 때문이었다는 점을 정확하게 설명해주고 있다.

> 국회 본회의에서 윤치영 의원은 '인민이라는 말은 공산당 용어인데 어째서 그러한 말을 쓰려 했느냐 그러한 말을 쓰고 싶어 하는 사람의 사상이 의심스럽다'라고 공박하였지만, 인민이라는 말은 과거 대한제국 절대군주제하에서도 사용되던 말이다. [⋯] 국민은 국가 구성원으로서의 인민을 의미하므로, 국가 우월 냄새를 풍기어, 국가라 할지라도 함부로 침범할 수 없는 자유와 권리의 주체로서의 사람을 표현하기에는 아주 적절하지 못하다. 결국 우리는 좋은 단어 하나를 공산주의자에게 빼앗긴 셈이다(유진오 1980, 65; 박혁 2024, 65에서 재인용).

인민 개념에 대한 임종명의 역사학적 추적이 보여주고 있는 것처럼, 해방된 남한에서 인민이란 개념은 정치사회적 언어 공간에서 아무런 제약 없이 자유롭게 운동했다(임종명 2014, 196). 그러나 근대국가 건설을 위한 좌우 이념대결이 펼쳐지고, 북한과의 경쟁 구도가 전개되는 국면 속에서, 우파가 인민에 대한 대척 개념으로 국민을 지배적으로 사용하기 시작하자 인민은 뚜렷한 이데올로기적 수사로 변모할 운명이었다. 그에 대한 반작용으로 국민 또한 특정한 이념적 편향성을 지니는 언어로 변질되어 나갔다. 그러한 대결의 결과, 인민과 국민은 근대적 정치세계를 이끌어가는 상호 공존의 주체 개념이 아니라, 적대적 차이의 관계 개념이 되었다. 국민은 인민의 배척어로, 인민 또한 국민의 적대어로 되기에 이른다.

이처럼 해방 이후 한국 보수가 좌파의 언어인 인민에 맞서서 사용해 온 국민은 처음부터 명확한 이념적 함의를 지닌 개념은 아니었다. 또한 인민이라는 경쟁적 개념보다 어떤 이념적 우위를 확보한 것도 아니었다.

다음 장에서 보게 되겠지만, 정치적 대결을 위한 수사학적 개념에 머물러 있던 국민은 제주 4·3을 지나 분단체제가 성립하면서 여순 10·19와 한국전쟁으로 이어지는 집단적 체험 속에서 강력한 정체성을 만들어내는 정치적 의지와 감성의 언어로 태어나게 된다. 보수의 언어, 국민은 좌파의 언어인 인민의 반정립이라는 관념적 위상을 벗어나 북한 공산주의 나아가 공산제국주의와의 거대한 투쟁을 승리로 이끌 반공주의 존재로, 그러기 위해 개인주의를 넘어서 하나로 통합되어야 할 일민의 존재로, 그리하여 종국에는 자유를 구현할 민주주의의 존재로 거듭나게 된다. 그로부터 우리는 한국 보수가 숭배할, 국민에 관한 정치문법의 탄생을 이야기하게 된다.

제4장
내전과 전쟁이 잉태한 국민:
'빨갱이에 맞서 자유민주를 지킬 한백성'

1. 제주 4·3과 여순 10·19: '인민'의 부활

1948년 5월 31일, 198명의 국회의원들로 구성된 제헌의회가 성립했다. 제헌의회는 7월 1일 국호를 '대한민국'으로 정하고, 7월 12일 제헌헌법을 의결하고, 7월 17일 공포했다. 다음날인 7월 20일 국회에서 대통령 선거가 실시되었다. 국회는 이승만에게 압도적 지지를 보냈는데, 재석의원 196명 중 180명의 지지를 받아 초대 대통령에 당선되었다. 1948년 8월 15일 중앙청 앞 광장에서 대한민국 정부수립이 선포되었다.

대한민국 탄생의 매트릭스인 제헌헌법에는 그 근대적 정치공동체의 주체가 누구인지를 명확히 규정하고 있다. "유구한 역사와 전통에 빛나는 우리들 대한국민은 기미 삼일운동으로 대한민국을 건립하여"라는 전문(前文)을 통해 알 수 있는 것처럼, 대한민국은 "대한국민"이라는 정치적 주체에 의해 건립되었음을 밝히고 있다. 그것은 헌법 제2조 "대한민국의 주권은 국민에게 있고 모든 권력은 국민으로부터 나온다"라는 주권 규정과 의미의 연결 관계를 이룬다. 제헌헌법 제정 과정에서 그 정치적 주체가 인민인지, 국민인지를 놓고 벌인 오랜 이념 논쟁은 결국 제헌헌법 전문과 제1조의 '국민주권' 규정으로 종결되었다.

1948년 9월 2일, 북한 최고인민회의 대의원 선거를 통해 구성된 최고인민회의는 헌법위원회를 조직했다. 헌법위원회는 9월 8일 '조선민주주의인민공화국 헌법'을 채택했다. 이어 9월 9일에는 김일성을 수상으로 하는 행정부가 조직되고 조선민주주의인민공화국이 수립되었다. 북한의 제헌헌법의 제1장(근본원칙) 제2조는 "조선민주주의인민공화국의 주권은 인민에게 있다. 주권은 인민의 최고 주권기관인 최고인민회의와 지방 주권기관인 인민위원회를 근거로 하여 행사한다"고 규정하고 있다. 대한민국 헌법에서 축출된 언어, 인민은 조선민주주의인민공화국에서 국가 주권의 주체로 규정되었다.

서구에서 근대적 정치공동체의 형성과 작동 원리를 담고 있는, 상호 모순되지 않은 두 개념인 인민과 국민(박명규 2009)은 한반도의 근대국가 형성 과정에서는 서로 대립적이고 배타적인 관계로 성립했다. 그 두 헌법적 단어의 대결적 관계 속에 한반도 분단체제의 비극적 운명이 투사되어 있는 것이다.

이처럼, 1948년 제헌헌법 제정 이후 인민은 대한민국의 헌법적 문서에서 영원히 사라졌지만 그럼에도 정치적 언어 무대에서 완전히 자취를 감춘 것은 아니었다. 인민이라는 개념이 대한민국의 정치적 공간에서 완전히 소멸되기 위해서는 몇 년의 정치적 시간, 몇 차례의 정치적 위기 국면을 지나야 했다. 1948년 봄 제주도와 그해 가을의 전라남도에는 대한민국 수립의 정통성을 근본적으로 의문시하면서 통일국가 비전을 제시하고자 했던 반정부 봉기가 거세게 일어났다. 그 봉기를 일으키고 지지한 사람늘은 대한민국 보수 세력이 북한의 것이라며 금기시한 인민이라는 주체 개념을 다시 공개적으로 선언하고 주장했다.

대한민국 현대사가 상상을 초월하는 비극적 운명을 대가로 그 문을 열 것을 알리는 제주 4·3은 1947년 3·1절 기념식에서의 한 사건이 그 계기였다. 제주도 제주북국민학교에서 제28주년 3·1절 기념식이 열렸다. 한반도에 대한 미국과 소련의 전략적 이해관계가 지속적으로 어긋나고 있는 가운데, 남한에서 단독정부 수립에 대한 공개적 발언이 나오면서 한반도 통일국가 수립의 희망이 점차적으로 어두워지는 시점에서 열린 기념식이었다. 모인 제주도민들이 통일국가를 외친 것은 그러한 맥락에서 이해할 수 있다. 행사가 끝난 뒤 일부 청년들이 가두시위를 벌이는 과정에서 어린아이가 기마경관이 모는 말에 치이는 사고가 발생했다. 경찰이 그에 대한 사과 요구를 무시하자 사람들은 돌을 던지며 항의했고 경찰은 발포로 대응했다. 14명이 죽거나 다쳤지만 미군정과 경찰은 자신들의 정당방위를 주장하며 시위 주동자들의 조사와 체포로 맞섰고 제주도민들은 총파업으로 대응했다. 3월 10일부터 시작된 파업이 관공서, 운수회사, 통신기관, 금융기관, 학교, 상점 등으로 광범위하게 퍼져나가자 미군정의 경무부장 조병옥이 내려와 파업 주도자 검거를 시작했다. 제주도에 내려온 경찰은 제주도민 90%가 좌익이라고 주장하면서 상황을 이념대결의 구도로 만들어갔다. 미군정은 파업을 주도하거나 관여한 사람들을 연행했고, 제주도 행정과 무력을 담당하는 고위관리들을 극우성향의 인물들로 교체했다. 이러한 상황에서 극우청년단체 서북청년단이 제주도로 들어와 폭력과 테러를 일삼자 제주도 여론이 악화되었다. 시간이 지날수록 미군정이 장악한 공권력의 탄압이 심해졌다(제주4·3평화재단 2021, 10-14).

1948년 2월, 38도선 이남에서라도 총선거를 치러야 한다는 유엔 결의안이 나오자 단독선거반대를 주장하는 목소리가 전국에서 표출되었다. 그 목소리는 제주도에서도 예외가 아니었다. 1948년 4월 3일 새벽, 남조선 노동당 제주도당이 이끄는 무장봉기가 시작되었다. 무장대는 5·10 단독선거 반대를 외치면서 경찰서와 우익단체에 대한 공격으로 자신들의 의지를 표출했다. 무장대는 경찰과 우익단체를 향해 호소문을 뿌렸다.

친애하는 경찰관들이여! 탄압이면 항쟁이다. 제주도 유격대는 인민들을 수호하며 동시에 인민과 같이 서고 있다. 양심 있는 경찰관들이여! 항쟁을 원치 않거든 인민의 편에 서라. 양심적인 공무원들이여! 하루빨리 선을 타서 소여된 임무를 수행하고 직장을 지키며 악질 동료들과 끝까지 싸우라. 양심적인 경찰원, 대청원들이여! 당신들은 누구를 위하여 싸우는가? 조선 사람이라면 우리 강토를 짓밟는 외적을 물리쳐야 한다. 나라와 인민을 팔아먹고 애국자들을 학살하는 매국 매족노들을 거꾸러뜨려야 한다. 경찰원들이여! 총부리란 놈들에게 돌리라. 당신들의 부모 형제들에 총부리를 돌리지 말라. 양심적인 경찰원, 청년 민주인사들이여! 어서 빨리 인민의 편에 서라. 반미구국투쟁에 호응 궐기하라(제주4·3진상규명및희생자명예회복위원회 2003, 167-168)).

무장대는 제주도민을 향해서도 호소했다.

시민 동포들이여! 경애하는 부모 형제들이여! 4·3 오늘은 당신님의 아들 딸 동생이 무기를 들고 일어섰습니다. 매국 단선단정을 결사적으로 반대하고 조국의 통일독립과 완전한 민족해방을 위하여! 당신들의 고난과 불행을 강요하는 미제 식인종과 주구들의 학살만행을 제거하기 위하여! 오늘 당신님들의 뼈에 사무친 원한을 풀기 위하여! 우리는 무기들 들고 궐기하였습니다. 당신님들은 조국의 승리를 위하여 싸우는 우리들을 보위하고 우리와 함께 조국과 인민이 부르는 길에 궐기하여야 하겠습니다

(제주4·3진상규명및희생자명예회복위원회 2003, 168).

여기서 인민은 매국노, 매족노, 외적의 반대어로 나타나고, 정치공동체의 운명을 결정할 궁극적인 정치적 주체로 규정되었다. 해방 직후 여운형을 중심으로 하는 민족주의 좌파가 인민이 주체가 되는 공화국 건설을 구상했을 때의 이념적 비전을 상기하게 한다. 그 인민에 대한 이와 같은 정치적 호명은 그해 가을 여수와 순천에서 일어난 좌익 군인들의 봉기과정에서도 관찰할 수 있다.

미군정은 제주도 무장봉기의 진압을 위해 경찰과 서북청년단을 내려보냈으나 사태는 진정되지 않았다(제주4·3평화재단 2021, 15-21). 미군정장관을 필두로 무력을 지휘할 수뇌부들이 제주도로 들어왔다. 이들은 4·3을 '계획된 국제적인 공산폭동'으로 규정했다. 그러한 상황 속에서 총선거일이 다가오고 있었고, 단독선거에 대한 제주도의 반대 여론이 우려할 수준으로 상승했다. 제주도는 전국에서 유일하게 총선거를 거부한 지역이 되었다. 선거결과에 충격을 받은 미군정은 대규모 군 병력을 파견해 사태 수습과 재선거 계획을 세웠다. 무차별 검거작전이 가져올 공포 속에서 주민들을 미군정은 자신의 뜻대로 움직일 수 있을 것이라고 생각했지만 오판이었다(제주4·3평화재단 2021, 21-24). 자신의 의지대로 상황이 돌아가지 못하는 것에 분개한 미군정은 제주도에 대한 강력한 물리적 보복을 구상했다. 김구의 민족주의 보수파를 포함, 많은 정파가 불참한 단독선거로 선출되었기에 정치적 정당성의 한계를 인식해야 했던 이승만에게서도 선거를 거부한 제주도는 정치적 불만의 대상이 아닐 수 없었다. 이들의 분노와 불만과 고민이 뒤섞인 정치적 의지는 제주도 초토화 작전으로 표출되었다. 1948년 10월 17일의 군 포고문은 제주도에서 '초토화 작전'이 시작될 것임을 알리는 경고문이었다(제주4·3평화재단 2021, 24-27).

　잔악한 학살의 기운이 제주도에 퍼져나가고 있는 즈음인 10월 15일-16일 경, 여수에 주둔하고 있던 14연대는 10월 19일 20시를 기해 1개 대대를 제주도로 출동시키라는 육군 총사령부의 명령을 받았다. 제주 4·3 진압을 위한 파병 명령이었다. 그러나 명령 소식을 들은 제14연대의 좌익 군인들은 동족을 살상하기 위한 군사작전에 참여할 수 없음을 결의했다. 그들은 파병을 거부하고 무장봉기를 결정했다. 10월 19일 저녁 파병을 위해 연병장에 집결한 군인들은 동족상잔의 출동을 반대하고, 남북통일을 염원하며, 경찰을 타도하자, 라는 연설을 듣고 봉기를 결의했다(김득중 2009, 69-78). 봉기군은 20일 새벽, 여수에 진입해 빠르게 도시를 점령해나갔다. 여수경찰서를 시작으로 관공서와 공공기관들이 봉기군에 접수되었다. 여수가 좌익 군인들에 의해 접수되자 여수 좌익 단체와의 협력으로 인민위원회가 조직되었다. 여수를 점령한 봉기군 중 일부는 순천으로 이동해 순천 점령을 시도했다. 여수와 순천을 완전히 점령한 봉기군은 구례, 곡성, 벌교, 보성, 화순, 광주 등 전라남도 인근 지역들의 점령을 시작했다.

　여수를 접수한 봉기군은 자신들의 군사적·정치적 행동의 의미가 무엇인지를 밝히는 성명서를 발표했다. '제주토벌출동거부병사위원회' 명의의 「애국 인민에게 호소함」이라는 성명서다.

　우리는 조선 인민의 아들들이다. 우리는 노동자와 농민의 아들들이다. 우리의 목적은 외국 제국주의의 침략으로부터 조국을 지키고 인민의 이익과 권리를 위해 목숨을 바치는 것이다.[…] 친애하는 동포들이여! 만약 당신이 진정 조선인이라면 어떻게 이런 반동분자들이 저지른 행동에 대한 분노를 참을 수 있겠는가? 모든 조선인은 일어나 이런 행동에 대해 싸워야 한다. 제주도 인민은 4월에 이런 행위에 대해 싸우기 시작했다. 그러나 미국과 붙어 있는 이승만, 이범석 같은 인민의 적들은 우리를 제주도로 보내어, 조국 독립을 위해 싸우고 또한 미국과 같은, 모든 애국 인민들을 죽이려는 사악한 집단과 싸우기 위해 자신의 목숨을 바치는 애국적 인민과 싸우도록 우리에게 강요했다. 모든 애국 동포들이여! 조선 인민의 아들인 우리는 우리 형제를 죽이는 것을 거부하고 제주도 파병을 거부한다. 우리는 조선 인민의 이익과 행복을 위해 싸우는 진정한 인민의 군대가 되려고 봉기했다. 친애하는 동포여! 우리는 조선 인민의 복리와 진정한 독립을 위해 싸울 것을 약속한다. 애국자들이여! 진실과 정의를 얻기 위한 애국적 봉기에 동참하라. 그리고 우리 인민과 독립을 위해 끝까지 싸우자(김득중 2009, 80-81).[4]

이 성명서는 당시를 독립이 완성되지 않은 상황으로 인식하고 있다. 왜냐하면 제국주의 미국과, 그들과 결탁한 권력자들이 '인민'의 생명과 이익과 행복을 위협하고 있기 때문이다. '반동분자'에 의해 소외되고 위협받고 있는 인민이 권리와 이익의 궁극적 주체가 되어야 완전한 독립국가가 건설될 수 있다고 봉기군은 주장했다.

이처럼 대한민국의 헌법에서 정치적 금기어로 규정되고 확립된 인민은 대한민국의 정통성을 부정하는 제주도와 전라남도의 민중과 좌파세력들에 의해 정치적 담론의 무대 위로 다시 올라왔다. 그러나 미국과 한국 정부가 펼친 대대적인 군사작전으로 제주도의 무장대와 전라남도의 봉기군이 진압되면서 인민이라는 언어는 완전히 소멸되기에 이른다.

---

[4] 이 성명서는 본래 John Muccio, Review of and Obersvation on the Yosu Rebellion(1948. 11. 4), RG 319, ID File No. 506892에 전문이 영역되어 실려 있으며, 김득중이 자신의 책 『빨갱이의 탄생』에 한국어로 번역해 실은 것을 인용했다.

그리고 그 언어적 소멸은 1950년 전쟁을 거치면서 완결되었다. 인민은 전쟁을 일으킨 북한이 정통성과 정당성의 언어로 사용하고 있는 헌법적·정치적 언어로서, 그 점에서 한국전쟁을 거친 남한사회에서 그 정치적 언어는 절대적 금기어가 될 수밖에 없었다.

제주도, 전라남도 그리고 한반도에서의 전면적인 내전으로 인민이라는 언어가 부정되고 금지되는 정치적 상황은 역으로 그 동안 헌법 속에만 머물러 있던 국민이라는 개념이 구체적인 의미를 담으면서 정치적 생명력을 지닌 언어로 탄생하게 만들었다. 해방 이후 새로운 정치공동체의 주체로 등장해 가장 광범위한 정치적 지지를 받고 있던 언어가 폭력, 혼란, 무질서와 같은 극단적 부정성의 의미를 지닌 상징으로 변질될수록, 그리고 그 언어적 의미화가 한국전쟁의 경험을 통해 한층 더 극단화의 방향으로 나아갈수록, 그에 대한 정치적 반작용으로 국민이라는 단어는 국가를 수호하고, 국가 구성원들의 삶과 이익과 행복을 지키는 긍정적인 언어, 나아가 성스러운 언어로 만들어지기 시작했다. 국민이라는 추상적 언어의 '육화'(肉化)과정이 진행되고 있었던 것이다.

2. 국민, 통합의 덕성체로서 일민(一民)

남한에서 전개된, 국가 건설의 정치적 주도권을 향한 투쟁은 종국적으로 이승만으로 표상되는 우파 보수주의의 승리로 귀결되었다. 강력한 이데올로기 대립 지형 위에서 미소냉전의 국제질서가 한반도에 형성될 것이며, 그렇기 때문에 남한만이라도 소련의 팽창을 막아낼 반공국가로 만드는 것이 미국의 현실적 이해관계라는 역학을 정확하게 이해한 사람은 이승만이었다(박광주 1999, 보론3). 그런 연유에서 이승만 세력은 분단체제 위에서 정치권력을 장악하는 데 에너지를 쏟았을 뿐, 그 내적 독트린이 무엇이어야 하는지에 대한 실질적인 노력을 기울이지는 못했다. 그 점에서 이승만 정권은 "엄격히 말해 견고한 국가 이념을 창출하지 못한 채 출발했다"(하상복 2014, 173)고 평가할 수 있다.

그 국가적 이념을 만들어갈 계기는 1948년의 제주도와 여수·순천에서 만들어지고 있었다. 그 두 사건을 진압한 뒤의 대한민국은 일민주의(一民主義)와 반공주의 이념으로 채워지고 있었다. 그리고 그 두 체제 이념은 한국전쟁의 비극적 경험을 관통하며 어느 누구도 부인하거나 반대할 수 없는, 나아가 오염시킬 수 없는 절대적 신성화의 세계로 들어가게 된다.

1949년 4월 이승만은 서울중앙방송국을 통해 「일민주의와 민족운동」이라는 제목의 연설을 했다. 이승만이 말한 일민주의는 다음과 같은 내용이다.

> 하나인 민족으로서 무엇에고 또 어느 때고 둘이 있을 수가 없다. 계급이 없어야 하며 차등이 없어야 한다. 하나이거니 지역이란 무엇이며 하나이거니 남녀란 무엇이냐. 우리 민족은 하나다. 국토도 하나요, 정신도 하나요, 대우에도 하나요, 정치상, 문화상 무엇에고 하나다(이승만 1949, 7).

여기서 알 수 있는 것처럼 일민주의는 근본적으로 차이와 분열에 대한 절대적 부정의 이념이다. 그것은 완전한 통합과 단일성을 향한 정치적 의지다.

그런데 일민주의에 대한 이승만의 언급은 그 때가 최초가 아니었다. 1948년 5월 국회개원식 축사에서 운명공동체를 강조하면서 일민주의에 관한 대략의 관념을 보였고(이승만 1953), 같은 해 9월 국회에서 발표한 대통령 시정방침에서 단군을 시조로 하는 단일민족국가를 강조하면서 구체적으로 언급했다(서중석 2005, 21).

이후 일민주의에 대한 이승만 대통령의 관심은 구체적인 정치적 차원으로 진입했는데, 1948년 10월에 결성된 대한국민당의 노선에서 본격적으로 드러났다. 당시 여당이라고 할 수 있는 대한국민당은 "본당은 일민주의로써 당시로 한다"고 하면서 당시(黨是)를 제정했다. 이어서 이승만은 1949년 1월, 국민회(대한독립촉성국민회의 후신) 전국대회 자리에서 일민주의의 중요성을 역설하면서 국민회가 일민주의의 대중적 보급을 위한 국민운동의 실천적 주체가 되어야 한다고 강조했다(김수자 2004, 455-456). 이승만은 1949년 9월, '일민주의보급회'를 결성했다. 이것은 일민주의의 정치적 목표가 정당의 이념적 노선을 넘어 국민을 향한 대중적 교육으로 이동하고 있음을 보여준다. "이승만은 일민주의 보급회가 일민주의를 정치운동과 독립시켜 민족사상, 계몽운동으로 확대할 것을 강조하여 국민운동의 지도이념으로 자리잡기를 원했던 것"(김수자 2004, 452)이라는 말이다. 일민주의 보급회는 중앙본부를 결성한 후 조직을 지방으로 확대해나갔다. 보급회는 서울과 지방 모두에서 행정조직과 대중단체의 연계를 통해 효과적인 국민홍보와 교육을 실시해나갔다. 이 보급회의 주도로 일민주의는 신문, 잡지 등 대중매체를 통해 전국적으로 전파되어 나갔다(김수자 2004, 446-452).

1949년 4월의 연설은 일민주의 보급회 창설을 통한 일민주의의 대중화 구상 직전의 움직임이었다. 그 점에서 우리는 그 방송연설이 갖는 중대한 의미를 포착하게 된다. 하나는 일민주의에 대한 가장 상세한 언급의 연설이었으며, 다른 하나는 방송이라는 대중매체를 통해 국민 전체를 대상으로 행한 최초의 연설이었다는 점이다. 말하자면 일민주의의 대중적 유포와 확산을 향한 의지의 발현이라는 의미다.

그렇다면 우리는 이승만 대통령이 왜 '1949년 봄'부터 본격적으로 일민주의 확산을 위한 그와 같은 대중적 노력을 기울였을까, 라는 질문을 던지게 된다. 이 질문에 답하기 위해서는 1948년 10월에 발발한 여순 10·19를 떠올리지 않을 수 없다. 정부 수립 직후 발생한 여순 봉기는 남한 사회 내 이념적 분열과 그로 인한 군사적 충돌이라는 면에서 매우 심각하고 중대한 위기였다. 앞서 설명한 것처럼, 제주 4·3의 문제와 분리될 수 없었던 여순 10·19는 남한체제와 권력의 정통성과 정당성이 국민적 합의에 도달하지 못했다는 것을 의미하기 때문이다. 그러므로 여수와 순천에서의 대결적 혼란을 신속하게 정리해나간 정부로서는 국민통합의 전략을 구사하지 않을 수 없었다. 우리는 대중적 차원에서 일민주의를 전파하려 한 대통령과 정부의 강력한 의지를 그러한 차원에서 이해한다(김수자 2004, 449-450). 전체 국민이 언제나 하나가 되어야 한다는 통합적 가치에 입각한 일민주의(문지영 2011, 147)는 여순봉기로 정치의 전면에 드러난 이념적 대결과 정치적 분열을 부정적인 것으로 인식시킬 효과적인 이데올로기였다.

여수와 순천의 좌익 봉기군에 대한 정부군의 진압작전이 대규모로 이루어지면서 봉기군이 점령한 지역들을 탈환한 11월, 이승만 대통령은 국민을 대상으로 「정부타도하지 말라」라는 제목의 방송 연설을 했다. 앞서 언급한 이듬해 4월의 방송연설보다 먼저 이루어진 것으로서, 11월의 연설에서는 일민주의라는 단어가 사용되지는 않았지만, 그 전체적인 메시지는 일민주의가 지향하는, 국민적 분열에 대한 비판과 통합의 메시지를 담고 있었다. 대통령은 먼저, 정부를 공격하면서 정치사회적 혼란과 갈등을 초래하려는 움직임을 비판했다.

우리가 가장 믿고 신뢰하던 국방군에 몇몇 반동분자들이 잠입하여 여수

순천 등지에서 혹독한 참상을 이루었으나 물론 그 중 불량분자들이 몇 명 끼어 있었던 것을 모르는 바는 아니지마는 인면수심의 행동이 이같이 심하기는 꿈에도 생각지 못한 바입니다. 고위 좌익진영이라는 단체에서는 ㅇㅇ남북통일이라는 미명하에 소련의 계획을 절대지지하며 총선거도 반대하고 민국정부도 인정하지 아니하여 UN에 그를 보내서 소련계획을 공개적으로 지지하고 있다 합니다.

이러한 메시지 이후 대통령은 국민적 통합과 협력의 당위를 역설했다.

지나간 3년 동안에 우리 민족이 일심분투한 결과로 정부를 수립해서 간신히 정부가 이양되어 거이다 회복하고 지금도 날마다 접수하여 협조하고 있는 중이니 얼마만 좀 참고 있으면 국권을 확립하여 국제승인으로 완전무결한 정부를 만드러서 남북통일을 성취케 할 것인데 이것을 세워놓기도 전에 먼저 파괴를 주장한다면 이것은 누구나 용인할 수 없는 것이니 내가 간절히 애정을 다하여 권고하는 바는 정부가 아모리 무력무능 할지라도 우리 한인들이 세워논 정부요 우리 손으로 해가는 정부이니만치 다 수양봉대(受護奉戴)해서 독립의 기초를 공고히 세우기로만 주장할 것이요, 사욕이나 허영심으로 정권을 타도하는 운동은 일절 버리기를 부탁하는 바입니다(홍영기 2001, 535-536).

이러한 단결과 통합을 지향하는 일민주의는 어떠한 구체적인 이념노선을 따라 그러한 목표에 도달하고자 했는가? 이승만은 일민주의의 4대 강령을 다음과 같이 밝히고 있다.

경제상으로는 빈곤한 인민의 생활정도를 높여 부유하게 하여 누구나

동일한 복리를 누리게 할 것

정치상으로는 다대수 민중의 지위를 높여 누구나 상등(上等) 계급의 대우를 받게 되도록 할 것

지역의 도별(道別)을 타파해서 동서남북을 물론하고 대한민국은 다 한민족임을 표명할 것

남녀동등의 주의를 실천해서 우리의 화복안위의 책임을 삼천만이 동일히 분담케 할 것(이승만 1949, 3)

이와 같은 일민주의 강령들은 외견상 정치적 차이, 경제적 부, 지역적 불평등, 성적 차별을 철폐해서 평등한 사회와 국가를 만든다는 근대적 의식의 표출로 보이지만 실제로는 분열된 국민들을 하나로 통합하기 위한 정치적 수사로 이해되어야 한다(김수자 2004, 452). 왜냐하면 "일민주의가 시간을 초월해서 존재하는", "초역사적 성격"의 이념인 것처럼, 이승만에게서는 근대적 역사의식이 형성되어 있다고 말하기 어렵기 때문이다(서중석 2005, 37-38). 이승만 스스로가 말하고 있듯이 일민주의는 어떠한 개별적 존재도 인정하지 않는, 민족을 단위로 절대적으로 하나가 되는 관념적 이념이었다.

하나가 미처 되지 못한 바 있으면 하나를 만들어야 하고 하나를 만드는 데에 장애가 있으면 이를 제거하여야 한다. 누구든지 독자의 일념(一念)이 일어날 때 이 하나에 위반되는 바 있거든 곧 버리라. 이 일념에서 민족이 깨어진다. 행여 분열을 가지고 일체에 더하려 말라(이승만 1949, 9-10).

개인의 존재, 개별자의 생각은 전체의 분열을 초래하기 때문에 부정적인 것으로서 폐기해야 하며 모두가 하나의 민족으로 통합되는 방향으

로 나아가야 한다는 일민주의 앞에서 정치적, 이념적 대결과 갈등은 당위적으로 그 의미와 가치를 상실한다. 국민적 단결과 통합을 호소하는 일민주의의 그와 같은 설득력은 정교한 역사적·철학적 형식을 통한 대중적 전파의 차원에서 이루어졌는데, 일민주의 이데올로그로 알려져 있는 안호상의 철학이 그 이념적 자양분을 제공했다.[5]

'한백성주의'로 불리는 안호상의 일민주의는 단군사상에 그 뿌리를 두고 있는데, 그것은 이승만이 민족적 단일성을 내세울 때 가장 먼저 언급하곤 하는 요소다. 안호상은 "세계 인류는 한얼님의 자손으로서 세계-한백성(世界一民)"(안호상 2006, 83)이라고 말하고 있다. 이를테면 안호상의 민족주의 사상은 모든 인류가 하나의 뿌리라는 사고에서 출발한다. 그러한 사고의 연장에서 한국인(배달사람)을 "배달 한배임(倍達桓因)과 배달 한배웅(倍達桓雄)과 단군한배검(檀君王儉)의 자손"(안호상 2006, 83)이라고 주장한다. 단군의 자손이라는 말은 구체적으로 혈연의 동일성으로 이어지는데, 그 점에서 안호상은 민족을 동일한 혈연의 집합체로 이해하려 한다. 그에 따르면 언어, 종교, 문화 등 민족을 구성하는 여타의 객관적 요소들이 아무리 많아도 "다른 조상의 핏줄을 받은 사람이라면 그들은 같은 한 민족이 될 수 없다."(안호상 2006, 259-260)

한백성주의는 다섯 개의 이데올로기적 특성을 지니고 있다. 첫째, 온백성주의로서, 그것은 당파와 계급 등 분열적 양상들을 넘어 모든 사람들을 조화롭게 하고 통일하려는 이념이다. 둘째, 한백성주의는 세계주의와 그 맥을 같이 한다. 한백성은 한국이라는 특정 영역에 한정해서 말할 때에는 단군의 자손으로서 한 민족의 의미를 지니고 있지만, 세계 전체와 관련해서 말할 때에는 인류 공동의 조상인 한얼님의 자손이라는 의미를

---

5   이후 안호상의 한백성주의에 대한 내용은 강정인·하상복(2013)의 일부임을 밝혀둔다.

지닌다. 그 점에서 한백성주의는 모든 인류가 하나로 통일되는 세계주의를 지향한다(안호상 1977, 245). 셋째, 민족주의 그리고 민주주의는 한백성주의가 지향하는 또 하나의 가치들이다. 안호상에 따르면, 한백성주의가 민족주의와 연결되는 이유는 모든 사람들을 한겨레로 여기기 때문이다. 또한 한백성주의는 모든 백성들을 평등하게 대우하는 이념으로서 민주주의와 서로 통한다. "사람과 백성은 모두가 차별 없는 한 가지 사람이요 백성이다. […] 민주주의가 세계 역사에서 제일 먼저 시작했고 또 제일 잘 발전한 나라가 과거 우리 배달나라이었는데, 이것은 우리 배달의 과거 역사가 잘 증명한다"(안호상 1977, 281-282)고 그는 말한다. 넷째, 한백성주의는 사람주의(人間主義)다. 그것은 백성을 근본으로 한다는 의미에 연결되어 있다. 그에 따르면 "한백성주의에선 첫째가 백성과 사람인 까닭에 한백성주의는 곧 사람주의다."(안호상 1977, 91)

이러한 특성에 비춰볼 때, 한백성주의는 궁극적으로 하나로의 통일, 근원적 동일성을 지향하는 이념이다. 그 속에서 모든 차이는 단일한 사람과 세상, 단일한 정치와 사회로 통합되고 동일화된다. 하지만 현실적인 차원에서 그 통합과 단일성은 민족적 차원에서 먼저 달성된다. 앞서 살펴본 것처럼, 단군이라는 종교적 세계를 공유하는 사람들의 집합체로서 민족을 희구하는 그의 민족주의는 그 점에서 민족지상주의다. 그에 따르면 "민족이란 것은 개인들이 서로 믿고 살 수 있는 가장 안전한 울타리요 터이다. 자기네가 살기에 안전한 이 터에다 그들은 다시 문화의 씨까지 뿌리게 된다."(안호상 1987, 50) 그에게선, 개인들이 모여 민족을 구성하는 것이 아니라 민족의 존재에 의해 개인(민족 구성원)의 존재성이 확보된다. 그러한 논리의 연장선에서 개인은 민족의 단일성과 통일성이라는 당위론적 가치를 위해 존재한다. 안호상은 "만일 우리가 온 민족의 이익과 번영을 주로 하는 민족주의를 버리고 한 개인의 그것을 주로 하는 개인주의를 그대로 따라간다면 우리는 참으로 현재보다 더욱 불행하게 될 것"(안호상 1987, 59)이라고 말하고 있다. 말하자면, 안호상의 민족주의에는 개인이 존재하지 않는다.

> 혹 개인주의가 어떠할까 하는 이가 있을 것이다. 이 주의가 서양 여러 나라들에서 상당히 발전하였으며, 또 지금도 유행되고 있다. 그러나 각 개인이 잘 살기 위하여 개인주의를 가진다면 각 개인은 오직 이기주의적일 것이며, 한겨레는 단지 한 사람 표준주의와 한 사람 중심주의가 되어 버려, 결국은 한겨레와 또 그로 말미암아 개인까지 불행하게 될 것이다(안호상 1977, 126).

그는 개인과 전체의 관계를 철저히 유기체론의 사유로 접근하고 있다. 안호상은 "만일 한 마리 짐승에 있어서 그 몸 위의 어느 한 곳에서 원자들이 유기적 통일성이 없어진다면 그 부분의 세포는 자연히 썩어질 것이며 […]. 아무리 한 생물체에 있어서 그 물질적 원자들이 한데 하나로 뭉쳐져 잘 통일되었다 할지라도, 만일 그것이 삶이란 그것과 잘 뭉쳐져 통일되지 못한다면 그 생물체는 하나의 불구체가 되거나 혹은 죽거나 할 것"(안호상 2006, 130)라고 말했다. 그와 같은 생물학적 논리는 전체적 사유의 절대화로 나아간다. "우리는 언제나 나 한 사람만 생각하지 말고 우리 한백성을 생각하자. 우리 한겨레와 한백성이 잘못 살고, 나 한 사람만이 잘 살 수 있다는 것은 이론으로서나 사실로서나 도저히 맞지 아니한다."(안호상 2006, 131) 그 지점에서 안호상의 논리는 국가주의와 전체주의로 변질될 가능성이 농후하다(이정우 2006, 232).

3. 반공이념의 구현체로서 국민

이승만과 그를 지지하는 보수 세력은 자신들이 장악한 정치적 패권을 지속적으로 행사하고 유지하고 재생산하기 위해서는 동아시아 질서에 대한 미국의 이해관계와 합치하는 반공주의를 내세우지 않을 수 없었다. 결국 이승만과 지지 세력은 "남한과 자신의 정부를 동서대립의 최전선이자 반공보루로 자임하면서 강력한 반공국가체제를 구축했다"(김봉국 2017, 279). 그런데 여기서의 반공은 미국과 소련의 냉전체제가 투영된 이데올로기의 위상을 벗어나지 못한 것이었다고 말할 수 있다. 그 반공주의는 아직까지 한반도의 시공간이 만들어낸 집단적 경험과 결합하지는 못했다는 이야기다.

국제질서 상의 반공주의가 '한국적' 반공주의로 이행하기 위해서는 1948년 제주 4·3과 여순 10·19의 정치적 국면을 통과해야 했다. 사실, 남도에서의 이 두 사건, 특히 국가무력 내 반국가세력의 존재가 드러났다는 점에서 미증유의 정치사회적 충격을 안긴 여순봉기가 발발하기 전까지 반공주의는 하나의 관념체계로 존재했다. 예컨대, 이승만의 초대 대통령 취임사가 그 사실을 단적으로 보여준다.

> 기왕에도 누누이 말한 바와 같이 우리는 공산당을 반대하는 것이 아니라 공산당의 매국주의를 반대하는 것이므로 이북의 공산주의자들은 이것을 공실히 깨닫고 일제히 회심해서 우리와 같이 같은 보조를 취하여 하루 바삐 평화적으로 남북을 통일해서 정치와 경제상 모든 권리를 다 같이 누리게 하기를 바라며 부탁합니다(이승만 1948).

우리는 이승만이 권력을 잡은 초기 국면에서는 북한과 공산주의에 대한 적대적 태도가 그렇게 적나라하거나 극단적이지 않았다는 사실을 이 연설로부터 인식할 수 있다. 그의 연설에는 공산당 자체를 반대하지 않는 태도, 그리고 그들을 국가적 과업의 진실한 파트너로 생각하는 태도가 견지되어 있기 때문이다.

하지만 공산세력의 존재성을 최초로 드러낸 1948년의 두 사건은 하나로 통합되는 국민을 지향한 일민주의와 함께, 이승만 정권을 방어할 또 하나의 중대한 이념인 반공주의에 구체적인 형식과 내용을 부여했다. 추상적 언어로만 존재해오고 있던 반공주의가 국민을 통합하고 권력을 정당화하는 실질적인 정치 이데올로기로 변화하게 된 것이다. 그 핵심적 동인은 공산주의자의 반인륜적 반란이라는 해석 틀로 여순 10·19를 의미화 하는 담론 작업이었다. 그러기 위해서는 무엇보다 언론 보도를 통제하면서 정부의 전략에 부합하는 담론들만을 대중에게 전파하고 확산할 필요가 있었다. 그 시작은 이범석 국무총리의 발언이었다.

1948년 10월 21일, 국무총리 이범석은 기자회견 자리에서 여순사건의 발생을 최초로 공개하면서 "공산계열과 일부 극우 분자들의 책동으로 국방부 일부 육군부대가 주동이 되어" 일어난 "반란"(「동아일보」1948. 10.22)으로 설명했다. 이 때 이야기하는 '극우분자'는 김구와 그의 지지 세력이었는바, 반공체제의 구축을 위해서는 이들을 제거할 필요가 있었기 때문이다(서중석 1995, 433). 그렇게 보면 여순사건에 대한 정부의 담론 전략은 그 초기국면부터 명확한 목적의식 아래에서 정교하게 짜인 것으로 이해할 수 있다. 하지만 김구를 비롯한 민족주의적 정치가들이 공산세력과 이념적으로, 정치적으로 결합했다는 주장은, 김구 스스로가 자신을 논리적으로 변호하면서 봉기군들에 대한 공격과 비난을 공개적으로 드러내기도 했지만(김득중 2009, 378), 당대 김구에 대한 대중적 존경심과 지지도 매우 강력했다는 점에서 큰 설득력을 확보할 수 없었다.

그로부터 이틀 뒤인 10월 23일, 이승만 대통령의 첫 담화가 발표되었다. 이 담화에서 여순봉기는 국무총리의 관점을 약간 비껴나는데, 말하자면 극우세력에 대한 언급이 사라지면서 공산주의의 음모로 규정되었다.

공산분자들이 지하에 정당을 부식해서 내란을 이르켜 전국을 혼란에 빠치고 남북을 공산화시켜 타국에 부속을 맨들려는 계획이 오래 전부터 농후해져가는 것을 세인이 아는 바이다. 불행히 몽매한 분자들이 혹은 국군에 혹은 어떤 단체에 석겨 반란을 비저내고 잇다가 정부를 기만하고 국권을 말살하려는 음모로 여수순천 등지에 난을 이르켜 관리와 경찰을 학살하고 관청을 점령하여 반당을 숙청하여 형세를 광대함으로 국제문제를 이르켜 민국을 파괴하고 민족의 자상자멸을 고취하려 한다. 그래서 피해자가 약 삼백명 내지 오백명에 달한다는 보고를 접수하였다. 이런 분자들은 개인이나 단체를 물론하고 한 하늘을 이고 가치 살 수 없는 사정이다(「자유신문」, 1948.10.24).

최고 공권력인 대통령의 발언은 그 정치적 무게로 말미암아 사건에 대한 국민적 인식을 확정적으로 규정하는 효과를 산출한다고 말할 수 있다. 대통령이 그려낸 여순 10·19는 결코 가볍게 생각해서는 안 될 사안이었다. 왜냐하면 '그들은' 지하 정당 조직으로 활동하면서 내란을 일으켜 남한을 공산화한다는 계획을 오래 전부터 세워왔기 때문이다. 또한 그들이 군대를 비롯해 남한 내 여러 사회단체 속에 암약하고 있다는 점에서 국민적 불안과 공포의 대상이 아닐 수 없었다. 나아가 대통령은 그들을 정치적인 차원을 넘어 민족적인 차원과 도덕적인 차원에서 매우 부정적인 사람들로 이미지화하고 있다. 요컨대, 그들은 관리와 경찰의 학살, 관청 점령, 반대자들의 숙청, 국가의 파괴, 민족의 위해와 파멸을 자행하는 존재들인바, 대통령은 그들에 의해 초래된 인명살상을 숫자를 통해 밝힘으로써 객관적 근거를 제공하고자 했다. 궁극적으로, 대통령은 그들을 "한 하늘을 이고 가치 살 수 없는" 사람들로 규정하고 있다.

대통령의 이와 같은 사건 해석의 틀은 이후 정부 발표와 언론 보도 속에서 동일하게 또는 한층 더 드라마틱하게 재연되기에 이른다. 정부군이 여수와 순천을 완전히 점령한 뒤인 11월 3일, 국방부가 전국에 배포한 「전국동포에게 고함」이라는 제목의 벽보는 여순봉기를 공산당의 조직과 명령에 의해 대한민국을 파괴하려는 행위, 나아가 소련의 태평양 진출을 대신하려는 공산당의 음모로 규정했다. 말하자면 그 음모는 국제적 차원의 거대한 계략인 것이다(「평화일보」, 1948.11.5; 김득중 2009, 213). 여순 10·19에 대한 언론 보도에서 주목해야 하는 부분은 사건 가담자들을 단순히 이념적 차원에서의 공산주의자가 아니라, 인륜, 도덕, 윤리의 차원에서 매우 부정적인, 타락한 악마적 존재로 이미지화했다는 점이다. 그리하여 남한 사회에서 공산주의자는 이념적으로 상이한 사람들이 아니라 인간적 자격을 결여한 비정상적 존재, 대통령의 표현을 빌리자면 '같은 하늘 아래에서 살아갈 수 없는' 존재가 되었다.

순천 현지를 보고한 취재 기사를 보면 '경관 등 학살 9백', '피비린내 나는 순천읍'과 같은 제목 아래 봉기군의 잔악함이 적나라하게 묘사되고 있었다. 예컨대, 기자는 순천 시내에 들어서자마자 피비린내가 코를 찌르고, 거리 곳곳에 거미줄과 같은 총탄의 흔적이 보였다는 서술로 시작해 "반란군의 인민재판소로 되었다는 경찰서 정문을 드러스자 차마 바라볼 수 없는 정복경관의 시체는 무려 5천여 명이나 눈에 띠이고 시내 이곳저곳에는 2일 전의 격전을 말하는 듯이 무수한 시체가 쓰러져 있는 것을 볼 수 있었다. 또한 시체를 운반하는 그의 가족이 있는가 하면 시체를 안고 대성통곡하는 로파도 있었다"고 보고하고 있다. 기자에 따르면 도시는 "죽엄의 거리"가 되었다(김득중 2015, 281, 292). '반란'에 가담한 '공산주의 군인', '좌익군인'의 그와 같은 비인간적인 잔악상은 보도 사진에 의해 그 적나라함을 드러냈다. 신문은 순천에서 죽임을 당한 경찰관들의 시신을 독자들에게 전달했다(김득중 2009, 383). 또 하나의 신문 기사를 보면, 기자는 순천경찰서장의 총살과 관련해 "사형 집행 전 그를 시내에 끌고 다니며 동씨로 하여금 '나는 순천군민의 고혈을 빨은 서장이요'라고 외치게 하고 만일 연속해서 외치지 않을 때에는 청년학생들이 주위에서 죽창으로 찔렀다", "그들은 당시 경찰, 우익정당·단체, 부호들의 재산을 몰수하여 부근 주민들에게 분배하여 주었다"(국사편찬위원회 1998)는 증언을 전하고 있다.

사건이 종료된 뒤 정부는 문화계와 종교계의 대표적 인사들을 대상으로 현지 조사반을 조직해 '반란군'의 잔인함을 국민들에게 전달하는 홍보 전략을 구사했다. 신문 연재 형식의 방문기 중의 하나인 소설가 박종화의 「남행록 4」(총 5회 동아일보 연재)에는 사망한 여동생의 유골을 안고 있는 한 여자의 이야기가 나온다. 여자는 경찰관이었던 여동생이 "폭도한테 총에 마저 죽었다"고 하면서 "미칠 듯이 부르짖는다." 또한 검은 넥타이를 맨 한 남자는 "중학교에 다니는 둘째 아들이 폭도에게 죽었다"고 전했다. 이러한 이야기를 전하면서 박종화는 "돌아서지 않은 거름을 발을 돌려 돌아서고", "나는 줄 모르게 흐르는 눈물"을 흘린다. 「남행록 5」에는 순천에서 만난, 진압에 참여한 정부군 장교와의 대화 장면이 실려 있다. 작가는 군인의 경험담을 들려주는데, "처음에 나는 내 손으로 내가 가르치든 제자들을 차마 쏘라고 명령할 수 없었소. 그랬다가 역 앞에 즐비하게 드러누은 누천의 시체를 보았을 때 또는 눈알을 빼고 총탄을 죽은 시체 위에 8백여 방씩이나 난사한 이 잔인무도한 악마 같은 악착스러운 행동을 보았을 때 이놈들은 내 제자가 아니요, 내 민족이 아니라는 것을 직감하고 의분이 일어나서 그대로 포격명령을 내리었소!"라고 전하고 있다. 작가는 이 정부군 장교가 이들에 대해 "이런 놈들은 내 민족이 아니올시다. 벌서 딴 나라 민족이요"라고 말하면서 분노했음을 전달하고 있다(「동아일보」 1948.11.19, 20).

여순사건을 거친 한국사회에서 공산주의자는 이제 완전히 새로운 명칭을 얻었다. 그것은 '빨갱이'라는 이름이다. 그 점에서 1948년 가을의 내전은 곧 "빨갱이의 창출" 과정이었다(김득중 2009, 371; 한상철 2018). 이 빨갱이라는 낱말은 단순히 다른 이념을 추종하는 적의 의미를 넘어선다. 그것은 인간이 지닌 모든 적대적 감정들을 응축하고 있는 극단적 호명이었다.

> 여순사건을 거치면서 '빨갱이'는 인간의 기본적 위엄과 권리를 박탈당한 '죽여도 되는' 존재, '죽여야만 하는' 존재가 되었다. 이후에는 '빨갱이'를 죽이는 것 자체가 애국하는 일이고 민족을 위하는 일이며 민주주의 체제를 수호하는 일로 생각되었다. '공산주의자'로부터 '빨갱이'로의 전환, 빨갱이를 비인간적인 악마로 형상화 한 계기는 다름 아닌 여순사건이었다(김득중 2009, 47).

정치의 본질에 대한 슈미트의 통찰을 떠올린다면, 빨갱이로 불리는 적의 창출은 곧 그 이념적 반대편에서 우리로 불리는 정치적 동지들의 형성 계기였다. 이념, 인륜, 도덕의 차원에서 조형된 빨갱이는 그에 맞서는 언어인 '반공 국민'의 탄생을 가져왔다(김득중 2009, 371; 김득중 외 2007, 111). 언어 문법에 대한 구조주의적 원리로서 차이는 한국의 정치언어 무대에서도 그렇게 작동했다.

그리고 1950년의 한국전쟁은 남한이 반공 국민으로 구성된 반공주의 국가, 반공주의 사회를 향한 극단의 드라마를 완성할 수 있게 했다. 어떻게 보면 제주 4·3, 여순 10·19, 그리고 한국전쟁은 그처럼 적과 동지 창출의 역사적 과정에서 연속선에 놓인다고 말할 수 있다. 하지만 한국전쟁은 앞의 두 계기와 중대한 차이를 보이는데, 왜냐하면 앞의 두 사건과 달리, 한국전쟁은 "거의 대부분의 국민들이 적의 존재를 일상 속에서 보고 느낄 수 있었던"(하상복 2014, 182) 시공간이었기 때문이다. 전면적 전쟁의 직간접적인 영향력을 피할 수 없었던 반공 국민의 집단적 경험 속에서 '국민'은 국가를 전복하고자 하고, 남한을 무력으로 흡수하고자 하는 극단적이고 악마적인 '북한 빨갱이들'에 맞서 싸우는 애국적 주체들로 등장했다. 그리고 전쟁은 이 애국적 주체들이 지켜야 할 국가의 존재를 아주 구체적으로 드러내주는 무대가 되었다. 이를테면 "전쟁을 통해 국가는 신성한 불가침의 터부로서 거듭났다. […] 전쟁은 이제 독자적인 정치공동체를 신성한 가치로 부상시킴으로써 그 한계로부터 자유로웠다"(박명규 2000, 88)는 것이다.

이제 반공을 실천하는 집단적 주체로서 국민과 그 국민이 지켜야 할 국가가 다양한 재현의 방식을 통해 탄생하는데, '빨갱이'에 맞서 싸우다 희생된 군인과 경찰이 '애국자'로 표상된다. 1949년 2월, 「동아일보」는 여순사건으로 초래된 재해의 복구 과정을 참관한 기자의 보고서를 실었다. "눈물겨운 군경의 활동"이라는 표제 아래 기사는 군인들을 애국적 주체들로 묘사하는 데 초점을 맞추고 있었다. "이 불안을 일소하고저 총칼을 뽑아들고 행동을 개시한" "국군장병들"이라는 보고를 시작으로 기사는 현지에 파견된 군인들이 주민들의 안전한 삶으로의 복귀를 위해 얼마나 큰 노력을 기울이는지, 아직도 남아 저항하고 있는 적들을 물리치기 위해 얼마나 큰 희생을 감수하고 있는지를 자세히 보고하고 있다(「동아일보」, 1949.02.01).

여순봉기 발발 1년이 되는 시점인 1949년 10월 19일, 「서울신문」은 "박멸하자 민족반도"라는 자극적인 표제를 통해 "천인공노", "피비린내", "학살", "방화", "약탈"과 같은 부정적인 언어를 동원해 반란군의 극악무도함을 드러낸 뒤에, 군인과 경찰관들의 애국적 위대함을 기사화하고 있다. 반란군의 잔인함은 군경의 애국주의를 강렬하게 드러내주는 일종의 정치적 보색인바, 군경은 "그들의 악날한 전략을 분쇄하고 닥치는 곳마다 무찔러 버려 우리 대한민국의 자주성과 역량을 세계에 반방에 아르켜 주었던"(「서울신문」, 1949.10.19) 존재로 그려진다. 이처럼 여순 10·19는 국군이 왜 필요한지, 그들이 얼마나 위대한 존재인지를 설득적으로 알려준 계기가 되었다.

그런데 정부는 여순사건에서 이들이 실천한 애국주의를 증언과 언론 보도라는 일회적 형식으로 종결하지 않고 상징적 기념의 형식으로 구성해 영속화하기로 한다. 국립묘지의 발명과 그곳에서의 기념의례를 말한다. 여순사건이 발발한 해인 1948년 12월 1일에 제1차, 그 이듬해 6월 6일 제2차로 사망 군경 합동위령제를 서울운동장에서 개최했다. 첫해의 합동 위령제가 끝난 뒤 345명의 전사자가, 둘째 해에는 102명의 전사자가 '장충단'(獎忠壇)에 안장[6]되었다(「경향신문」, 1949.06.07). 이어서 1950년 4월까지 전사자들을 위한 사당인 장충사 개수 공사를 완료하고, 그 해 6월에 전몰군인 추도회를 열었다(「동아일보」, 1950.06.21). 추도회가 기리고자 한 1천 6백여 명의 전몰군인들은 그야말로 모든 국민이 정성을 다해 추모하고 기억해야 하는 애국적 존재들로 부상한다. 추도회 즈음, 한 언론의 기사가 그러한 국민적 분위기를 잘 보여주고 있다.

---

6   장충단이 왜 전몰군경을 위한 묘지가 되었는가에 대해서는 하상복(2014, 185-187)을 참조할 것.

저 멀리 남해 제주도의 한라산에서, 여순 반란의 진압 작전에서, 지리산과 태백산 토벌작전에서 그리고 마의 38선에서 자기와 가족을 돌보지 않고 민국에 이바지하는 뜨거운 순정으로 '민국만세'를 부르며 넘어진 여기 영령들이 없었다면 오늘의 민국이 이와 같이 있으리라고는 누구 하나 의심하는 동포는 없다. […] 정부에서는 오늘을 '임시장충공휴일'로 정하고 거족적으로 전몰 군인의 충성을 찬양하려는 것이다. 오전 10시를 기하여 조위 싸이렌이 일제히 울리게 되었다는데 이에 일반시민은 장충단을 향해서 일분 간 묵념을 하여 주시기를 바란다고 한다(「경향신문」, 1950.06.21).

이렇게 보면 장충단은 대한민국 최초의 국립묘지인 셈이다. 정치적 근대가 발명한 국립묘지는 이념적 추상과 관념의 형식에 머물고 있는 국가를 감각적 형식으로 전환해내는 공간이며, 모든 국가 구성원들이 따르고 모방해야 할 국민의 전범을 가시적으로 드러내주는 장소다. 그렇게 장충단은 반공주의의 지향을 이념적 본질로 하는 국가, 반공주의 실천을 핵심적 의무로 하는 국민을 구현해내기에 이른다. 장충단에 잠들어 있는 수많은 전몰군경들은 바로 그러한 국가를 수호하기 위해 자신을 희생한 애국적 국민의 모델이다.

흥미로운 사실은, 여순사건에서 만들어진 이러한 애국주의 모델이 잠재적 군인이 될 고등학교와 대학교 학생들에게 적용되기 시작했다는 점이다. 1949년 4월 22일, 중고등학교와 대학교를 대상으로 충의사상의 보급과 향토방위라는 이념적·군사적 목표를 위해 국방부와 문교부 주도로 학도호국단이 건립되었다. 문교부장관 안호상이 창안한 학도호국단은 일민주의와 반공주의가 밀접하게 결합한 국가주의 동원체였다. 말하자면 학도호국단은 여순봉기의 희생 군경들처럼, 공산주의로 무장한 이념적 분열주의자들을 막아냄으로써 단일의 통합된 국가를 만드는 데 기여할 애국적 존재들을 키우기 위한 거점이었다. 안호상은 국가와 민족을 위한 청년들의 희생정신을 소리 높여 외쳤다. 그는 "조국의 독립 전취에 용감히 싸울 정예부대는 한국의 청년이요, 그 가운데에서도 최정예부대는 학도 제군들이다. 제군들은 한편으로는 붓을 들어 민족의 문화를 건설하며, 또 한편으로는 칼을 들어 조국의 독립을 취하려는 이들이다. 제군들! 그대들의 책임은 참으로 크고도 중하다"(안호상 1987, 1-2)라고 말했다. 그러한 논리 속에서 청년들은 결코 개인주의적 차원의 존재가 아니라 국가와 민족이라는 정치공동체를 위해 자신을 의무와 희생을 실천하는 전체주의적 존재로 등장한다. 독일 청년운동에 대한 그의 관심이 그와 같은 추론을 지지해준다. 안호상은 "조선에 와서 내가 느낀 것은 제1차 세계대전 이후 내가 본 독일과 같은 감을 느끼었다. [...] 오늘의 조선도 해방이 되어 민주주의니 무엇이니 하지만, 나치스 같은 정치체제가 아니면 도저히 구해낼 길이 없다"(연정은 2004, 20)라고 이야기했다.

한국전쟁은 장충단이 아닌 새로운 국립묘지 건립의 필요성을 만들어주었다. 전쟁으로 늘어가는 전몰군인들을 장충단이 감당하기에는 불가능했기 때문이다. 육군본부 주관 하에 묘지 후보지 답사가 이루어졌다. 하지만 육군이 추진 중인 안으로 묘지를 조성하게 되면 다른 군에서도 묘지를 설치하려 할 것이고 이는 예산, 인력, 관리 등 여러 차원에서 문제를 초래한다는 인식 속에서 국방부 주관으로 답사지 조사가 이루어졌다. 최종적으로 서울의 동작동 일대가 최적지로 결정되었고, 1953년 9월 29일, 대통령의 재가를 받아 군 묘지 부지로 확정되었다. 3년간의 묘지 공사를 거쳐 방대한 규모의 묘역이 조성되었고, 1956년 4월 1일, 「군 묘지령」이 제정되었다(국립서울현충원 2007, 13; 하상복 2014, 189-191). 조성된 묘지에는 1956년 1월 한국전쟁에서 사망한 '무명용사들'의 안장을 시작으로 이듬해 4월 2일, 한국전쟁 전사자 유해 191위의 안장이 이루어졌다.

그렇게 탄생한 묘지는 이념적 차이와 대립선 위에 세워진 상이한 두 체제의 전면적인 물리적 대결 속에서 사망한 군인들, 즉 이상적인 국민 모델을 정치적으로 성화하기 위한 장소가 된다. 그곳은 사적인 목적을 위해 죽은 사람들의 자리가 아니다. 그곳에 잠들어 있는 이들은 국가와 공동체의 생명, 안전, 발전이라는 공적 목표를 위해 자신의 목숨을 기꺼이 희생한 존재들의 숭고한 자리이기 때문이다. 그렇기 때문에 그들의 죽음은 아무렇게나 취급될 수 없는 거룩한 죽음, 국가의 이름으로 지고의 존엄을 부여받아야 하는 신성한 죽음이다.

정부는 군 묘지령이 제정된 지 일주일만인 1956년 4월 19일 현충일을 제정했다. 대통령령 제1145호로 '관공서의 공휴일에 관한 규정'을 개정하고 6월 6일을 현충기념일로 정(지영임 2004, 487)하고 공휴일로 지정하면서 기념행사를 거행하기 시작했다. 국가를 향한 공적 덕성으로서 충성을 드러내고 고양한다는 의미의 현충일이 제정되고, 국군묘지에서 이 국가적 의례를 개최한다는 사실은 군 묘지와 현충일이 서로 분리 불가능한 정치적 기능과 의미의 연관관계를 맺고 있음을 인식시킨다. 그러니까 사망한 국민이 실천한 애국주의는 묘지에서 감각적으로 재현되고 있고, 그 애국적 덕성은 기념 의례를 매개로 살아 있는 국민들에게로 전파되는 구도가 만들어졌다는 말이다.

정치적 운동과 종교적 운동이 결합하는 이 국가적 의례의 주기적 개최를 통해, 전몰군인으로 표상되는 이상적 국민의 애국주의는 살아 있는 사람들에게의 정신과 영혼 속으로 들어와 그들에게 일종의 정치적 초자아(super-ego)를 만들어낸다. 그리하여 살아 있는 국민들은 자신들의 공적 행위의 바람직함과 도덕성 여부를 구분해줄 궁극적인 정치적 가치 모델을 체화한다. 대통령의 현충일 기념사가 그 중대한 기능을 수행한다.

　대통령의 기념사는 사망한 군인들의 이상적 애국주의를 국민들에게 전달한다. 가령 1957년의 현충일 기념사에서 대통령은 "자기의 생명을 아끼지 않고 용맹스럽게 싸워 귀한 피를 흘린 우리 애국 용사들의 충성"을 강조하면서 "이 열렬하고 영광스러운 우리의 전망한 군인들과 상이군인들의 애국성심과 공헌을 우리가 잊을 수 없는 바이니 후세 자손들도 이것을 잊으면 안 될 것이며 지금의 우리의 감격과 이 용사들의 영광스러운 공훈을 우리도 기념하고 이 뒷사람들도 기념하기 위해서"(이승만 1957a)임을 역설했다.

　여순 10·19와 한국전쟁을 거친 한국, 국군묘지와 그 곳에서의 주기적 기념의례를 통해 반공의 이상적 가치를 구현하고 있는 성스러운 존재들을 보고, 느끼고, 동일화의 체험을 한 국민들은 국가로부터 또 하나의 성물(聖物)을 부여받는다. '국가보안법'이다. 그 성스러운 텍스트에는 반공국민의 자격을 갖추기 위해서 해서는 안 되는 행위가 엄격하게 규정되어 있었다. 그 반공주의 텍스트는 반공국가가 반공국민들에게 내려 보낸 일종의 정치적 십계명이었다. 그 정치적 계율을 준수하면 국가로부터 충성과 애국의 은혜를 받고, 역으로 그 정치적 율법을 어긴다면 국가는 그에게 죽음과 파멸에 이르는 강력한 형벌을 내리게 된다. 1948년 12월 1일에 제정된 국가보안법은 여순 10·19의 충격으로 시급히 제정된 법률이다. 여순봉기가 발발하기 전인 1948년 9월 3일, 김인식 의원(대동청년단) 등 33인은 '내란행위특별처벌법'의 긴급 제정을 요구하는 동의안을 올렸다. 9월 29일 국회 본회의에서 이 동의안에 대한 보고가 이루어졌고, 법제사법위원회가 구체적인 법률을 작성해 본회의에 상정하도록 위촉했다. 하지만 법세사법위원회의 법안 자성 작업이 지지부진한 상태에 머물러 있었고, 그러던 중 여순봉기가 발발했다. 법률 제정을 위한 절차가 신속하게 이루어져야 한다는 의견이 국회에서 설득력을 얻고 있었는바, 11월 6일, 법제사법위원회가 전문 5조로 구성된 '국가보안법' 초안을 본회의에 제출했다. 법률안을 둘러싼 격렬한 토론이 이루어졌지만, 결국 11월 19일 본회의에서 가결되었다(김득중 2009, 518-523; 변동명 2007, 91-92). "국헌을 위배하여 정부를 참칭하거나 그에 부수하여 국가를 변란할 목적으로 결사 또는 집단을 구성한 자는 죄에 의하여 처벌한다"(제1조)는 「국가보안법」이 제정되었다. 헌법적 기본권의 심각한 침해를 가져올 수 있다는 우려 속에서 많은 비판을 받은 이 법률은, 그 우려가 근거가 없지 않았음을 증명하듯, 제정되자마자 엄청난 숫자의 법률 위반자를 양산했다. 한 보고에 따르면, 1949년 한해에만 118,621명이 법률 위반으로 검거, 투옥되었다(변동명 2007, 105).

수차례의 개정을 통해, 법률 위반자의 사형과 같은 가장 강력한 처벌도 가능하게 한 이 법률적 장치로 말미암아 한국사회에는 푸코가 말한 '담론의 질서'가 형성되었다. 말할 수 있는 주제와 말할 수 없는 주제를 구분하고, 정치적 발언권을 가진 자와 그렇지 못한 자를 나누고, 정치적으로 올바른 것과 그렇지 못한 것의 차이를 만들어내는 질서다. 적을 이롭게 하는 발언과 행위는 금지되고, 이적 행위를 한 사람의 권리는 박탈되며, 반공주의에 부합하는 말과 행위만이 정치적 참됨의 가치를 부여받는다. 그러한 법률적 장치의 지배 속에서 살아가는 사람들은 반공주의 아비투스(habitus)를 체화해가면서 반공국민이라는 정치적 존재성을 창출해나간다. 반공주의 아비투스를 실천하는 반공국민들로 구성된 한국에서 반공주의는 합리적 이해의 차원을 넘어, 일상 속에서 자신의 진리성을 드러내주는 가치로 존속하기에 이른다.

제주 4·3, 여순 10·19, 한국전쟁을 거친 한국사회에서 탄생한 국민은 일민주의와 반공주의라는 이념적 정체성 위에서 조형된 정치적 존재였다. 앞서 살펴본 것처럼, 일민주의는 본질적으로 개인주의를 부정하는 이데올로기였다(홍태영 2015, 105-106). 일민주의 혹은 한백성주의는 개별적 구성원들을 절대화된 통합체로 묶어 단일화하려는 이념, 그 점에서 파시즘과 유사하다(서중석 2005). 그러한 일민주의는 여순사건과 한국전쟁에서 자신을 희생한 군인들에서 구체적인 형상을 획득한다. 또한 그 국민은 반공하는 국민이다. 이승만의 일민주의는 "공산주의에 대항하는 모든 세력의 통합"(김수자 2005, 377)이기 때문이다. 반공주의라는 특정한 이념의 종속체인 이 정치적 존재는 빨갱이로 불리는 이념적·인륜적 적이 자신의 국가를 위협하고 공격하고 흡수하려는 의도를 철저히 막아내는 실천을 통해 스스로의 정당성을 입증해낸다. 그러한 반공주의가 애국의 길임을 호소하는 여러 영웅적 인물과 텍스트들이 그의 주위를 둘러싸고 있다. 이 반공주의 국민에게서 개인과 국가 간의 근대적 관계는 역전된다. 말하자면 국가는 개인을 위해 존재하는 정치적 형식으로서가 아니라, 개인의 봉사와 희생을 통해 존속하고 유지되고 발전하는 정치적 실체가 된다.

4. 자유와 민주, 반공하는 일민의 이념적 유토피아

일민주의 국민, 반공주의 국민으로 구성된 한국의 정치체제, 사회체제는 이승만 정권 아래에서 자유와 민주주의를 본질로 하는 체제와 동일화 되었다. 국민들이 자신의 사적인 이해관계를 버리고 하나의 공동체로 통합되고, 공산주의자들과 맞서 싸우는 반공주의자로 활동하는 것은 곧 자유와 민주주의를 지키고 발전시키는 것이라는 정치적 등식화, 이것은 무엇보다 당시의 냉전 구조에 대한 정권의 인식 지향과 밀접한 관련을 갖는다.

　이승만 대통령은 철저한 반공주의자이자 친미주의자였다. 청년시절의 반러시아 감정은 1917년 볼셰비키혁명을 통해 반공주의로 전환되었다. 그는 공산주의를 자유를 향한 인간의 본성에 위배되는 사상이자 이념이라고 생각했다(홍용표 2007, 59). 그리고 그 반대편에는 미국에 대한 그의 사적·공적 경험이 놓여 있었는바, 그는 미국을 러시아-소련과 정반대의 자리에서 바라보고 있었다. 그에게서 미국은 침략과는 어울리지 않은 나라, 모략과는 무관한 나라, 곤경에 빠진 사람과 이웃나라들을 돕고자 하는 나라, 그리고 그러한 협조의 대가로 아무것도 바라지 않는 나라였다. 그야말로 지구상에서 가장 이상적이고 모범적이며 이타적인 나라가 미국이었다. 미국에 대한 그의 그러한 우호적 태도는 가령 미국의 필리핀 점령을 "필리핀 사람들을 교육시켜 도와주어서 독립권 얻기로 목적한 것"(『이승만 박사 담화집』, 22, 67-68; 손호철 1996, 49에서 재인용)이라는 왜곡된 해석으로까지 이어졌다.

　이승만의 이와 같은 반소주의-친미주의 노선은 그가 해방정국의 국제질서를 이해하는 기준이 되었고, 대통령이 된 후 국가를 통치하기 위한 근간적 원칙이 되기도 했다. 해방이 되고 새로운 국가가 만들어지는 1940년대 중·후반 한반도를 둘러싸고 있는 국제질서는 글자 그대로 '냉전'(cold war)으로 굳어져가고 있었다. 이승만은 미국과 소련 그리고 두 강대국이 이끄는 동맹국들로 구조화된 냉전의 질서를 중립적인 차원에서 바라볼 수 없었다. 그 새로운 국제질서에는 선과 악, 정의와 불의, 동지와 적이 명백히 나뉘어 있었다. 소련과 그 동맹국들은 악-불의-적이고, 미국과 그 동맹국들은 선-정의-동지였다.

　이승만 대통령의 이와 같은 정치적 인식은 정부의 인식이기도 했고, 나아가 정부 홍보의 반경 속에 놓여 있는 국민들의 인식이기도 했다.

가령, 정부의 대내외적 정책 내용과 방향을 국민들에게 홍보하기 위해 공보처가 발행한 『주보』(週報)(1949. 4-1950. 6)를 분석한 한 연구에 따르면 당시의 국제 정세에 대한 인식은 이승만 대통령의 그것과 다르지 않았다. 『주보』는 당시의 국제정세를 소련과 그 동맹국들이 서방세계를 끝까지 침략해 흡수하려는 구도로 해석했다. 그와 달리 미국과 그 동맹국들은 그러한 침략의도에 맞서 자신을 방어하는 위치에 있을 뿐으로, 그 점에서 나토, 마셜플랜 등 서방세계의 군사적, 경제적 제도는 공산블록의 침략을 막기 위한 정당방위 장치로 평가하고 있다. 또한 『주보』는 "현대공산주의 운동을 본질적으로 제국주의요, 침략주의이며, 반민주적인 전체주의"로 해석하고 있다. 공세적이고 침략적이며 팽창적인 소련과 공산주의 국가들의 호전성에 맞서 미국과 서방세계가 자신을 방어하고 수호하는 국제정치적 구도는 '민주주의' 대 '적색 전체주의'의 대결로 인식되었다(김봉국 2017, 286-287).

이와 같이 반소-친미의 가치론적 이분법으로 이해되는 냉전 구도 속에서 발발한 한국전쟁이 일종의 이념과 도덕의 차원에서 전개되는 성스러운 전쟁으로 해석되는 것은 너무나도 당연했다. '도덕', '능동', '조화', 평화', '원조', '단결', '방어'와 같은 긍정적 가치를 부여받을 친미-서방세계의 일원으로서 그 이념적 우월함을 보유하는 남한이 '비도덕', '무책임', '침략', '분열', '제국주의'와 같은 부정적 가치를 지니는 공산주의 세계에 속한 북한의 군사적 도발을 막아내는 일은 이념적으로도, 도덕적으로도 너무나도 신성하고 당위적인 과업이 아닐 수 없다. 그것은 "팽창하는 공산주의에 맞서 평화와 단결을 방어하려는 민주주의의 대결 구도"에 다름 아니었다(김봉국 2017, 295). 그와 같은 인식 구도 속에서 한국전쟁은 북한이 말하는 '조국해방전쟁'이 아니라 공산주의로부터 민주주의를 수호하는 이념적 방어 전쟁으로 규정된다.

이승만 대통령은 한국전쟁 발발 1년이 되는 시점의 연설을 통해 그 전쟁이 지니는 의미를 국민들에게 전달했다. 전쟁은 '자유' 대 '노예'라는 두 대립적 구도 속으로 들어온다.

우리 한인들은 **자유민**으로 죽을지언정 남의 노예 백성으로는 살지 않겠다는 결심을 우리가 현전 마당에서 처음부터 끝까지 표명한 것입니다. 우리 평민과 군인들이 각각 가진 것을 다 사용해서 세계 모든 **자유민**의 원수를 일심으로 오늘까지 싸워온 것입니다(이승만 1951. 강조는 필자).

"우리의 유일한 목적은 공산괴뢰군을 다 타도시키고 자유로 살 수 있든지 그렇지 못하면 이와 같이 싸우다가 다 죽든지 할 작정입니다"라는 대통령의 발언에는 전쟁으로 공산세력이 남한을 지배하는 것은 본질적으로 자유의 박탈이라는 등식이 내재하고 있다. 자유와 공산주의는 서로 적대적 이분법의 관계로 성립하고 있다. 역으로 한국전쟁에서 남한이 승리하는 것은 "자유민주정부 밑에서 통일된 한국"을 만들어가는 일로 해석되고 있다. "모든 한국인들이 한번 다시 유일한 독립정부 밑에서 한 백성이 되어가지고 자유로 살게 될 때까지는 이 전쟁을 쉬지 않을 것", "이 전쟁이 모든 민주국가의 대승리로 불원간 결말이 나서 공정하고 장원한 평화가 이 전쟁 마당된 우리나라에 임하여 우리 통일 민주국의 태극 깃발이 대한반도 면면촌촌에 자유로 날려서"와 같은 표현에서 볼 수 있듯이, 그리하여 대통령의 연설에는 자유와 민주라는 단어가 반복적으로 등장하고 있다(이승만 1951).

대통령은 한반도를 둘러싼 냉전 구도와 마찬가지로 남한과 북한의 물리적 대결을 자유-민주주의 대 공산주의의 이념적 상호 배타성으로 인식하고 있다. 이러한 인식은 한국전쟁 기간 중에 열린 제2대 대통령 취임식(1952년 8월 15일)에서도 언어적으로 정확히 재연되고 있었다.

따라서 **자유세계**도 공산제국주의를 허락해서 제국주의의 승리한 것을 길러주고는 부지하기 어려울 것입니다. 공산제국주의는 모든 연합국을 대립해서 전 세계의 민족주의를 타도시킬 목적으로 할 것이니 기본적으로 말하자면 **우리의 자유**를 위해서 싸우는 것이 **세계의 자유**를 위해서 싸우는 것입니다. 우리의 승전은 모든 나라들의 승전입니다. 만일 우리가 실패한다면 세계 **모든 자유 국민**에게 비극적인 실패일 것입니다. **자유세계**의 단결은 누가 깨트리지 못할 것입니다. 우리를 치는 힘이 클수록 모든 **반공국들**의 공동안전을 위해 단결심이 더욱 단단해질 것입니다(이승만 1952. 강조는 필자).

이승만의 연설에서 냉전 질서는 '자유세계'와 '공산제국주의'의 둘로 나뉘고 있다. 이와 같은 수사는 취임연설의 다른 곳에서도 볼 수 있는데, 가령, "우리나라뿐만 아니라 세계자유국가와 합해서", "세계의 53 자유국들", "우리의 자유를 회복하고 보유하자는 것" 등과 같은 표현이다. 그리고 이러한 자유세계는 "민주정부", "민주국가", "민주정체", "민주주의"의 가치와 연결되는 반면에 공산제국주의는 "무염지옥", "적색학정", "무도한 공산당", "포악한 원수"와 같은 부정적 언어로 형용되고 있다(이승만 1952).

지금까지의 논의는 이승만 정권이 전달하고 있는 자유와 민주 그리고 그 접두어들로부터 파생된 정치적 언어들이 담론의 무대 위에서 본질적으로 공산주의의 반의어로 의미 규정되고 있음을 말해준다. 그런데 그 단어의 반의어적 성격은 의미의 차원을 넘어, 실천적 차원에 연결되는데, 말하자면 그 자유와 민주는 공산주의세력을 철저히 제거함으로써 완성되는 가치라는 것이다.

해방 이후 미군정의 지배 속에서 한국사회에는 보통선거제, 복수정당제도, 대의제와 같은 자유민주주의 제도와 이념의 이식이 이루어졌다. 또한 「조선 인민의 권리에 관한 포고」를 통해 인권과 기본권이라는 근대적 권리들을 규정하고, 경찰, 사법제도와 같이 인권에 제약 요인이 될 국가기구를 개혁했다(박찬표 2007, 337, 354-358). 미국으로부터 절대적인 지적·사상적 영향력을 받은 이승만 대통령은 국민주권, 권력 분립, 정치적 자유경쟁, 다당제, 소수파 보호와 같이 자유민주주의의 주요한 제도적 원리들의 중요성과 가치를 인식하고 있었다(손호철 1996, 48). 그렇게 보면, 한국사회에 확립하고자 했던 자유민주주의 제도와 이념의 차원에서 미군정과 이승만은 동일한 인식을 취했다고 말할 수 있다.

하지만 그와 같은 자유민주주의 제도와 이념은, 해방정국과 이후의 한국사회를 둘러싼 냉전적 질서 속에서 실질적으로 체화되기 어려웠다. 우선, 미군정이 남한사회에 보급하고 전파하고자 했던 자유민주주의는 소련과의 체제 경쟁을 위한 이데올로기적 선전 도구의 역할을 수행했기 때문이다. "자유민주주의 이념의 전파란 미국의 전후 대외 정책의 기본 목표 가운데 하나였다. 그것은 '자유민주주의를 수호하기 위한 파시즘과의 전쟁'이라는 2차 대전 참전의 명분이자 전후 공산주의 진영과의 대결에서 미국의 대외 개입을 정당화하는 것이기도 했다"(박찬표 2007, 360)는 말이다. 그런 맥락에서 자유민주주의를 구성하는 이념적 요소들은 반공주의라는 적대적 이념과의 대결 구도 속에서 선험적 정당성을 확보해나갔다. 그러니까 한국의 정치 언어 무대 위에서 자유민주주의는 냉전 세계에서 반공주의와의 대결 이념이라는 사실로 말미암아 절대적 선의 위상을 갖게 되었다는 것이다.

그에 더해 자유민주주의 이념에 대한 믿음을 지니고 있던 이승만은 실제로는 그 이념에 부합하는 방향으로의 정치를 실천하지 않았다. 주지하는 것처럼, 이승만 정권은 부산정치파동으로부터 사사오입개헌을 지나 3·15 부정선거에 이르기까지 자유민주주의 제도와 이념을 부정하는 정치행태를 보여 왔다. 하지만 그와 같은 모순적 상황에서도, 정권이 외치는 자유민주주의는 공산주의에 맞설 실천적 언어라는 위상으로 말미암아 정당성을 유지해나갈 수 있었다. 이승만 대통령은 제2대 대통령 취임사에서 다음과 같이 말했다.

> 우리의 **자유**와 우리의 통일과 우리의 **민주정체**를 위해서 나는 앞으로도 나의 생명과 나의 공헌을 다 하기를 다시 선언하는 바입니다. 나의 사랑하는 전 민족에게 대하야 각 개인에게 일일이 말하노니 이 공동목적을 완전히 달성할 때까지 각인의 모든 생각이나 주장을 다 버리고 **일심협력** 하라는 것입니다(이승만 1952. 강조는 필자).

이 연설에서 우리는, 정권이 주창한 자유민주주의가 반공주의, 일민주의 이념과 유기적 연결 관계 또는 냉전 질서 속에 놓여 있는 남한을 구원할 통합적 이념으로 구축되고 있음을 관찰한다. 앞서 살펴본 것처럼, 여순사건의 계기 속에서 이승만 정권이 주창한 일민주의는 서구의 자유민주주의와는 어떠한 의미의 조응도 이루지 못한다. 좀 더 정확히 말하자면 일민주의에는 자유주의의 원리 자체가 부정되었는바, 그것은 오히려 "자유민주주의의 변질에 일조했다"(문지영 2011, 156). 그럼에도, 이승만 정권은 반공주의와 일민주의가 결합된 국가적 이념으로서 자유민주주의를 주창했고, 그것은 아무런 모순 없이 정당성의 기반을 지켜나갔다. 그것은 이승만의 자유민주주의에서 '자유'가 갖는 특수한 실천적 지향 때문이었다.

정부 수립이 이루어지던 역사적 맥락이나 북한 공산주의 정권과의 전쟁 경험으로 인해 이승만 정권에서 '자유'는 중요한 가치로 인식되었고, 이승만이 구사한 담화들에서도 그것은 죽음을 불사할 정도의 '대의'로 강조되었다. 하지만 일민주의가 국시요 정권의 통치 이념으로 유포되는 가운데 한국 사회에서 '자유'는 '자의적, 독재적인 권력으로부터의 자유'라는 측면보다는 '공산주의의 침략과 지배로부터 자유'라는 측면에서 주로 그 의미를 확보해갔다(문지영 2011, 156-157).

이승만 정권이 주창한 자유세계, 자유와 민주정체는 근본적으로 공산주의체제라는 적대적 세계의 반정립으로서 그 점에서 그 세계는 일종의 이념적 유토피아였다. 하나로 통합된 국민들이 반공을 외치며 살아가는 정치적·이념적 유토피아다.

제5장

박정희 체제와 국민의 탄생:
'민족을 위해 일하는 반공 근로자'

1. 반공주의 국민의 국가적 호명

1961년 5월 16일, 한 일간지가 군사쿠데타의 발발을 전하고 있다.

해병대 제1여단과 2개 공정대대를 선봉세력으로 삼은 혁명부대는 16일 새벽을 기해 수도 서울 일원을 완전히 점령하여 모든 지배권을 장악했다. 집권 9개월째 되는 장면정부를 불신임하는 이 군부 쿠데타 때문에 삼부의 기능은 일체 마비되어버렸으며 군사혁명위의 포고에 따라 금융기관도 일체 동결, 문을 닫은 채 삼엄한 계엄령에 휩싸여 있다(「동아일보」, 1961.05.16).

쿠데타를 일으킨 군부는 '5·16 혁명공약'을 발표했다. "부패하고 무능한 현 정권과 기성 정치인들에게 더 이상 국가와 민족의 운명을 맡길 수 없다고 단정하고, 백척간두에서 방황하는 조국의 위기를 극복하기 위한 것"이라는 정당성 아래 '군사혁명위원회'는 6개의 공약을 제시했다.

그 첫째가 "반공을 국시(國是)의 제일의(第一義)로 삼고, 지금까지 형식적이고 구호에만 그친 반공태세를 재정비 강화할 것입니다"라는 공약이었다. 이어서 "민족적 숙원인 국토 통일을 위하여 공산주의와 대결할 수 있는 실력 배양에 저력을 집중한다"는 다섯 번째 공약에서도 반공주의를 역설했다(「5·16 혁명공약」).

국가권력을 장악한 군부세력은 자신들의 대국민 공약에서 반공 나아가 승공을 가장 중요한 이념적 지향으로 내세운 것에 걸맞게 발 빠르게 움직였다. 5월 17일 군사혁명위원회 치안국장은 기자회견을 통해 "공산당과 용공분자가 없다는 인상을 갖게 하는 나라를 만들겠다"고 말했으며, 계엄사령부는 5월 18일부터 22일까지 간첩 자수기간을 선포, 기간 내 자수하는 자는 정상참작 하겠지만 이후 체포된 자는 계엄법에 따라 극형에 처할 것이라는 계획을 밝혔다(김지형 2013, 224). 5월 19일에는 포고 제18호를 통해 북한 또는 북한에 동조하는 조직을 반국가단체로 규정하고 그에 대한 처벌을 공포했다(후지이 다케시 2011, 21).

국가적 독트린으로서 반공주의에 대한 군부세력의 그와 같은 강조는 무엇보다 군인의 정치개입에 대한 정당성과 밀접한 관련을 맺는 것으로 해석된다. 5·16 쿠데타를 주도한 박정희는 1963년 8월의 전역식에서 '다시는 이 나라에 본인과 같은 불운한 군인이 없도록 합시다'라고 밝힌 바 있는데, 그것은 곧 군부쿠데타가 결코 국가적으로, 정치적으로 소망스러운 일이 아님을 고백한 발언으로 해석된다. 그 점에서 군부쿠데타에 대한 정당성은 반드시 요청되었는데, 군부가 "지금까지 형식적이고 구호에만 그친 반공"을 "재정비"하고 "강화"한다는 논리를 정당성의 가장 중요한 원천으로 삼은 데에는 당시의 정치사회적 상황과 깊은 관련을 갖는다. 앞서 살펴봤듯이, 분단체제가 성립하기 이전부터 남한에는 제주 4·3을 계기로 공산주의의 불온성에 대한 집단적 인식이 형성되기 시작했으며, 여순봉기와 한국전쟁을 지나 '빨갱이'라는 공포의 언어가 전파되면서 반공은 그 어떤 다른 이념보다 더 신성한 이념으로 자리 잡았다.

그런데 그러한 반공주의 분위기는 이승만 정권이 붕괴하고 민주당 정권이 등장하면서 바뀌기 시작했다. 2공화국 민주당 정권은 권위주의에 도전해 그것을 무너뜨린 4·19혁명 주체들의 정치적 대의와 주장을 무시할 수 없었다. 1960년 여름 이후 한국의 정치무대는 개방되기 시작했고 그 열린 문으로 그 동안 억압받았던 다양한 정치사회 세력들이 올라왔다(오문환 2007, 63; 문병주 2005, 22). 그 속에는 분단체제를 부정하고 평화통일을 주창하는 진보세력들이 포함되어 있었는데, 혁명을 주도한 학생세력들이 그러한 진보적 통일운동을 주도한 것은 지극히 자연스러운 현상이었다. 1960년 9월 고려대 학생회 주최로 열린 전국대학생시국토론대회, 같은 해 11월 서울대의 학생 연구회 주체로 개최된 통일문제심포지움에서는 중립화 통일론, 자주적 이념에 기초한 통일국가 건설과 같은 주장들이 터져 나왔으며, 학생들의 그와 같은 진보적 이념들은 전국대학에서 '민족통일연맹의 결성으로 이어졌다(후지이 다케시 2011, 14; 문병주 2005, 28). 이들은 공산당이 참여하는 남북한 보통선거와 같은 급진적 주장을 필두로 남북학생회담 개최, 남북 학생 간의 학술교류, 체육교류 등을 제안했다. 정부는 학생들의 그와 같은 움직임에 대해 반대의 사를 명확히 했지만, 이른바 '혁신계'로 불리는 진보적 정당과 사회단체들은 학생들의 통일운동을 지지했으며, 그들 스스로 통일운동의 주체로 나서고자 했다. 사회대중당, 통일사회당, 사회당 등과 민족자주통일연맹, 중립화조국통일운동총연맹 등은 북한과의 협상과 중립화 통일론, 영세중립화를 통한 통일국가 수립 등을 주장하면서 진보적인 통일 운동을 전개했다(문병주 2005, 29-30).

쿠데타에 성공한 군부세력은 당시 학생들과 혁신계 정치인들이 주도한 통일운동이 전 국민의 광범위한 동조를 받을 수 없는 논리이고 주장이라는 점을 잘 알고 있었다. 무엇보다 반공은 이승만 정권에서부터 권력에 대한 지지를 이끌어 내온 강력한 정치이념이었음을 환기할 필요가 있다. 반공주의에 체화된 국민들에게서 진보적 통일운동은 오히려 불안감을 초래할 수 있다고 그들은 인식했다(유상수 2009, 459). 그러한 사실을 말해주듯이 진보적 통일운동이 전개되면서 국민반공계몽단이 조직되어 진보적 통일논리에 대한 전 방위적인 반대운동이 펼쳐진 것 등, 그에 대한 반작용도 적지 않았다(후지이 다케시 2011, 15). 군부세력은 2공화국 민주당 정권이 공산주의에 동조하는 세력들과 그들의 주장에 대해 어떠한 효과적인 대응도 하지 못한 무기력한 권력임을 비판하면서 반공주의를 자신들의 제일의 정책으로 내세웠다.

국가권력을 장악한 쿠데타 세력은 반공주의 이념의 실천을 통해 국민적 지지를 받기 위한 노력을 가속화했다. 1961년 7월 3일의 '반공법' 제정이 대표적이다. "국가재건과업의 제1목표인 반공체제를 강화함으로써 국가의 안전을 위태롭게 하는 공산계열의 활동을 봉쇄하고 국가의 안전과 국민의 자유를 확보함을 목적으로" 제정된 이 법은 그야말로 반공주의의 실천에 특화된 사법적 장치였다. 이어서 군부는 같은 해 7월 12일, 혁명재판소를 설치해 혁명정부가 내세운 반공주의의 실제적 작동 의지를 보여주었다(김지형 2013, 226).

반공주의 실천을 위한 법적, 제도적 장치의 설치와 더불어 군부는 그 국가적 이념의 효과적인 확산을 위해 민간 차원에서의 조직 설립을 기획했다. '한국반공연맹'이다. 이승만 정권기인 1954년 6월, 한국에서 아시아민족반공연맹대회가 개최된 것을 계기로 아시아반공연맹 한국지부가 설치되었다. 군부는 그 조직의 이상으로는 국내에서 반공주의를 실천하는 데 한계가 있음을 인식하고 국내 조직으로 재탄생시키고자 했다. 1963년 9월, 한국반공연맹 설립안이 국무회의에 제출되어 12월에 승인되었다. 새롭게 설립된 한국반공연맹은 반공주의 확산을 위해 매우 광범위하고 조밀한 망을 구축하고 있었다. 1969년 현재, 전국 159개의 시·군지부를 결성했을 뿐만 아니라 동·리에 이르는 말단 행정단위까지로 확장해나갔다. 또한 기업체에 특별지부를 설치해 노동자를 회원으로 가입시키기 위해 노력했고, 대학생들도 회원으로 만들어 대학 내에 반공연맹의 영향력을 확대해나갔다(유상수 2009, 467).

이처럼 반공주의를 실천하기 위한 법률과 조직을 구축한 군부세력은 1963년 겨울 대통령 선거와 국회의원 선거를 치른 뒤 헌정체제로의 이행을 마무리하면서 반공주의의 일상적 제도화와 실천을 위한 노력들을 경주해나갔다. 먼저, 박정희 정권은 이승만 정권이 창설한 군 묘지의 반공주의적 정체성을 한층 더 강화하기 시작했다. 한국전쟁에서 사망한 군인들의 안장이다. 1963년 11월 21일과 1964년 4월 15일의 학도의용군 안장으로 시작되어 1965년 4월 15일, 한국전쟁 중에 전사해 포항에 안장되어 있던 학도병의 군 묘지로의 이장이 이루어졌다(국립서울현충원 2007, 200-201). 학도병 또는 학도의용군의 안장은 정규 군인들의 안장과는 다른 의미로 다가온다. 말하자면 "한층 더 강력한 순결성과 고결성의 무게를 지닌 애국적 희생"(하상복 2014, 195)을 실천한 그들의 안장으로 말미암아 군 묘지의 반공주의가 한층 더 강력한 신성함의 가치로 채워지게 된 것이다.

이어서 정부는 그 '애국적' 성전에 새로운 이름, 국립묘지를 부여함으로써 반공주의의 위상을 강화했다. 1965년 3월 15일 법제처장의 이름으로 군 묘지를 국립묘지로 명칭 변경하는 안이 국무회의에 상정되었다. "현재 군 묘지에는 전역 장병과 특정한 애국지사의 영현만을 안장하고 있으나, 앞으로는 이를 국립묘지로 승격시키어 전역장병뿐만 아니라 순국선열, 애국지사, 국가유공자를 전적으로 이곳에 모시고 국립묘지로 하여금 모든 애국충렬의 영령이 잠드는 애국과 헌신 및 충의의 상징지로 하여"(법제처 1965)라는 법제처의 의견을 국무회의가 수용했다. 그해 3월 30일 대통령령 제2092호로 국립묘지가 탄생했다. 이제 반공주의는 그 이념을 실천한 사람들을 지속적으로 품어 나가는 국립묘지의 형식 속에서 국가적 독트린이라는 공식적 위상을 두텁게 부여받기에 이른다.

박정희 정권은 그 국가적 무대 위에서 현충일 기념식을 지속적으로 거행함으로써 반공주의 담론의 국민적 확산을 실천한다. 여기서 우리는 1965년의 현충일 추념사는 그 이전의 추모 연설과 그 내용에서 반공주의의 연속선에 있다고 하더라도, 그 이념적 무게상의 차이를 지닌다고 말할 수 있다. 말하자면 군 묘지에서의 연설과 국립묘지에서의 연설이 갖는 위상의 차이다.

> 15년 전 우리에게 그토록 많은 참화와 재난을 가져다 준 6·25의 전란에서 그리고 이 동란을 전후한 공산폭도들의 파괴적 만행에서, 생명을 던져 겨레를 구하고, 목숨을 바쳐 나라를 지킨 영령들, 우리는 그들의 충성과 헌신으로 인하여 국토를 보전하고 독립을 유지할 수 있었고, 그들의 희생과 봉사로 인하여 파괴직전의 평화를 회복하고 유린직전의 자유를 되찾을 수 있었던 것입니다. 여기 고이 잠든 영령들이야말로 국가존망의 간두에서 국기를 보위한 나라의 초석이며, 겨레의 자유와 평화를 지킨 정의의 **순교자**라 아니 할 수 없읍니다. 그러기에 우리는 해마다 오늘을 『**현충의 날**』로 정하여 영령들의 넋을 위로하고 그들의 위대한 공훈을 우러러 추앙해 마지않는 것입니다(박정희 1965b. 강조는 필자).

반공주의의 군사적 실천 과정에서 자신을 희생한 군인들이 '자유와 평화를 지킨 정의의 순교자'로 거듭나고 있다. 반공은 국가의 이름으로 세례를 내리는 성스러운 행위로, 그 신성한 행위를 실천한 이들은 순교자(殉敎者), 즉 자신의 신앙을 지키기 위해 자신을 희생한 거룩한 존재로 다시 태어난다. 여기서 반공주의는 종교적 신성화의 세계로 진입한다.

1968년 1월, 북한의 특수부대 소속 무장군인 31명이 청와대 습격과 정부요인 암살 지령을 받고 침투해 군경과 총격전을 벌여 사망하고 생포되는 '1·21 사태'가 벌어졌다. 그로부터 이틀 뒤인 1월 23일, 북한 원산항 앞 공해상에서 미국의 정보수집함 푸에블로호(Pueblo)가 북한의 해군초계정에 의해 납치되는 사건이 발생했다. 이 두 사건으로 한국사회의 반공이념은 또 다른 차원으로 올라서는데, 말하자면 반공을 목표로 하는 '병영국가'로의 이행이 시작되었다는 이야기다(홍태영 2019, 126).

병영국가를 향한 정치적 과정에서 북한은 극단화된 이름으로 불리는데, 바로 '북괴'다. 대통령 박정희는 1968년과 69년의 현충일 추념사에서 북괴를 소리높여 외쳤다.

> 우리는 **북괴**의 준동을 좌시할 수 없습니다. 그들의 만행을 절대로 묵과할 수 없습니다. 목숨을 건 투쟁을 각오하고 내 조국, 내 향토를 내 힘으로 지키겠다는 자주국방의 태세와 역량을 비축해야 합니다(박정희 1968a. 강조는 필자).

> […] 악랄한 공산주의의 **북한 괴뢰**는 최근 또 다시 도발적인 만행을 감행하고 있습니다. 가통 가중한 일입니다. 그들은 무력 통일을 공언하면서 침략의 흉계를 행동화하고 있는 이상, 우리의 평화로운 강토와 안전한 낙토에 대하여 크나큰 도전이요, 불쾌한 시련이 아닐 수 없습니다. 우리는 **북괴**의 만행을 앉아서 바라볼 수 없습니다. 그들의 준동을 절대적

묵과할 수 없습니다. 목숨을 내걸고 내 향토를 내 힘으로 지키겠다는 자주적 국방의 태세를 가져야 할 것입니다(박정희 1969. 강조는 필자).

이러한 '북괴'를 막아내기 위해 반드시 구축되어야 하는 병영국가를 향한 주요한 움직임 중의 하나가 향토예비군 창설이다. 1968년 4월 1일, 1백 66만 2천여 명으로 구성된 향토예비군이 조직되었다. 5·16 군사 쿠데타 이후인 1961년 12월 27일 '향토예비군 설치법'이 제정되었으나, 실제로는 예비군 조직이 이루어지지 않았다. 하지만 국민들이 북한의 군사적 위협을 직접 경험한 뒤로 대규모의 예비군이 조직되었고, 이어서 관련 법률의 전면 개정도 이루어졌다. 예컨대, 1961년의 설치법 제2조 "예비군은 향토방위와 병참선 경비 및 후방지역 피해 통제의 임무를 수행한다"는 임무 규정이 1968년 5월 29일의 새로운 설치법에서는 매우 구체적인 내용으로 바뀌었다. 즉, "예비군은 적 또는 반국가단체의 지령을 받고 무기를 소지한 자(이하 "武裝共匪"라 한다)의 침투가 있거나 그 우려가 있는 지역 안에서 적 또는 무장공비를 소멸하고 그 공격으로 인한 피해의 예방과 응급복구 및 중요시설과 병참선의 경비 등에 관한 임무를 수행한다"(「향토예비군설치법」(법률 제2017호))는 규정으로 변화했다.

이 임무 규정이 보여주는 것처럼, 향토예비군은 향토방위라는 일반적인 역할을 벗어나 1·21 사태의 북한군들을 호명하는 이름인 '무장공비'를 '소멸'할 주체로 변모했다. 이제 북한 공산주의는 군사지역만이 아니라 민간인의 삶 깊숙이 들어올 잠재력이 큰 위협이 되었다. 향토예비군 창설에 이어 정부는 향토예비군의 노래를 만들어 전국에 보급했고, 1970년부터 '향토예비군의 날'을 제정해 기념식을 개최해왔다.

어제의 용사들이 다시 뭉쳤다/직장마다 피가 끓어 드높은 사기/총을

들고 건설하며 보람에 산다/우리는 대한의 향토예비군/나오라 붉은 무리 침략자들아/예비군 가는 길에 승리뿐이다(1절).[7]

이러한 노래와 기념식을 통해 정부는 반공주의의 전면적 일상화를 추진하려 한 것으로 해석된다. 1968년 5월에는 1962년에 제정된 '주민등록법' 일부 개정이 이루어지는데, 주민등록증 발급 조항이 신설되었다. 17조 8(주민등록증의 발급) "시장 또는 군수는 관할구역 안에 주민등록이 된 자 중 18세 이상의 주민에 대하여 주민등록증을 발급할 수 있다"는 규정이 그것이다. 이로써 국민들은 고유의 번호를 부여받게 된다. 그런데 그 법률은 1970년에 한 번 더 개정되는데, 앞의 17조 8의 규정에서 '발급할 수 있다'가 '발급해야 한다'로, 즉 의무사항으로 전환되었고, "사법경찰관리는 간첩의 색출·범인의 체포 등 그 직무를 수행함에 있어서 주민의 신원 또는 거주관계를 확인하지 아니할 수 없는 경우에 18세 이상의 자가 다음 각 호의 1에 해당하는 때에는 주민등록증의 제시를 요구할 수 있다"는 17조 10(주민등록증의 제시 요구)가 신설되어 반공주의의 일상적 실천을 위한 감시와 통제 제도의 완성을 이루어낸다(「주민등록법」, 법률 제2016호, 법률 제2150호; 김진성·김선태 2001, 381).

한편, 공산주의의 위협에 대한 민간사회의 그와 같은 일상적 감시체제 구축과 관련해 우리는 학교 교육에서의 반공주의를 언급해야 한다.

---

[7] 2절과 3절은 다음과 같다.

반공의 투사들이 굳게 뭉쳤다/서로 돕는 일터에서 나라 지킨다/우리는 막강의 향토예비군/나오라 붉은 무리 침략자들아/예비군 가는 길에 승리뿐이다

역전의 전우들이 다시 뭉쳤다/나라 위해 일편단심 뜨거운 핏줄/철통같은 제일전선 힘이 넘친다/우리는 무적의 향토예비군/나오라 붉은 무리 침략자들아/예비군 가는 길에 승리뿐이다

정부는 1969년부터 '교련'을 고등학교 교과목으로 신설하고 학생군사훈련을 재개했으며, 유신체제가 들어서는 1970년대에는 대학교육에서의 반공주의를 강화하기에 이른다. 1975년 5월 「대학군사교육강화방안」을 발표, 교련 과목을 주당 4시간씩 교육해 360시간으로 확대하였고, 재학 중 10일간의 병영집체 훈련을 받도록 하고, 군사교육의 전 과정 이수를 졸업 요건으로 제시했다(홍태영 2019, 126; 강명숙 2014, 151). 이어서 1975년 6월에는 '학도호국단설치령'을 공표해 전국의 대학을 반공주의 실천을 위한 병영의 장소로 만들어나갔다. 앞서 살펴본 것처럼, 학도호국단은 여순봉기의 충격 속에서, 좌익 활동에 가담한 교원과 학생들을 색출하고 감시하기 위해 당시 문교부장관 안호상에 의해 만들어진 제도였다. 안호상은 이 제도를 통해 "학원을 파괴하려는 모든 불순, 반동분자를 숙청하여 민족적 연합을 꾀하고자 했다."(연정은 2004, 206) 박정희 정권은 4·19혁명 이후 폐지된 이 제도를 부활시켰는데, 그 정치적 목적은 1950년대보다 한층 더 강한 반공주의적 색채를 보였다. 말하자면 정권은 모든 대학생을 이 학도호국단에 의무적으로 가입하게 하고, 대학교수가 학도호국단의 지도를 담당하게 하는 전면적인 제도 개편을 통해 대학을 전시 대비 군사체제로 조직하려 했고, 그럼으로써 대학이 반공주의를 일상적 교육과정에서 인식하고 느끼게 하려 했다(강명숙 2014, 151).

반공주의 일상화를 향한 박정희 정권의 또 다른 노력은 문화 영역에서도 관찰할 수 있는데, 영화는 그러한 목적에 부합하는 매우 효율적인 영역이 아닐 수 없었다. 이른바 반공영화는 1950년대부터 제작되고 상영되어 왔지만 문화정책의 차원에서 하나의 가시적인 흐름으로 형성되기에 이른 것은 1960년대 중후반부터로 볼 수 있다. 1966년 제5회 대종상 영화제에서부터 반공 관련 영화상(우수 반공 영화상, 반공 영화 각본상 등)이 제정되었고, 1967년 1월 16일에 제정된 '국산영화 제작권 배정제'

를 통해 제작사별로 제작쿼터 편수의 40% 이상을 반공과 계몽영화로 책임 제작하도록 하는 조치가 이루어졌다. 또한 이 시기부터 우수반공영화 시나리오 공모, 우수반공영화 선정 등이 이루어지기 시작했다(정영권 2015, 266-267). 이러한 제도와 정책을 통해 국가는 "1960년대 중반에 상업 장르이자 장르영화로 최고의 전성기를 구가하던 전쟁영화를 반공영화의 강력한 모델로 전유하면서 전쟁영화는 곧 반공영화라는 공식을 창출했다."(정영권 2015, 16)

지금까지의 논의는 아마도 조희연의 '이념화된 반공주의' 개념으로 수렴될 수 있을 것으로 보인다. 그러니까 1960년대 이후의 반공주의는 제주 4·3, 여순 10·19, 한국전쟁 등의 "직접적 경험에 기초해, 직접적 경험의 참혹성과 가혹성을 상기시키는 방법으로 유지, 재생산된" 1950년대의 반공주의와 달리, 국가의 체계적인 이념적 노선과 정책에 의해 주입되고 교육되며 내재화되기 시작한다. "민간 차원의 직접적인 반공은 주변화되고 반공의 재생산에 대한 일차적 책임은 국가로 집중화되었다. 즉 국가에 의해 체계화되고 이념화된 형태로 반공주의가 재생산되었다."(조희연 2010, 243). 반공을 자신의 정치적 존재조건으로 삼은, 그렇게 함으로써 자신의 존재 정당성을 확보할 수밖에 없는 군부세력의 이와 같은 체계적 반공주의의 긴 경로의 끝에서 반공을 내면의 정치적 도덕으로 삼아 살아가는 '반공하는 국민'의 모습이 형성된다.

2. 민족중흥의 희생체로서 국민

1968년 12월 5일, 서울시민회관에서 '국민교육헌장 선포식'이 열렸다. 「경향신문」은 1면에서 선포식을 다음과 같이 보도했다.

국민교육의 기본 이념인 국민교육헌장이 5일 상오 9시 반 박정희 대통령에 의해 선포됐다. 민족중흥의 새 터전을 다짐하는 선포식은 시민회관에서 거행, 박정희 대통령, 민 대법원장, 장 국회부의장 등 3부 요인과 전 국무위원, 지방장관, 외교사절, 사회단체 대표 등과 헌장심의위원 및 학생 시민 등 3천여 명이 참석했다. 해병 군악대의 주악에 이어 박 문교차관의 개회사로 시작된 선포식에서 박 대통령은 "우리는 민족중흥의 역사적 사명을 띠고 이 땅에 태어났다…" 393자로 된 국민교육헌장 전문을 모두 기립한 가운데 엄숙히 낭독, 국민의 단결과 새로운 국민상을 다짐했다(「경향신문」, 1968.12.05).

그해 6월 박정희는 문교부 장관에게 '국민교육의 장기적이고 건전한 방향의 정립과 시민생활의 건전한 윤리 및 가치관의 확립'을 위해서 사회의 다양한 의견을 모아 교육장전을 제정할 것을 지시했다. 문교부는 박종홍, 안호상 등 기초위원 26명과 심사위원 48명을 선정하는 것을 시작으로 7월 청와대에서 제1차 심의위원회를 개최한 이래, 대통령이 주관한 전체회의를 4회, 국무총리가 주관한 소위원회 회의를 4회 열었다. 5개월 동안의 작업으로 완성된 국민교육헌장은 11월에 정기국회에서 만장일치로 통과되었고, 12월 5일에 대통령에 의해 선포되었다(남애리 2024).

이와 같은 제정 과정은 곧 국민교육헌장이 대통령의 중대한 관심사였음을 말해준다. "국민교육헌장은 박정희의 작품이라고 말할 수 있는 것"(이상록 2017, 182)이라고 할 만큼 대통령은 그에 대해 큰 관심을 보였는바, 스스로 헌장의 전문을 낭독했다는 사실에서 단적으로 드러난다. 대통령은 "우리는 오늘 전 국민의 이름으로 국민교육헌장을 선포하게 되었습니다. 오늘부터 우리는 국민 모두가 민족중흥의 역사적 사명을 자각하고 새로운 역사를 창조해 나가는 나라의 주인으로서 이 헌장을 생활화할 것을 맹세하는 것입니다"(박정희 1968b)로 시작하는 담화문을 선포식장에서 발표했다. 담화문은 대통령이 어떠한 문제의식으로 국민교육헌장을 제정하고자 했으며, 그 헌장에 대한 국민적 인식이 어느 수준에 이르기를 원했는지를 말해주고 있다. 대통령은 이렇게 말했다.

지금 우리나라는 정치적 안정과 경제적 발전을 통해서 널리 온 세계에서 개발 도상 국가의 시범이라고까지 불리고 있지만, **국민정신의 자기 혁신**이 없이는 더 이상의 큰 전진을 기대하기 어려운 것입니다. 무릇 경제적 번영의 밑바닥에는 강인한 의지와 근면한 노력에 사는 국민이 있는 법이며, 민족중흥의 저력은 **국민정신의 개혁 운동**에서 우러나는 것입니다(박정희 1968. 강조는 필자).

국민교육헌장은 국가와 민족의 미래를 위해 국민의 정신을 바꾸려는 목적으로 제정된 것이다. "국민 생활의 생생한 규범", "자기를 교육해 나가는 자각적 실천", "생동하고 생산적인 행동 규범", "일상생활 속에 뿌리박기"와 같은 표현이 말해주듯이 대통령은 그러한 목표를 달성하기 위해 헌장 이념과 가치가 도덕적 내면화, 윤리적 체화 수준에 도달할 것을 주문한 것으로 해석된다.

국민적 도덕, 국민적 윤리 형식의 구현이라는 대통령의 그와 같은 주문은 이듬해 1월 18일, 문교부장관이 국무회의에서 제출한 「국민교육헌장 이념의 구현요강보고」에서 실천되기 시작했다. 보고서는 "1. 국민교육헌장의 이념을 각급학교 학생과 국민 각층에 범국민화하며, 2. 국민교육헌장의 이념을 학교생활, 국민생활에 항구적으로 지속화함으로써, 3. 국민교육헌장의 이념을 개인, 사회 및 국민생활에 깊이 뿌리박게 한다"는 목적을 제시했다. 보고서는 이러한 목적을 실천하기 위한 원칙을 제시하고 있는데, 특별히 주목을 요하는 부분은 '생활화(내면화) 원칙'이다. 학생과 국민들이 국민교육헌장을 인지하게 하는 것을 시작으로, 실천하게 하고 자신의 가치로 삼게 하면서 헌장의 이념을 중심으로 여러 다른 윤리와 가치 이념을 통합하는 단계로 진행되는 원칙이다(문교부 1969).

그렇다면 전 국민의 도덕과 윤리로 내면화하게 할 국민교육헌장의 이념과 철학과 가치는 무엇인가? 문교부가 제출한 보고서에 따르면, 국민교육헌장의 텍스트는 크게 초장, 중장, 종장으로 구성되어 있는데, 초장은 다음과 같은 내용이다.

> 우리는 민족중흥의 역사적 사명을 띠고 이 땅에 태어났다. 조상의 빛난 얼을 오늘에 되살려, 안으로 자주독립의 자세를 확립하고, 밖으로 인류공영에 이바지할 때다. 이에, 우리의 나아갈 바를 밝혀 교육의 지표로 삼는다.

초장은 '민족'의 존재와 가치를 강조하면서 그것을 국민의 의무와 연결한다. '우리'라는 집단적 주체로 호명되는 국민은 민족을 다시 일어나게 한다는 목표 속에서 자신의 존재 이유를 부여받는다. 여기서 '나'라는 근대의 개인주의적 주체 개념이 존재하지 않는다는 사실에 주목하는데, "'나는 누구인가'라는 철학적 질문에 대해 생각할 겨를도 없이 개별 주체를 '우리'라는 집단적 주체로 묶어 규정짓고, 존재의 탄생 이유가 오직 단 하나 '민족중흥'의 역사적 사명을 다하기 위해서라고"(이상록 2017, 187) 확정해버리고 있다는 이야기다. 그 점에서 그 '우리'는 개인들의 집합이 아니라 '조상'이라는 과거의 존재와 연결된 혈연적 집합체다. 다음으로 중장은 가장 긴 내용으로 이루어져 있다.

성실한 마음과 튼튼한 몸으로, 학문과 기술을 배우고 익히며, 타고난 저마다의 소질을 계발하고, 우리의 처지를 약진의 발판으로 삼아, 창조의 힘과 개척의 정신을 기른다. 공익과 질서를 앞세우며 능률과 실질을 숭상하고, 경애와 신의에 뿌리박은 상부상조의 전통을 이어받아, 명랑하고 따뜻한 협동 정신을 북돋운다. 우리의 창의와 협력을 바탕으로 나라가 발전하며, 나라의 융성이 나의 발전의 근본임을 깨달아, 자유와 권리에 따르는 책임과 의무를 다하며, 스스로 국가 건설에 참여하고 봉사하는 국민정신을 드높인다.

이 중장에서는 개인이 갖추어야 할 능력, 덕성, 가치를 강조하고 있는데, 그렇다고 해서 그것이 곧 근대적 개인주의를 의미하는 것은 아니다. 왜냐하면 개인에게 요구되는 일체의 역량은 국가 발전이라는 필요를 위해 요구되기 때문이다. 나아가 헌장은 국가와 개인의 관계를 철저히 지배-종속 관계로 이해한다. 말하자면 개인의 발전은 국가의 발전을 전제로 하며, 개인의 자유와 권리만큼 국가에 대한 책임과 의무도 중요하며, 국가를 위한 봉사와 역할을 수행하는 국민이야말로 고양되어야 모델이라고 역설하고 있기 때문이다(이상록 2017, 188-189). 마지막으로 종장은 다음과 같은 내용이다.

반공 민주 정신에 투철한 애국 애족이 우리의 삶의 길이며, 자유세계의 이상을 실현하는 기반이다. 길이 후손에 물려줄 영광된 통일 조국의 앞날을 내다보며, 신념과 긍지를 지닌 근면한 국민으로서, 민족의 슬기를 모아 줄기찬 노력으로 새 역사를 창조하자.

여기서는 국민이 추구해야 할 국가적 덕성과 가치 지향을 말하고 있는바, 반공주의에 기초한 애국주의와 근면을 실천하는 국민이 되어 자유세계의 꿈, 통일 조국, 새로운 역사가 열리는 민족이라는 목표를 향해 힘을 모을 것을 요청하고 있다. 국가와 민족의 도구로서 국민에 대한 이념적 정당화를 표명하고 있다는 점에서 그것은 파시즘의 이념에 근접한다고 말할 수 있다(이상록 2017, 189). 이탈리아 파시즘에 대한 한 해석에 따르면, 국가는 "민족의 힘, 통일성, 장엄함을 법적, 제도적으로 구현한 것"으로써, "민족에 봉사하기 위해 헌신하는 것은 국가에 헌신하는 것이다." 파시즘은 국가에 무한하고 절대적인 힘과 권위와 정당성을 부여한다. 즉, "국가는 모든 것을 통제할 수 있으며, 모든 사람은 국가에 봉사해야 한다"는 것, "모든 것은 국가 안에서 존재하고, 어떠한 것도 국가 밖에서는 존재하지 않으며, 그 어느 것도 국가에 반대할 수 없다"(볼·대거 2006, 366)는 것이다.

국민교육헌장은 국가와 민족을 위해 자발적으로 봉사하고 희생하는 국민의 도덕, 국민의 윤리를 절대적으로 정당화하는 텍스트다. 박정희는 국가권력을 장악한 뒤 행한 여러 연설들에서 파시즘에 구현된 '국가주의' 이념을 제시하고 역설해왔다.

1962년 새해를 맞이해 행한 대국민 연설에서 박정희는 민족에 대한 자신의 개념을 이야기했다. 그에게서 민족은 "영원한 생명체"로 인식되고 있다. 민족은 "이상이 있어야 하고 희망과 꿈이 있어야 하며 시대적인 사회 환경을 극복하고 생성 발전해 나갈 약동이 있어야" 하는 생명체다. 국가라는 정치적 형식의 본질을 차지하는 그 민족의 발전을 위해 개인은 사적인 이해관계를 버리고 국가적 목표를 향해 나아가야 한다고 박정희는 강조했다. "언제까지나 개개인의 눈앞의 이해타산에만 사로잡혀서 파쟁과 출세주의와 이기의 화신이 되어"서는 안 되는 것이며, "국가 재건이란 지상 목표를 달성하기 위해서 거족적인 단결로써 총력을 결속해 혁명

과업 수행에 우리의 자조의 노력을"(박정희 2005, 36) 다해야 하는 것이다. 1963년 1월 17일 제5대 대통령 취임사에서 박정희는 국민이 실천해야 할 덕성과 관련해 "질서 속에 살며 정부로부터의 시혜를 기대하기에 앞서 스스로의 의무를 다"해야 한다고 말했다. 이어서 국민을 민족적 용어인 동포로 호명하면서 "민족적 단합"이라는 가치 아래 "친화와 협조와 단합으로 민족적인 공동의 광장에서 새로 대오를 정비할 것"을 요청하고 있다(박정희 2005, 56-57). 1964년 2월의 서울대학교 졸업식에 참여한 박정희는 학생들을 향해 국가주의 덕성을 역설해마지 않았다. "자기를 희생하며 민족을 살리는 대의", "조국의 내일을 위하여 오늘 자신의 안락을 유보하는 인내"가 바로 그것이다(박정희 2005, 78).

제1차 경제개발 5개년 계획이 종결되고 2차 계획이 출발하는 1967년의 신년사에서 박정희는 국민교육헌장에서 보게 될 집합적 주체로서 '우리'를 호명하면서 '조국 근대화'로 응축되는 국가적 목표를 향한 지난 경제적 성과를 언급하고 국민의 참여를 독려하는 메시지를 전달했다. 대통령은 "나는 여기서 우리 국민이 지난 몇 년 동안 발휘했던 그러한 의욕과 자신과 인내와 용기를 다시 한 번 발휘하여 증산, 수출, 건설에 총 매진함으로써 조국의 근대화를 하루 속히 이룩해 나갈 것을 간곡히 호소하고자 합니다"(박정희 2005, 165)라고 말했다. 박정희는 1970년의 근로자의 날 기념 연설을 통해 '근로자'를 향한 국가주의적 메시지를 전했는데, 지난 시대의 경제적 성과는 "오직 국가의 번영만을 생각하며 부지런하고 성실하게 땀 흘려 일한 200만 근로자" 덕분인바, 70년대의 성과 또한 "우리 국민들 각자가 맡은바 자기 직분에 얼마나 충실한가에 달렸다"고 했다. 연설에서 박정희는 기업가와 근로자 모두를 향해 "자기가 운영하는 기업체가 단순히 자기 개인의 소유물이라는 관념을 떠나서 국가와 민족의 기업체를 자기가 맡아서 운영하고 있다는 소위 기업의 윤리성, 기업의 사회성을 철저히 인식할" 것을, "여러분이 근무하는 그 공장이 국가와 민족의 기업체인 동시에 여러분 자신들의 공장이라는 관념을 가져야" 한다고 호소했다(박정희 2005, 208-211).

1972년 10월 17일에 발표한 비상조치 이후 제정된 유신헌법으로 실질적 차원에서 종신대통령이 된 박정희는 취임연설문에서 국가주의에 대한 가장 드라마틱한 메시지를 전달했다.

> 나는 조국에 대한 사랑, 국가에 대한 충성심이 없는 사람은 자기의 가정에서도 진정한 화목과 우애를 이룰 수 없다고 믿는 것입니다. 따라서 이 애국심, 이 조국애가 곧 우리들이 정립해 나가야 할 국민 기강의 근본이라고 강조해 두고자 합니다. 나는 국민 한 사람 한 사람이 나와 국가를 하나로 알고, 국력 배양을 위해 총력을 기울일 때, 비로소 그 노력은 국민 각자의 안정과 번영에 직결될 수 있으며, 행복하고 명랑한, 그리고 도의가 지배하는 사회를 건설할 수 있게 된다고 믿는 바입니다. 우리는 안으로 근면과 검소, 정직과 성실의 기풍을 크게 일으키고, 조국을 위한 사랑, 국가에 대한 충성을 굳게 다짐하면서, 국력 증강을 위해 더욱 힘차게 전진해야 하겠습니다(박정희 1972).

국민교육헌장 이념으로 구현된 박정희의 국가주의, 그리고 그 이전과 이후의 여러 연설들에서 실천된 국가주의는 "정치적 국가주의"로서 그것은 곧 국가와 민족에 대한 신성화에 기초하고 있다(강정인 2017, 123). 앞서 살펴본 것처럼, 박정희는 국가와 민족을 영생의 정치적 실체로 간주하면서, 민족을 구원하기 위한 정치적 주체로서 국가에 대한 개인의 부소선직인 국민적 희생을 정당화해왔다. 그렇지만 그것은 국민적 차원에서 단순한 희생이 아니다. 왜냐하면 국가와 민족이라는 집단적 실체와 국민이라는 개별적 실체는 서로 분리될 수 없기 때문이다. 박정희는 1973년의 연두기자회견에서 일종의 그 세 실체의 유기체적 성격을 표명한 바 있다. 그는 이렇게 말했다.

> 나라가 잘 되어야만 우리 개인도 잘 될 수 있는 것입니다. 나라와 나라는 것은 별개의 것이 아니라 하나인 것입니다. 우리 국민교육헌장에도 나라의 융성이 나의 발전의 근본임을 깨달아야 하는 귀절이 있습니다. 이것은 그대로 진리입니다. 나라가 잘 되어야만 나도 잘 될 수 있고, 나라가 부강해야만 나도 부강할 수 있고, 나라가 영광이 있어야만 나도 영광을 누릴 수 있다, 이러한 투철한 국가관이 확립되어야 하겠습니다. 만약 반대로 나라는 잘못 되더라도 나는 잘 되어야 되겠다, 나라는 가난하더라도 나만은 부자가 되어야 되겠다, 나라는 욕되고 망신을 당하더라도 나만은 영광을 누려야 되겠다하는 이러한 사고방식을 가지고 있는 개인 또는 민족이 있다면 그 개인, 그 민족은 망하는 것입니다(박정희 1973a).

「국민교육헌장 이념의 구현요강보고」가 말해주고 있듯이, 박정희 정권은 국민교육헌장이 담고 있는 이념과 가치가 국민 전체의 도덕심과 윤리의식으로 체화되게 함으로써 국가와 국민이 '완전한 동일체'가 되는 정치 공동체 모델을 그리고자 했다.

유신체제가 성립한 다음 해인 1973년 8월 국회에서의 대통령 시정연설문에서 대통령은 '국적 있는 교육' 개념을 제시했는데(최성광 2021, 154), "국가와 민족을 위해서 일할 수 있는 인재가 되기 위해서는 무엇보다도 애국 애족의 올바른 국가관, 민족사관, 그리고 자주성이 확립되어 있어야 할 것입니다. 이것이 국적 있는 교육의 근본정신"(박정희 1973b)이라는 것이다. 국민은 국가와 민족의 이념과 가치를 내면화하고 궁극적으로 그것을 자신의 것으로 만들어내야 한다는 말이다. 그렇게 함으로써 "개별 국민은 민족 및 국가와 동일시된다."(강정인 2017, 135)

지금까지의 논의가 말해주고 있듯이, 국민교육헌장에서 호명된 '국민'은 개인주의 이념과는 거리가 멀다. 근대에 탄생한 자유주의가 기초하고 있는 개인주의는 존재론, 의미론, 가치론의 모든 면에서 개인이 집합적 실체로서 국가, 민족에 우선한다. 그러니까 그 두 집합적 실체는 자유를 비롯해 개인이 추구하고자 하는 가치를 구현하기 위해 인공적으로 만들어진 정치적 세계다. 국가와 민족의 존재 이유는 그 구성원인 개인들에 터하고 있다. 그러한 개인들의 정치적 결합이 국민이지만, 박정희의 국민은 그러한 것과 근본적으로 상이하다. 박정희의 '국민' 속에서 우리는 그 어떠한 근대적 요소도 찾을 수 없다. 오히려 그 국민은 국가적·민족적 전체와 하나라는 인식 위에서 그것들에 통합되어 봉사해야 하는 종속적 부분으로 나타난다(최선 2020, 195). "국민은 질서 속에 살며, 정부로부터 시혜를 기대하기에 앞서 스스로의 의무를 다하며"(박정희 1963a), "우리 국민 모두에게 애국심과 단합이 절실히 요구되는 때"(박정희 1978)와 같은 수사에서 근대정치의 주권적 실체로서 국민의 이념을 볼 수는 없다. 국민은 근대화라는 목표를 위해 국가가 동원하는 정치적 대상으로 인식될 뿐이었다(정근식·이병천 2012, 479).

3. 국민, 근대화를 위해 부지런히 일하는 근로자

1961년의 쿠데타에 성공한 군부세력이 제시한 혁명 공약의 첫째가 반공에 관한 것이었다면, 둘째와 셋째 공약은 각각, "구 정권하에 있었던 모든 사회적 부패와 정치적인 구악을 일소하고, 청신한 기풍의 진작과

퇴폐한 국민 도의와 민족정기를 바로잡음으로써 민족 민주정신을 함양하며", "국가 자립경제 재건에 총력을 경주하여 기아선상에서 방황하는 민생고를 해결함으로써 국민의 희망을 제고시키고"였다(「5·16 혁명공약」).

박정희는 1961년 광복절 기념식에서 혁명의 1단계와 2단계를 구분하면서 혁명 2단계의 과업이 "도의의 건설과 경제 건설"에 있음을 밝혔다. 앞서 언급한 공약들에 대한 재확인과 강조라고 할 수 있다. 이러한 과업을 위해 "희생적 정신을 발휘하여 근로 역행, 사회봉사와 상호 협조로써 국가 재건 사업에 총력을 집중"(박정희 2005, 21)할 것을 호소하고 있다. 박정희는 1964년 국회에서의 연설(연두교서)을 통해 이른바 '조국 근대화'로 명명되는 그와 같은 국가적 기획을 선언했다. "이 혼돈과 침체 속의 후진의 굴레에서 결연히 벗어나 우리의 조국을 근대화시켜야 한다는 원대한 목표를 설정하고 국민의 정신적 혁명을 기조로 정치적 정화운동, 사회적 청신운동, 경제적 검약증산운동을 내용으로 하는 대혁신운동을 제창할 것입니다"(박정희 1964b)라고 그는 말했다.

박정희가 제창한 조국 근대화 운동은 근본적으로 민족의 과거로부터 현대 한국에 이르는 역사적 시간에 대한 반성에서 유래한다. 한국의 근현대사에 대한 그의 인식은 대단히 부정적이었는데, 그러한 관점을 우리는 여러 곳에서 만날 수 있다. 앞서 언급한 1961년 광복절 기념사에서 그는 이렇게 말했다.

> 장구한 역사와 문화를 자랑해 오던 우리 민족은 19세기 말엽부터 20세기 초엽에 걸쳐서 현대 국가로의 출발에 앞서 이민족의 침략을 받아 제국주의의 질곡에 40년 동안을 신음해 왔습니다. 우리를 병탄한 침략자의 소행도 가증하거니와 망국과 굴욕을 자초케 한 우리의 전철은 영원한 민족적 경종이 아닐 수 없는 것입니다. […] 우리가 독립의 환희에만 도취되어

완전한 자립의 체제와 능력을 이룩하지 못하고 허송세월하는 동안에 세계 각지에서는 40여 개의 후진국들이 우리를 앞질러 자주독립을 하고 유엔에 가입을 했습니다. 그러나 우리는 여전히 후진국이라는 낙후성을 탈피하지 못하고 빈곤과 기아와 혼란과 무질서 속에서 허덕이고 있었습니다(박정희 2005, 19).

박정희는 그와 같은 부정적 시간을 "오욕의 반세기"로 규정하면서 "사회의 전통적 미풍과 양속을 짓밟아 도의는 타락되고, 사상 분열과 정치적 대립, 그리고 사치와 낭비, 허영과 안일, 반목과 질시 속에 사회는 만성적으로 불안하여 민심은 각박해지기만"(박정희 2005, 56) 하는 양상으로 묘사했다. 현대 한국에서 초래되고 있는 그와 같은 소망스럽지 않은 정치사회적 모습에 대해 박정희는 「우리 민족의 과거를 반성한다」라는 제목의 글에서 조선에 대한 비판적 성찰을 통해 그 한 원인을 찾고 있다. 유교에 바탕을 둔 신분제가 만들어낸, 조선의 사회 구조에 내재되어 있던 병리는 "해방 후까지 남아 있어서 이 나라의 산업발전이나 국민의 권리를 되찾게 하는 움직임에 적잖이 방해가 되었을 뿐 아니라 당파 싸움의 잔재는 오늘날에 와서도 권력 다툼만 되풀이 하는 결과를 가져왔던 것이다."(박정희 2005, 350)

박정희는 그처럼 단단히 뿌리박힌 뒤틀린 전통에서 벗어나 근대화를 향해 나아가기 위해서는 "반봉건적이며 반식민지적 잔재로부터 겨레를 해방하고", "가난으로부터 겨레를 해방시켜 경제적으로 자립을 이룩해야 하며", "건전한 민주주의를 재건"(박정희 2005, 388-390)해야 한다고 강조했다. 그런데, 1964년의 연두교서가 말하고 있는 것처럼, 박정희는 그와 같은 근대화의 목표를 달성하기 위해서는 제도와 정책만이 아니라 '국민적 정신'을 새롭게 바꾸어야 한다고 역설해마지 않았다.

그렇다면 근대화의 국가적 실천을 위해 기여해야 할 국민은, 앞 절의 논리와 연결해서 해석하자면, 국가·민족 지상주의에 입각해 국가 발전과 민족중흥을 위한 적극적 동원체로 나타난다. 그러한 맥락에서 우리는 박정희의 국민은 이승만의 국민과 연속선에 놓이면서도 근본적으로 다른 정체성을 지닌다고 말할 수 있다. 박정희 또한 이승만과 동일하게 하나의 혈연적 종족성에 입각한 일민주의 이념을 공유하고 있다. 예컨대 "단군 성조가 천혜의 이 강토 위에 국기를 닦으신 지 반 만년"(박정희 2005, 53)이라고 말한 데에서 알 수 있는 것처럼, 그가 현대 한국의 기원을 단군에서 찾고 있다는 점에서 이승만의 민족주의 이념과 동일하다. 하지만 이승만의 국민이 그와 같은 혈연적 정체성 위에서 반공을 지상과제로 삼는 소극적 존재라고 한다면, 박정희의 국민은 조국 근대화와 민족중흥이라는 목표를 실천해야 할 적극적이고 능동적인 주체로 자리매김된다. 박정희 정치언어 속 국민은 단순히 혈연적·종족적 통합의 이데올로기로 둘러싸인 개념이 아니다. 그의 국민은 국가적·민족적 반성에서 유래하는 근대적 목표를 달성하기 위해 동원되는 개념이다(강정인·하상복 2013).

박정희의 국민 개념에는 혈연적 단일성, 반공주의, 자유 수호로 채워져 있는 이승만의 국민의 의미에 더해 근대화의 운동체라는 의미가 추가된다. 그와 같은 근대화 운동을 이끌어갈 주체로서의 국민에게 정신의 각성과 개조가 요청되는데, 그러한 문제의식에서 그는 국민을 향해 끊임없이 계몽의 메시지를 던졌다. 조국 근대화를 향한 운동이 목표에 도달하기 위해서는 "패배주의와 열등의식 그리고 퇴영적인 소극주의"(박정희 2005, 111)에서 벗어나야 한다. "국민 한 사람 한 사람이 잘 살아 보겠다는 의욕에 불타고, 노력하기만 하면 무엇이든지 이룩할 수 있다는 확고한 자신에 넘쳐흐르고, 어려운 난관을 끝내 극복하고야 말겠다는 의지력과 인내력"(박정희 2005, 165)을 가지고, "개개인의 정신적 혁명을 전개해야" 하는바, 그는 "국민을 한 개인으로부터 자주적 주체의식을 함양하며, 자신의 운명을 스스로 개척하려는 자립 자조의 정신을 확고히 하고, 이 땅에 민주와 번영 복지 사회를 건설하기에 민족적 주체성과 국민의 자발적 적극 참여의식, 그리고 강인한 노력의 정신적 자세"(박정희 2005, 54)를 요청하고 있다.

박정희가 시도한 국민을 향한 계몽의 메시지는 근대적 개인주의 의식을 지향하는 것이 아니다. 그 국민은 자율적 주체라기보다는 "민족과 국가라는 유기체의 구성원으로서 '자기 발전'을 추구해야 하는" 존재다. 그는 "국민경제의 성장을 통한 국가 발전이라는 목표 아래 균질화된 존재로서의" 국민이다. 그런 면에서 그는 "발전주의적 주체"(이상록 2017, 51-52)로 불릴만하다. 두 가지 차원에서 발전주의의 주체인데, 첫째는 경제 근대화라는 국가적·민족적 목표를 위해 주체적으로 참여하고 기여해야 하는 존재라는 점에서 그러하고, 둘째는 그러기 위해서 스스로 근면, 성실, 자조, 도전과 같은 근대적 심성을 습득하고 체화해야 하는 존재라는 점에서 그러하다. 그리하여 그는 반공주의와 국가주의 이념을 내면화하고 동일화함으로써 전체와 구분되지 않는 국민의 논리처럼, 국가와 민족이 설정한 근대화라는 발전주의 이념에 스스로 동화되는 국민으로 귀결된다.

정권은 조국 근대화를 위한 자기 노력과 희생을 정당화하게 될 주체의 육성을 위해 국민운동을 전개한다. 5·16 쿠데타 이후 몰아친 '재건국민운동'이다. 1961년 6월부터 전국적으로 재건촉진대회가 개최되었는바, 권력은 이를 통해 경제 발전과 민족의 부흥에 필요한 국민을 만들고자 했다. 예컨대 "내핍생활 실천, 근면정신 고취, 생산 및 건설의욕 증진, 국민도의 양양, 정서관념 순화, 국민체위 향상"(문상석 2014, 173)을 내면화하고 실천하는 국민이다. 박정희는 재건운동 3주년을 기념하는 연설(1967년)에서 운동의 본질이 국가적 목표에 부합하는 국민의 육성임을 강조해마지 않았다. 그는 민주주의, 경제적 자립과 번영, 문화발전, 한마디로 말하면 "근대화 작업"이 "국민의 훌륭한 자질과 올바른 자세", 즉 "국민정신의 근대화"에서 가능하다고 말했다. 그러한 문제 지평 위에서 그는 재건국민운동의 궁극적 지향을 명확히 했다.

> 재건국민운동은 그 조직 활동을 통하여, 또는 교육운동을 통하여 국가와 민족의 미래상을 부각하고, 향토개발의 추진력을 형성하여 나가는 데서 그 존재 의의를 찾아야 할 것입니다. 나는 우리의 재건국민운동이 국민 단합의 광장으로서, 근대화 역군의 산실로서, 그리고 민주훈련의 도장으로서 더욱 발전해 나가기를 희구합니다. 성실 근면하고 협동 단결하여 험준한 난관을 돌파한 민족은 반드시 번영과 발전을 이룩하고야 만다는 것은 역사의 귀중한 교훈입니다. 모름지기 재건국민운동 요원은 먼저 자신들이 굳게 결속하고, 이웃에 솔선수범하여 국민의 향도로서 향토건설의 길잡이가 되고, 나라의 기간세력이 되어줄 것을 당부하는 바입니다 (박정희 1967).

1963년 4월 17일, 정부는 '근로자의 날 제정에 관한 법률'을 공포했다. 메이데이(May day)로 불리는 5월 1일이 아니라 3월 10일로 지정되었다. 이승만 정권은 1959년부터 5월 1일이 아니라 대한독립노동총연맹 창립일인 3월 10일로 변경해 노동절을 기념해왔다. 박정희 정권은 그 날짜를 수용하면서 그와 동시에 명칭을 노동절에서 '근로자의 날'로 바꾸었다. 노동, 노동자라는 이름에서 근로, 근로자라는 이름으로의 공식적 변화, 그 변화가 시작되는 해인 1964년 3월 10일, 최초의 근로자의 날에서 행한 박정희의 연설에는 노동과 근로의 의미가 명확히 구분된다. 그 연설에서 박정희는 노동과 노동력을 2회 언급한다. "노동은 인간생활의 기본이 되는 것이며", "고귀한 노동력을 제공하면서도"라는 표현이다. 하지만 연설의 대부분은 근로, 근로자의 의미와 중요성을 강조한다. 근로는 노동처럼 추상적인 의미규정을 벗어난다. "인류의 번영과 융성을 위한" 동력인 근로는 한국적 상황에서 "경제 자립과 민족중흥"을 위한 기반이 된다. 연설에서 박정희는 근로의 역사적 의미를 강조해마지 않는다.

> 그러나 우리가 진실로 두려워해야 할 것은 목전의 경제적 시련과 고난이 아니며, 이 시련과 고난 앞에 굴복하려는 실의와 체념인 것입니다. 오늘의 이 시련과 고난이 우리 선대의 어제까지의 행동의 결과일진대, 내일의 번영과 복지의 구현은 우리 자신의 오늘부터의 행동의 결실일 것도 되풀이할 필요가 없을 것입니다. 새 역사를 창조하려는 우리의 정신적 자세는 결코 실의와 체념, 요행과 의존일 수 없으며, 분기와 자신, 각고와 근면의 강건한 기상으로 충일하여야 하겠습니다(박정희 1964c).

박정희가 이 발언에 앞서, 근로자 권익을 제도적으로 보장하지 못하는 당시의 경제적 현실을 언급했다는 점에 비추어보면, 노동자의 개별적 권리는 인정되지 않는 반면, 국가와 민족의 미래를 견인하기 위한 근로의 의무는 당위적으로 요청된다는 주장으로 해석된다. 그는 "이 근로자의 날이 우리 국민 모두가 내일을 위한 오늘의 희생을 결심하고 분발과 근면의 결의를 새로이 하는 전환적 계기가 되어야 할 것입니다"(박정희 1964c)라고 말했다. 그와 같은 논리는 행사에 참석한 한국노총의 메시지에서도 동일하게 반복되었는데, 노총은 "불의와 착취와 빈곤을 몰아내기 위해 벅찬 희망의 횃불을 한층 더 밝히겠다"(「경향신문」, 1964.03.10)고 다짐했다.

노동자의 권리가 아니라 근대화라는 국가적 목표에 기여하는 존재로서 근로자 선언이다.

근로자의 날이 국가의 공식적인 언어로 성립하면서 노동은 그 공식성의 바깥으로 밀려났고, 근로자의 날이 근로를 국가의 이름으로 신성화하면서 노동은 오염된 언어, 속화된 언어의 영역으로 밀려났다. 이제, 국가 재건을 위한 봉사와 희생의 존재로서 근로자라는 국가적 의미 규정은 근로자의 날 행사 형식과 내용으로 정확히 재연되었다. "이날의 기념식에는 이효상 국회의장과 최두선 국무총리 등 정부 고위층도 참석, 제복을 차려 입은 전국 근로자들의 늠름한 기상을 북돋았다", "노총 산하 16개 산별노조에서 선발한 16명의 모범 노조위원에게 표창장을 수여, 근로자의 날을 한층 더 뜻깊게 했다"(「경향신문」, 1964.03.10)는, 당시의 행사장 분위기에 대한 한 신문의 기사에서 알 수 있는 것처럼, 마치, 근대화의 목표를 달성하기 위해 헌신한 사람들에게 국가의 이름으로 애국의 세례식을 거행하는 행사를 상상하게 한다. 이러한 정치적 원리는 이후에도 지속되었는데, 1967년 근로자의 날에 관한 기사를 보면, 50명의 유공근로자에 대한 포상이 은탑 산업훈장, 동탑 산업훈장, 근로포장, 대통령표창, 국무총리 표창으로 나뉘어 이루어졌는데(「경향신문」, 1967.03.08), 국가의 경제적 발전에 기여한 근로 영웅들을 위한 국가적 의례의 거행에 다름 아닌 것이다.

그런 맥락에서 근로자의 날은 노동자로서의 주체의식을 고양하기보다는 국가와 공동체를 위한 희생의 덕성으로서 근로의식을 부각하는 것으로 나아갔다. 예컨대, 1971년 근로자의 날 연설에서 박정희는 근로자를 호명하면서 치사했는데, 10억 달러의 수출목표를 달성하고, 3차 경제개발 5개년 계획을 위한 준비태세를 갖춘 능력에 관한 것이었다. 이어서 박정희는 근로자를 향해 이기주의를 버리고 공익을 먼저 생각하는 태도,

협동과 공존의 자세를 기를 것을 명령했다(「경향신문」, 1971.03.10).

조국 근대화와 민족중흥을 위한 재건국민운동이 지향하는 국민, 국가와 민족의 발전을 위해 헌신하고 희생하는 국민은, 근로자의 날이라는 국민적 의례를 통해 미화하고 전파하려는 국민과 의미론적으로 연결되는 것처럼 보인다. 산업 현장에서 국가와 민족을 위해 최선을 다해 노력하는 근로자는 조국 근대화를 위한 재건국민운동에 맞추어 스스로를 개선하려고 하는 국민과 결코 다르지 않기 때문이다.

국가와 민족의 발전을 위한 존재로 스스로를 규정하고 사회적, 경제적 공간 속에서 그와 같은 실천을 수행하는 국민, 넓은 의미에서 '근로하는 국민'은 1970년대 초반 농촌 근대화 운동으로 시작되어 전국적으로 확산된 새마을운동을 통해 전면적으로 형성될 계기를 만들어간다. 새마을운동은 농촌 근대화라는 목표 아래 소득 증대, 농공 병진개발과 같은 실제적인 목표를 추구하는 개발운동으로 시작되어, 이후 정신계발, 정신적 근대화 같은 구호들과 결합된 정신 개조운동으로 확대되었고, 궁극적으로는 국가와 민족의 발전을 위한 국민운동으로 나아갔다(고원 2006, 187).

박정희는 1965년 제4회 지방장관회의에 참석해 조국 근대화를 강조하면서 그 목표는 식량의 자급자족과 농업의 근대화를 통해서만 가능하다는 신념을 이야기했다(박정희 1965a). 새마을운동에 대한 초창기 기획의 표명이다. 그 기획은 박정희가 1970년 4월의 지방장관회의에서 수해 복구사업에 적극적이었던 한 지역의 경험을 환기하면서 농촌에서 새마을가꾸기운동을 벌이자고 제안하면서 구체화되었다(한홍구 2014, 287). 박정희는 1972년 연두기자회견을 통해 1971년부터 확산된 새마을운동의 성과와 함께 그 운동의 본질적 성격을 언급했다.

이 새마을운동의 밑바탕이 되는 그 정신을 우리는 새마을정신이다. 이렇게 부르고 있습니다. 새마을 정신이라는 것은 무엇이냐, 농민들의 자조, 자립, 협동 정신, 이것이 곧 새마을 정신입니다. 이러한 정신이 우리 농민들 가슴속에서 자발적으로 우러나고 우리 농촌 방방곡곡에서 이 정신이 팽배하게 늘어날 때, 비로소 지금 우리 정부가 추진하고 있는 모든 시책이 성과를 거둘 수 있고, 또한 우리 농촌이 부흥하고 우리 농촌의 근대화를 이룩할 수 있는 것입니다(박정희 1972b).

새마을운동의 원리가 물질적 근대화를 넘어 정신적 근대화에 있음을 강조하고 있다(고원 2006, 188-189). 그해 5월에 열린 새마을 소득 증대 촉진대회에서 대통령은 근면한 국민을 강조했다. 그는 "잘 살자면 첫째 부지런해야 합니다. 이것은 동서고금의 철칙이요 진리입니다. 부지런하지 않고 게을러서 잘 살았다면 그것은 뭐가 잘못된 것입니다"(박정희 2005, 242)라고 말했다. 근면은 1973년 11월 전국 새마을 지도자 대회 연설에서도 강조되었다. 근면은 살기 좋은 사회, 그러니까 근대화된 사회를 만들기 위한 덕성이 되었다. 그는 "내가 잘살고 우리 고장이 잘 살고 나라가 잘 사는 그런 사회를 만들기 위해서는 우리는 첫째 부지런해야 하겠다, 근면해야 한다는 것입니다. 근면하지 못한 사람이 백 마디 말을 해보았자 그것은 소용이 없는 것입니다"라고 말했다. 이어서 자조와 협동을 언급하면서 "근면, 자조, 협동, 이것이 새마을운동의 행동 강령"이라고 이야기했다(박정희 2005, 272).

이른바 근면, 자조, 협동으로 이루어진 새마을운동은 유신체제가 성립하면서 또 한 차례의 성격 변화를 겪게 되는데, "박정희 정권은 농촌 새마을운동에서 정신적 근대화의 구호들을 국가·민족의 담론과 적극 결합하면서 국민운동으로 확산시키고자 했다"(고원 2006, 192)는 것이다. 1974년 12월의 전국 새마을지도자대회에 참석한 박정희는 새마을운동을 10월 유신의 이념과 결합하는 담론을 구사했다. 새마을운동은 10월 유신이 실천하고자 하는 목표를 달성하는 유일한 길이라고 말하면서 박정희는 "새마을 운동이야말로 우리가 앞으로도 계속 범국민적으로 추진해 나가야 할 구국 애족의 실천 운동이요, 민족중흥을 굳게 뒷받침하는 일대 약진 운동이라는 것을 다시 한 번 강조해 두는 바입니다"(박정희 1974)라고 강조했다.

새마을운동은 재건국민운동과 함께 정신적 근대화를 위한 국민운동이었다. 이 운동을 실천하는 국민은 자신의 생존과 가치 실현을 위해 노력하는 개별적 주체가 아니라 국가와 민족의 영광과 번영을 위해 근면하고 자조하며 협동할 것을 내면의 규범으로 삼고 있는, 그러한 국가적·민족적 숙제 앞으로 호명된 집단적 주체다.

4. 박정희 체제, 자유민주적 질서의 탄생과 헌법적 신성화

"유구한 역사와 전통에 빛나는 우리 대한민국은"으로 시작하는, 1948년에 제정된 제헌헌법 전문은 여러 차례 내용 변화를 경험했다. 1962년의 제5차 개정헌법, 1972년의 제7차 개정헌법, 1980년의 제8차 개정헌법, 그리고 1987년 제9차 개정헌법에서 전문의 내용이 바뀌었다. 그런데 1972년 10월 유신헌법 전문에는 그 동안 존재하지 않았던, 현행 제6공화국 헌법 전문에까지 유지되고 있는 새로운 헌법적 개념인 "자유민주적 기본질서"가 등장한다. 그 이전 헌법 전문에서는, "모든 사회적 폐습을 타파하고 민주주의 제도를 수립하여"(제헌헌법), "모든 사회적 폐습을 타파하고 민주주의 제도를 화립하여"(5차 개정헌법)라는 구절에서 알 수 있듯이 '민주주의'라는 개념이 사용되어 왔다. 유신헌법 전문에는

"조국의 평화적 통일의 역사적 사명에 입각하여 **자유민주적 기본질서**를 더욱 공고히 하는 새로운 민주공화국을 건설함에 있어서"(강조는 필자)라는 구절 속에서 '자유민주(주의)'의 개념이 등장하기 시작해 지금까지 헌법 개념으로 유지되어 오고 있다.

처음으로 헌법 텍스트 위에 모습을 드러낸 이 자유민주라는 개념은 이승만의 정치적 연설에서부터 초기적 양상을 보여 왔다. 앞서 살펴본 것처럼, 이승만은 자유와 민주라는 개념을 빈번하게 사용했는데, 그것은 공산주의와 대비되는 언어였다. 가령, 1954년 12월, 한국에 주둔 중인 유엔군 장병에게 보내는 메시지에서 북한을 "침략자"로 규정하고 그에 대비해 "자유민주 한국"이라는 표현을 사용한 것, 1957년 「이북동포에게 보내는 신년사」에서 "반공전선"과 "자유민주국"이라는 용어를 대비시키는 것을 예로 들 수 있다(이승만 1954; 이승만 1957b). 그렇지만 그 두 단어가 하나로 통합되어 고유한 의미를 지니는 한 개념으로 그리고 국가의 공식적 독트린의 차원으로 나아가지는 않았다. 그 작업은 박정희 정권에 이르러 수행되었다.

박정희 또한 대통령의 정치적 담론에서 그 두 개념을 여러 번 사용했는데, 이승만과 달리, 자유민주주의라는 개념을 동원함으로써 자유민주주의로 명명되는 이념적 정체성을 확고히 했다. 우선, 1961년 6월, 국가재건최고회의가 발행한 『지도자도』에서 박정희는 「자유민주주의와 혁명」이라는 제목 아래 이른바 5·16 군사혁명이 지향하는 바가 궁극적으로 자유민주주의에 부합하는 정치적 실천이었음을 주장했다. 박정희는 "이번 군사혁명은 참된 자유민주주의와 잘 부합되는 것입니까? 또는 이에 배반되는 것입니까?"라고 물으면서 "국가가 파멸에 직면하고, 국민의 주권이 비참히 유린되었을 때 여기에 일대 수술을 가해서 국가와 국민의 자유 및 권리를 다시 살리고자 한 것이 이번 5·16 군사혁명이었습니다"

(박정희 2005, 914-915)라고 말했다. 여기서 박정희는 자유민주주의를 언급하면서 주권재민, 국민의 권리, 국민의 자유와 같은 가치를 강조했다. 그가 생각하는 자유민주주의는 근대 민주주의의 근간적 개념으로 구성되는 것으로 이해된다. 그런데 뒤에서 박정희는 "우리는 이제 진정한 민주주의를 이 땅에 가져오고 이 나라의 번영과 안전을 실현해야 합니다"(박정희 2005, 915)라고 이야기했는데, 그렇다면 우리는 박정희가 자유민주주의를 진정한 민주주의라고 생각했던 것으로 해석할 수 있다. 또한, 박정희는 1962년 현충일 기념식에서 자유민주주의를 언급했는데, "건국의 초석이 된 여러분의 공훈에 보답하고 조국 장래의 육성을 위해 목숨을 바친 여러분의 유지를 계승하며 자유민주주의와 멸공통일을 달성하지 않으면 안 됩니다"(박정희 1962)라고 말했다. 나아가 1963년 2월에 창당한 민주공화당의 창당 선언문과 강령에서도 자유민주주의라는 언어를 발견할 수 있다. 예컨대, "이 나라에 진정한 자유 민주주의의 꽃을 피게 하고", "우리가 지향하는 자유민주주의는 평면적인 것이 아니고 한국의 풍토에 알맞고 그 동안의 후퇴를 만회하여 비약적으로 그 발전을 기약하려는 것", "진정한 자유 민주주의의 대도를 열고자", "국민이익을 보장하는 진정한 자유민주주의 정치체제를 발전시킬 것", "우리는 3·1 정신을 받들어 5·16 혁명의 이념을 계승하고 민주적 주체성을 확립하며 자유민주주의 정치체제의 확립을 기한다"(강령)(「민주공화당 창당 선언문」 1963) 등의 표현들이다. 자유민주주의에 대한 박정희의 언급은 그 이후로도 이어졌는데, 가령 1968년 「북한 및 공산지역 동포에 보내는 메시지」에 "안으로 자유 민주주의의 기반을 굳히고"라는 표현이 등장한다(박정희 1968c).

자유민주주의에 대한 그의 정치적 담론은 크게 정당성에 관한 두 지평 위에서 해석될 수 있다. 첫째는 근대의 모든 정치권력이 자신의 정당성 창출과 유지의 이념적 기반 중 하나로 민주주의에 대한 호소를 벗어날 수 없는 것처럼, 박정희 또한 지속적으로 자유민주주의를 강조해왔다. 둘째, "반공으로서 자유민주주의"(이나미 2015, 30)라는 통찰력 있는 비유가 말해주고 있듯이, 이승만 정권 이래 냉전의 국제질서와 그 질서의 한국적 현실 속에서 자유민주주의는 공산주의의 실천적 대비어로 기능해왔고, 반공주의를 정권 정당성의 1차적 기제로 삼아온 박정희 정권에서 자유민주주의에 대한 끝없는 환기는 곧 반공주의의 상기를 통한 국민적 정당성 강화를 의미하는 일이었다.

박정희가 생각한 자유민주주의는 국민주권, 자유와 권리에 관한 기본권 등 민주주의의 근대적 이념 형식으로 구축된 언어였다. 그러나 그의 오랜 통치의 시간 속에서 그 자유민주주의는 일종의 공허한 언어 형식에 불과했다. 왜냐하면 그의 통치 기간 동안 그가 자유민주주의의 핵심적 원리로 간주한 이념과 가치들은 심각한 훼손 상태에 놓여 있었기 때문이다. 특히 1972년의 유신체제는 국민의 기본권 보장, 대통령 선출 방식과 임기, 대통령 권력의 범위, 입법부 구성 등에서 그야말로 자유민주주의 정치적 원칙에 대한 근원적인 부정이었다.

따라서 우리는 박정희 정권 속에서 자유민주주의의 실질적 내용은 오히려 그 이념적 경계의 바깥에서 만들어지고 유지되어 왔다고 말해야 한다. 박정희 정권은 반공주의를 필두로 조국 근대화와 민족중흥을 위한 이념으로서 발전주의와 국가주의를 국민들에게 유포하고 주입해왔다. 그리고 그 세 가지 통치 이념은 서로 분리될 수 없는 통합적 단일체로 기능해왔다. 그가 자신의 정치적 수사를 통해 반복적으로 표명해온 자유민주주의는 본질적으로 반공주의의 쌍생적 이념이었고, 발전주의의 이념적 외피였고, 국가주의와 동일시되는 이념이었다. 그렇게 보면 자유민주주의의 그와 같은 정치적 문법은 너무나도 모순된 것이 아닐 수 없었다.

왜냐하면 개인주의를 근간으로 하지 않을 수 없는 자유민주주의가 국가주의와 동의어가 되는 아이러니가 발생하고 있기 때문이다. 예컨대, 박정희는 1973년의 기자회견에서 "국민 한 사람 한 사람이 올바른 국가관을 확립하고 국가에 대한 의무, 책임, 봉사 정신이 투철할 때, 자유민주주의 제도는 비로소 꽃을 피우고 열매를 맺을 수 있다고 봅니다"(박정희 1973a)라고 말했다. 그에게서 자유민주주의의 본질적 가치로서 자유의 우선적 향유주체는 개인이 아니라 "그 개인이 속한 국가나 민족과 같은 '집단'(강정인 2014, 254)이었다.

그러한 사실에 비추어보면, 박정희가 국가권력을 장악한 이래 유신헌법을 통해 새로운 헌정체제를 만드는 정치적 시간 속에서 운동해온 자유민주주의는 근대의 보편적 이념사의 궤도가 아니라 한국의 역사적, 정치사회적 특수성을 반영하는 이념사 속에서 한국적 개념으로 확정되어 나갔다고 말할 수 있다. 그 '한국적' 자유민주주의는 박정희 정권의 이념적 정체성에 깊이 연결된 것이었지만, 적어도 반공주의 차원에서는 이승만 정권과의 연속선에서 이해되어야 한다. 이승만이 주창한 자유-민주에 내재된 본질적 의미가 반공이었던 것처럼, 박정희 정권의 자유민주주의 또한 반공주의의 의미를 공고히 해왔기 때문이다. 박정희는 자유민주주의의 이념적 한 축인 반공주의를 계승, 심화해나감과 동시에, 발전주의와 국가주의라는 새로운 이념적 축을 결합하면서 유신헌법을 통해 헌법적 이념으로서 자유민주주의를 탄생시켰다.

그런데 여기서 중요하게 고려해야 하는 사실은 그 자유민주주의라는 개념이 헌법 전문에 명문화되었다는 점이다. 아래 주장을 통해 헌법 전문의 위상을 생각해볼 수 있다.

헌법의 전문은 헌법 제·개정의 역사적 의의와 주체, 제·개정 과정, 헌법의 지도 이념과 기본 가치 등을 담고 있는 헌법의 머리말이자 중요한 구성 부분이다. 일반적으로 헌법 전문은 헌법 전체의 해석 지침이요 최상위의 헌법 규범이라고 일컬어진다. 헌법 본문과는 달리 법규범 형식으로 기술되어 있지 않은 전문이 '헌법 중의 헌법'으로 간주되는 까닭은 그것이 전체로서의 헌법이 갖는 규범적 효력의 절차적·실질적 근거를 확보할 뿐만 아니라 헌법의 기본 이념 내지 기본 원리를 천명하고 있기 때문이다(문지영 2019, 94).

이 입론이 말해주고 있듯이 헌법 전문에는 다른 무엇보다 국가의 역사적 정체성과 이념적 정체성이 명문화되어 있다는 점에서(성낙인 2011), 비록 조문 형식으로 구성되어 있지 않다고 하더라도 국가의 정체성에 관한 논쟁이 일어날 때 궁극적으로 의존해야 하는 최종 규범이라는 사실에 주목해야 한다. 나아가 헌법 조문의 실정법적 효력에 관한 대립적인 견해들이 존재하는 것이 사실이지만, 우리나라의 헌법 조문은 국가보안법과 같이 국가의 정체성에 관련된 법률의 위헌 여부를 판단할 때 헌법 본문 규정과 함께 근거 규범이 된다는 점에 주목할 필요가 있다(문광삼 1995, 137). 이러한 논리 위에 서게 되면, 헌법 조문에 어떤 이념적 개념이 포함되는가는 국가 정체성과 관련해 매우 중요한 규범적 쟁점이 아닐 수 없다. 그런 점에서 특정한 이념적 정체성을 담고 있는 개념을 조문에 삽입할 수 있는가의 여부는 예민한 정치적 논쟁이 되지 않을 수 없는 것이다.[8] 그런 맥락에서 이승만과 박정희의 정치적 연설 세계 안에서 운동해오던 자유와 민주라는 개념이, '자유민주적 기본질서'라는 헌법적

---

8   부마민주항쟁, 5·18 민주화운동, 6·10 민주화운동을 헌법 조문에 넣어야 하는가를 둘러싸고 벌어지고 있는 현재적 논쟁이 그 점을 잘 보여준다.

언어형식으로 유신 헌법의 조문 속에 최초로 포함되었다는 것은, 그리고 그 개념이 현재까지도 유지되고 있다는 것은 매우 중대한 성찰의 대상이 되지 않을 수 없어 보인다.

헌법 조문이라는 규범적 세계를 구성하는 이념과 가치들은 그것이 국가 정체성을 구현하고 있는 언어들이라는 점에서 공격될 수도, 부정될 수도 없는 영역으로 진입한다. 즉, 그러한 언어들이 국가의 이름으로 정치적 신성화의 영역으로 들어가게 된다는 말이다. 박정희 군부 세력이 5·16 쿠데타를 혁명으로 명명하면서 헌법 조문에 넣고자 했던 의지 또한 그러한 성화의 논리로 해석될 수 있다. 이제 정치적 수사의 세계를 떠나 헌법 조문이라는 신성한 세계에 안착한 개념 자유민주주의는 어느 누구도 훼손할 수 없는 성스러운 언어로 다시 태어나기에 이른다.

한국 현대사에 대한 보수주의적 해석의 주요한 인물 중의 한 사람인 김일영은 이른바 수정주의자들[9]과 386세대들의 현대사 관점에 반대하면서 그들에게서 "한국현대사는 반민중, 반민족, 반민주의 역사로서 오욕의 역사이고, 지우고 싶은 대상이며 다시 쓰고 싶은 대상이었다"(김일영 2010, 11)라고 비판했다. 그러한 비판적 관점에서 그는 그들이 한국 현대사의 '아버지 지우기'에 몰두하고 있다고 강조한다. "수정주의자들과 386세대는 아버지 지우기에만 너무 익숙한 것 같다. 그들은 아버지 죽이기에만 골몰하여 과거사 청산이라는 미명 아래, 우리 사회 구성원 전체를 살부계(殺父契)의 일원으로 만들고 있다"(김일영 2010, 11-12)는 것이다. 그의 책 제목이 『건국과 부국』이고 부제가 '이승만·박정희 시대의 재조명'이라는 사실은 그가 말하는 아버지가 바로 이승만과 박정희라는 것을

---

[9] 그가 말하는 수정주의자란 분단과 한국전쟁의 책임을 북한과 소련에게 지워왔던 전통주의자의 반대편에서 미국과 남한에게 더 많은 책임을 부과하려는 관점을 따르는 이들이다(김일영 2010, 10-11).

인식하게 한다. 그렇다면, 그러니까 부끄러운 존재라서 지워야 한다는 논리에 맞선다면, 자랑스러워서 드러내야 하는 존재라는 주장으로 나아가게 될 것이다. 이승만과 박정희는 오욕의 존재가 아니라 나라를 세우고 나라를 부강하게 한 영웅이 된다. 박찬표는 한국 보수주의의 아버지 관점을 아래와 같이 해석하고 있다.

> 건국의 아버지 이승만에게는 냉전과 열전(한국전쟁)의 위협 속에서 대한민국이라는 국가를 세우고 지키는 과제가 주어졌고, 박정희에게는 이를 바탕으로 경제성장을 이루는 과제가 주어졌으며, 민주화의 과제는 그 이후 세대의 몫이 된다(박찬표 2008, 62).

송복이 산업화의 실천을 강조하면서 박정희를 "자유민주주의의 기초를 다진" 인물로 평가한 것도(송복 2002) 그러한 정치적 관점과 무관해 보이지 않는다. 한국의 보수 세력에게서 유신 헌법에서부터 조문에 포함된 자유민주주의는 그러한 역사의 의지와 열정을 담고 있는 언어다. 해방 이후 제주도와 남도에서 벌어진 내전과 한국전쟁이라는 위기를 돌파하면서 대한민국을 수호한, 조국 근대화라는 시대적 과제를 마주하면서 대한민국의 경제와 사회와 문화와 교육을 성장시키고 발전시켜온, 민족중흥이라는 '위대한' 목표를 위해 스스로 헌신과 희생의 덕성을 실천해온 두 국가적 영웅의 삶과 철학과 통치가 고스란히 담겨 있는 언어다.

그러한 정치인식론에서 박정희가 주창한 언어적 호명인 국민, 반공에 대한 이념적 소명 의식과 조국 근대화를 위해 근면의 덕성으로 채워진 국민은 그 두 영웅의 덕성과 동일시되는 것이며, 그 두 영웅과 국민은 자유민주주의라는 유토피아 속에서 정치적 단일체로 융화된다. 그러므로 한국의 보수는 그 자유민주주의를 자신들의 역사적·이념적·정치적 토템으로 인정하고 숭배하지 않을 수 없다.

*

　　두 권위주의 체제에서 성립된 이념 세계와 그 세계를 표상하는 헌법적 언어들은 본질적으로 1980년대 정치권력에 그대로 계승되었다. 또 다른 군부 권위주의 체제는 두 전임 정권이 조형한 국가적 독트린의 반경을 크게 벗어나지 않았다. 반공주의를 기초로 새마을운동 정신을 이어받았고, 국가주의의 개념 속에서 국민을 바라보았다.

　　1960년대 4·19로부터 1987년 6월에 이르는 기나긴 정치적 시간은 권위주의 정치권력의 그와 같은 이념적 지평에 대한 도전으로 점철되어 왔다. 자유민주주의에 내재된 모순을 고발하면서 그 이념의 모순성을 해결하고자 했고, 반공주의의 굴레 속에서 국가와 공동체의 일원으로만 규정되어 오던 국민을 진정한 주체로 다시 태어나게 만들려는 거대한 실천의 시간이었다.

제6장
반정부운동, 이승만·박정희 체제의 신성한 언어에 대한 도전

1. 민주화운동과 자유민주주의:
   공허한 형식에서 실질적 이념을 향해

　1956년 5월 15일에 개최된 정·부통령 선거는 여당인 자유당에게 많은 정치적 고민을 던져주었다. 대통령으로는 이승만이 당선되었지만 그렇게 만족스럽지 못한 결과였다. 당시 야당 민주당의 대통령 후보로 신익희가, 진보당창당추진위원회는 조봉암 후보가, 부통령 후보로는 각각 장면과 박기출이 출마했다. 두 정당은 선거에서 승리하기 위해 후보 단일화를 추진했지만 선거운동과정에서 민주당의 신익희 후보가 사망하면서 조봉암이 실질적으로 야권 단일후보가 되었고, 박기출이 후보를 사퇴해 장면이 부통령 단일후보가 되었다. 하지만 민주당은 조봉암으로의 후보 단일화를 인정하지 않고 사망한 신익희를 지지하는 의미로 무효표 운동을 전개했다. 이승만이 5,046,437표를 얻어 당선되었지만 조봉암이 얻은 2,163,808표와 무효 1,856,818표를 합치면 자유당은 결코 안정적인 승리를 확보하지 못한 것이다. 특히 엄청난 규모의 무효표는 결코 무시할 수 없는 반정부 여론으로 해석될 수도 있었다. 여기에 민주당의 장면이 자유당의 이기붕을 누르고(4,012,654표/3,805,502표) 부통령으로 당선된 것도 정부-여당으로선 상당한 충격이 아닐 수 없었다. 부통령 선거 결과에 비추어보면, 이승만의 승리는 결코 자연스러운 것으로 평가될 수 없었다. 부정선거의 의혹이 짙게 드리운 선거였다. 정·부통령 선거에 이어 1958년 5월에 치러진 제4대 국회의원 선거 결과 또한 자유당의 정치적 고민을 가중시켰다. 자유당은 전체 233석 중 126석을 확보했지만 권력 연장을 안정적으로 뒷받침할 개헌 가능 의석을 확보하지 못했을 뿐만 아니라, 서울의 16개 지역구 중 단 한 곳에서만 당선되는 참패를 기록했다.

자유당 정부는 이와 같은 정치적 구도로는 권력 재생산이 어려울 수 있다는 판단 하에 일찌감치 선거 승리를 위한 불법적 기획을 구상하기 시작했다. 우선, 1958년 1월에 시작된 조봉암과 진보당에 대한 정치적 탄압을 이야기할 수 있다. 정부는 지난 대통령 선거를 계기로 주요 경쟁 세력으로 떠오른 조봉암과 진보당의 노선 평화통일론이 북한의 노선과 서로 통한다는 논리를 내세워 국가보안법 위반혐의로 몰아 결국 조봉암을 사형에 처하고 진보당을 해산해버렸다. 또한 정부는 국가보안법과 지방자치법을 개정함으로써 다가올 선거에서 정부여당에 유리한 국면을 만들어내려 했다. 자유당은 1958년 12월 24일, 폭력적 방법으로 국가보안법 개정안과 지방자치법 개정안을 통과시켰다. 법률의 적용대상과 이적 행위 개념을 확대하고, 군인과 공무원의 반항·선동행위 처벌규정과 헌법상 기관의 명예훼손행위에 대한 처벌규정을 신설하고, 군정보기관의 간첩수사에 대한 법적 근거를 마련했으며, 국가보안법 범법자에 대한 취임사격 박딜 대싱에 교육기관과 보도기관 추가 등을 주요 내용으로 하는 국가보안법 개정안을 통과시켰다. 향후 정·부통령 선거에서 공무원의 정치적 동원을 가능하게 하고, 정부에 불리한 언론 활동을 원천적으로 봉쇄하려는 목적이었다. 또한 통과된 지방자치법 개정안은 시, 읍, 면장 선출의 임명제로의 개정을 통해 관건 선거의 법률적·제도적 토대를 확립했다(박호성 2002, 55-56). 한편, 지난 정·부통령 선거에서 야당을 지지하는 신문들이 반정부 여론 형성에 결정적인 역할을 했다는 판단 하에 정부는 주요 신문들의 탄압을 시도했다. 대표적으로, 1959년 4월 30일에 이루어진, 민주당 장면을 지지하는 경향신문을 5개 기사를 핑계 삼아 폐간했는데, 이와 관련해 "폐간 절차는 상식을 넘어선 것"으로, "이러한 파행적 폐간절차를 볼 때 경향신문 폐간의 목적은 결국 3·15 부정선거를 위한 정지작업으로 봐야 할 것이다"(한국언론연구원 1991, 51-52)라는 후대의 평가를 만난다.

이처럼 치밀한 사전 정지 작업 위에서 1960년 3월 15일 정·부통령 선거가 개최되었다. 내무부를 중심으로 광범위한 행정 단위 속에서 부정선거 기획이 조직적으로 준비되고 실시되었으며, 극우청년세력들을 동원한 야당의 선거운동 방해가 빈번하게 일어났다. 이승만이 88.7%의 득표로, 이기붕이 79%의 득표로 각각 대통령, 부통령에 당선되었지만, 민주당은 선거무효를 선언했다. 민주당 마산시당과 경남도당의 선거무효 선언이 발표되면서 마산에서 선거부정을 규탄하는 시위가 벌어졌다. 다른 도시에서도 민주당을 중심으로 선거무효 시위가 이어졌다. 4월 11일, 고등학생이었던 김주열의 처참한 시신이 마산 앞바다에 떠오르자 마산 시민들의 분노가 걷잡을 수 없는 수준으로 상승했고, 그 사건 소식이 빠르게 퍼져나가면서 반정부 시위가 전국으로 확대되어 나갔다.

시위는 선거부정을 넘어 독재정권에 대한 항의로 신속하게 전환되었다. 4월 18일 고려대학교 학생들의 시위를 필두로 4월 19일에는 서울 시민과 학생 20만여 명이 모여 반정부시위를 이어나갔다. 방송국, 경찰서 등에 불을 지르는 등 시위가 과격해지면서 정부는 물리력 동원과 계엄령 선포로 맞섰다. 하지만 시민과 학생의 시위는 한층 더 확산, 과격해졌다. 시위대는 경무대와 이기붕의 집으로 향했다. 공권력이 이들을 막아보려 했으나 역부족이었다. 급기야 경찰의 발포로 엄청난 수의 사상자가 발생했다. 이러한 상황에 분노한 전국의 교수들이 대통령의 하야와 정·부통령 선거 재실시를 요구하면서 시위에 가담했다. 결국 4월 26일 이승만이 하야성명을 발표했다. 국민이 원하면 대통령직을 사임하고, 3·15 정·부통령 선거에서 많은 부정이 있었으니 재선거를 실시하며, 이기붕 의장은 모든 공직에서 물러날 것이고, 국민이 원하면 내각책임제 개헌을 하겠다는 내용의 성명이었다(지병문 외 2014, 110-112).

이승만의 하야, 부정선거 관계자 처벌, 내각책임제 개헌과 새로운 정부 구성으로 이어지는, 3·15 의거, 4·19혁명으로 일컫는 일련의 민주화과정은 무엇보다 3·15 부정선거가 그 직접적인 원인이었지만 그 근본적인 원인은 보다 더 먼 곳에서 찾아야 한다. 문지영의 관점을 따른다면, 아마도 1952년도의 이른바 '부산정치파동'에서 그 최초의 집단적 문제의식과 계기를 만날 수 있을 것이다.

> 이렇게 볼 때 이승만 정권 하에서 민주화 운동의 시발은 1952년이라는 시점과 깊은 관련이 있다고 말할 수 있다. 이른바 '부산정치파동'과 제1차 헌법개정과정을 통해 이승만 정권의 반민주성이 더는 숨길 수 없이 드러나 버렸고, 이는 곧 민주화 요구의 계기로 작용하기에 충분했다(문지영 2009, 141).

이승만 대통령은 전시 수도인 부산에서 대통령 선거제를 의회 간선제에서 국민 직선제로, 국회를 단원제에서 양원제로 바꾸는 개헌을 시도했다. 국회의 지지가 약화되고 있던 상황에서 자신의 재선 가능성을 높이기 위한 선택이었다. 최초에는 국회의 압도적인 다수(찬성 19, 반대 143, 기권 1)로 부결되었다. 하지만 권력은 극우단체들을 동원해 개헌안에 반대하는 국회의원들을 협박하고, 정국혼란을 이유로 부산시 등에 비상계엄을 선포하는 방식으로 대응했다. 이러한 상황에서 정권은 정부와 국회의 대립을 푼다는 명분으로 정부 개헌안과 국회 개헌안을 절충해 필요한 개헌안만을 발췌한 이른바 '발췌개헌안'을 발의했다. 1952년 7월 4일, 경찰이 의사당을 포위한 상태에서 개헌안이 통과되었다(지병문 외 2014, 90-91).

절차적 민주주의를 부정하는 독재 권력의 행태는 그 뒤에도 이어졌다. 이승만 대통령은 1952년 8월의 대통령 선거에서 74%의 유권자 지지를 받아 조봉암을 누르고 재선되었다. 당시의 헌법은 대통령 임기에 관해 "대통령과 부통령의 임기는 4년으로 한다. 단, 재선에 의하여 1차 중임할 수 있다"(제55조 1항)로 규정했다. 1954년의 국회의원 선거에서 제1당이 된 자유당은 1차 중임이라는 헌법적 규정을 고쳐 이승만 장기집권의 길을 확고히 하고자 했다. 1954년 9월 6일 초대 대통령의 중임 제한 철폐를 골자로 하는 개헌안이 제출되었다. 앞서 살펴본 것처럼, 과반수를 136명이 아니라 135명으로 계산한 이른바 '4사5입'이라는 '비논리적 논리'로 개헌안을 통과시켰다(지병문 외 2014, 92-93).

1956년의 정·부통령 선거결과는 이처럼 헌정주의와 법치주의와 절차적 민주주의를 준수하지 않는 권력의 행태에 대한 근본적 문제제기였고, 3·15 부정선거에 대한 시민적 저항은 정권의 권위주의 통치에 대한 근원적 비판이었다. 관련해 아래와 같은 정치학적 평가를 만날 수 있다.

두 차례의 개정을 통해 이승만 정권은 헌법의 권위를 결정적으로 약화시키면서 대통령의 권력이 헌법의 규범력에 앞서는 것이 되게 만들었다. 게다가 인민주권 원리의 구현 기제인 선거에서 부정과 불법이 자행되고 자유주의적 권력 행사의 원리인 삼권분립 원칙이 무시되는 등 자유민주주의의 형식이 흔들리자 국민 개개인의 자유와 권리 실현이라는 자유민주주의의 내용 또한 위협받지 않을 수 없었다. 잘 알려져 있다시피 제1공화국 기간 동안 헌법상 보장된 국민의 자유와 권리는 정권의 유지, 강화를 위해 수시로 침해되었다(문지영 2011, 106).

이렇게 보면, 3·15 부정선거에 대한 시민적 저항은 보다 근본적인 차원에서 해석되어야 할 것으로 보인다. 앞서 살펴본 것처럼, 이승만 정권은 일민주의와 반공주의에 입각한 통치를 지속해왔다. 국민은 혈연적·신화적 동일성과 동질성 위에서 살아가는 단일한 민족적 성원으로, 38선 이북의 공산주의 체제에 맞서 자유민주주의 체제를 수호해야 하는 선명한 이데올로기적 존재로 규정되어 왔다. 이승만 정권은 자유민주주의를 표방했지만, 그것은 실질적으로는 아무런 내용을 담고 있지 못한 공허한 언어적 형식이고 수사였다(송병헌 외 2004, 96). 집권 이후 반복되어온 정권의 반헌정주의와 반민주주의에서 잘 드러난다.

그 속에서 근대적 권리 주체로서 국민의 가능성은 원천적으로 봉쇄되어야 했다. 3·15 마산의거와 4·19혁명에서 발표된 성명서와 선언문의 본질은 그러한 문제의식에 연결되어 있었다. 각종 선언문과 성명서들에서 이승만 정권은 "민주와 자유를 위장한 전체주의", "민주주의를 위장한 백색 전제"로 규정되었고 반이승만 정권 투쟁은 "짓밟힌 민주주의", "주권재민 원리의 파기"에 대한 정당한 분노의 표출 행위로 간주되었다(문지영 2009, 142). 「구속히거든 배만 하두 모두를」이라는 제목으로 뿌려진 마산의거에서의 호소문에는 "국민이여, 잠을 깨라! 우리는 국가의 주인이다. 주인이 가져야 할 열쇠들을 우리에게 고용당한 하인에게 하나하나 빼앗기고 했다"(김삼웅 1984, 16)라는 주장이 담겨 있는 바, 정치적 주체에 대한 자각이 드러나고 있다. 또한 연세대학교 학생회의 4·19 선언문에서 "집회, 언론, 결사의 자유가 엄연히 보장되어야 함은 물론, 국민에 의해서 선출된 정부와 입법부는 국민의 의사를 존중하여 전 국민을 위한 정부가 되어야 하는 것"이며, "헌법 전문에 기록된바 사회적 폐습을 타파하고 진정한 민주주의 대한민국을 건설해야 하는 것"(김삼웅 1984, 18)이라는 표현을 볼 수 있는데, 자유민주주의의 근본적 원칙을 제시하면서 그에 대한 정치적 실천의 주체로서 국민을 규정하고 있다. 4·19혁명에 참여한 서울대학교 학생회의 선언문 「자유의 종을 난타하는 타수의 일익을」에서는 "보라! 우리는 기쁨에 넘쳐 자유의 햇불을 울린다. 보라! 우리는 캄캄한 밤의 침묵에 자유, 자유의 종을 난타하는 타수의 일원임을 자랑한다"(김삼웅 1984, 20)는 국민적 주체 선언이 표명되고 있다. 또한 대학교수단의 시국 선언문에서는 "주권을 빼앗긴 국민의 울분을 대신하여 궐기한 학생"(김삼웅 1984, 20)이라는 표현을 통해 근대적인 주권자로서 국민의 존재를 선언해마지 않았다.

    4월 혁명에서 분출된 정치의식은 명백히 근대적인 것이었다. 우리는 그 정치적 근대성을 두 가지 차원에서 이야기할 수 있다. 첫째, 그들의 발언에는 종족적 동일성에 사로잡혀 있고 국가적 독트린에 종속되어 있는 객체들이 아니라 근대적 권리를 보유하고 있고 민주주의 가치 실현을 지향하는 주체로서 국민의 관념이 생성되고 있었다. 말하자면 일민주의 이념에 갇힌 전근대적 국민의 형식을 권리의 진정한 주체를 의미하는 국민으로 다시 세우려는 의지의 소산이다. 그리하여 이승만 정권에 맞서 싸운 학생과 시민들은 정권이 시도한 국민 규정을 넘어 국민을 근대적 가치들을 소망하고 실현하려는 정치적 주체로 새롭게 등장시킨다. 둘째,

그들은 이승만 정권이 외친 자유와 민주의 허구성을 폭로하고 그것의 참된 근대성을 회복하고자 했다. 이승만 정권은 자유와 민주라는 개념을 주창했지만 그것은 지속적으로 자행된 반헌정주의·반민주주의 행태로 말미암아 무의미해졌다. 그것의 정치적 본질은 반공주의 실천에 다름 아니었다. 그리하여 학생과 시민들은 정권이 내세운 자유민주주의의 공허한 형식에 그 실질적 내용을 채우려 했다.

이승만 정치권력에 대한 저항과 그에 이어진 일련의 민주화과정 속에서 형성되기 시작한 자유민주주의와 그 주체로서 근대적 국민의 경험은 불행히도 박정희 군사정권에 의해 근원적으로 억압되었다. 쿠데타로 집권해 정당성을 결여하고 있던 박정희 정권은 "경제발전을 통한 부국강병의 구현을 유일한 정치적 정당성의 근거로 활용할 수밖에 없었"(박광주 1992, 241)는데, 군사정부가 1961년 7월, 1차 5개년 경제개발계획을 수립한 것을 그러한 차원에서 이해한다. 하지만 이는 미국의 협조를 끌어낼 수 없었기 때문에 실현 가능하지 않았다(한배호 1993, 166). 군사정부에게 일본은 그 현실적 대안이었다. 일본과의 국교정상화를 대가로 경제발전자금을 확보한다는 계획은 아시아에서 반공주의를 유지하고 강화하는 데 한국과 일본의 관계 정상화가 매우 중요하다는 미국의 전략적 판단에 호응할만한 것이었다(한배호 1993, 200). 1961년 가을부터 군사정부와 일본의 접촉이 활발해졌다. 1963년 말과 1964년 초 사이, 군사정부를 지나 제3공화국으로의 이행을 마무리한 한국은 일본과의 국교정상화를 위한 협상을 빠르게 진행했다.

그런데 1964년 3월, 한일 국교정상화 움직임과 협상의 주요 내용들이 언론에 보도되면서 학생시위가 본격화되었다. 굴욕적인 국교정상화로 판단한 학생들의 반대시위가 점차적으로 확대되었고 격화되었다. 1964년 6월 3일 정부는 서울에 비상계엄을 선포하고 주요 대학에 휴교령을 내리는 강경책으로 대응했다. '6·3 사태'다. 학생들의 저항이 계속되고, 교수, 종교인, 문인 등이 투쟁에 참여하며 반정부운동이 규모를 확대해갔지만 정부는 이듬해 6월 22일 한일국교정상화를 조인했고, 8월 14일 국회 비준안이 통과되었다.

강경한 방식으로 정치적 반대를 돌파해가면서 한일국교정상화를 완료한 경험은 이후 정부가 반대세력에 대한 "권위주의적 대응"을 정당한 방식, 효과적 방식으로 인식하게 하는데 결정적인 역할을 수행했다(한배호 1993, 210). 하지만 반정부세력에게 그 경험은 민족주의 차원은 물론, 민주주의 차원에서 박정희 정권의 정당성을 문제 삼게 되는 최초의 계기가 되었다. 국가의 미래를 결정할 중대할 외교적 사안을 국민들의 동의를 구하지 않고 추진한 것은 국민주권이라는 민주주의 원칙에 위배되는 것이었고, 그에 대한 국민들의 비판과 반대를 물리력으로 봉쇄하고 억압한 것은 민주주의의 핵심적 원칙인 정치적 자유에 대한 근본적 부정이었다. 한일 굴욕회담 반대 학생총연합회 이름의 성명서(「민족적 민주주의를 장례한다」)는 4월 혁명을 "민족민주의 참된 길로 나가기 위한 도정"으로 해석하면서 한일국교정상화를 위한 정부의 행태를 "민족·민주 이념에 대한 정면의 도전"으로 비판했다. 한일 굴욕외교 반대 범국민투위가 발표한 성명서(「한일 매국조인 규탄 민중성토대회 결의문」)는 한일국교 정상화에 대한 국민의 반대가 "정당한 반대"임을 강조했다. 그 정당성이란 주권자로서의 국민이라는 민주주의적 원리에 토대하고 있는 것이었다. 같은 맥락에서 정부를 비판한 또 하나의 성명서를 만날 수 있는데, 재경 대학 교수단의 「굴욕외교 명분 하나도 없다」라는 제목의 성명서다. 교수단은 정부의 결정에 대한 반대를 민주주의의 근간인 국민주권으로 옹호했다. "대한민국의 주권자는 엄연히 국민이다. 국민은 정부의 정책을 언제나 자유로이 비판하는 권리를 가진다"(김삼웅 1984, 41-51)는 논리다.

제3공화국 헌법은 대통령의 임기를 4년으로, 1차에 한해 중임할 수 있도록 규정했다. 그것은 곧 1963년과 67년에 대통령으로 당선된 박정희가 더 이상 대통령에 입후보할 수 없음을 의미한다. 박정희는 1969년 1월의 연두기자회견에서 개헌 수용을 뜻하는 발언을 했다. 이에 여당인 민주공화당과 야당인 신민당의 반발을 가져왔지만 박정희와 그를 지지하는 세력은 당내 반발세력을 효과적으로 제압한 뒤에 3선 금지 조항을 삭제하는 개헌작업을 시작했다. 신민당의 필사적인 저지 노력이 전개되었지만 민주공화당은 비밀스럽게 회의실을 옮기는 수법으로 개헌안을 반대표 없이 단독 통과시켰다(지병문 외 2014, 178-180). 국민적 의사를 존중하지 않고 독단적으로 밀어붙인 한일국교정상화와 절차적 민주주의 원리를 무너뜨리면서 대통령 권력의 연장을 꾀하려 한 개헌 스캔들은 익히 이승만 정권이 보여준 반민주주의 행태와 크게 다르지 않았다.

  이제 반정부세력은 민주주의 이름으로 박정희 정권에 대한 전면적 공격을 시작했다. '3선 개헌 반대 투쟁'이다. 3선 개헌 반대 범국민 투쟁위원회가 발표한 「역사 앞에 선언한다」라는 제목의 성명서에는 민주주의에 대한 명확한 가치인식이 드러나고 있다.

> 우리는 이제 3선 개헌을 강행하여 자유민주에의 반역을 기도하는 어떤 명분이나 위장된 강변에도 현혹됨이 없이 헌정 20년간 모든 호헌 세력들의 공통된 신념과 결단 위에서 전 국민의 힘을 뭉쳐 단호히 이에 대처하려 한다. 집권자에 의해서 자유민주에의 기대가 끝내 배신당할 때, 조국을 수호하려는 전 국민은 요원의 불길처럼 봉기할 것이다(김삼웅 1984, 82).

  사유와 민주로 호명되는 민주주의는 '전 국민'의 봉기로 수호되어야 할 가치로 천명되고 있다. 1969년 12월에 정쟁법 해금인사 일동이 발표한「민주정치세력의 대동단결의 길」은 3선 개헌을 "일인 독재체제의 완성"으로 규정하면서 그에 대한 투쟁을 "민주주의를 기어코 구축, 소생"시키기 위한 길로 해석했다. 그리하여 "국민 대중이 주권자"로 "나라의 일에 고루 참여하는 기회를" 갖는 "진정한 민주주의"를 꽃피울 것을 주창하고 있다(김삼웅 1984, 116-117).

1971년의 대통령 선거에서 야당 후보에게 가까스로 승리한 박정희는 이듬해 10월, 3공화국 헌법 일부를 중지하는 비상사태를 선언한 뒤 새로운 헌법(유신헌법)을 제정했다. 정권은 국제정세의 위기와 통일의 명분을 내세웠지만, 그것은 본질적으로 영구 집권과 제왕적 대통령제 구현이라는 정치적 목표를 위한 쿠데타였다. 서론에서 살펴본 것처럼, 유신헌법은 대통령 임기제한 규정을 철폐하고, 국민 직선제가 아니라 공권력의 개입이 가능한 간선제로 변경함으로써 그 길을 향한 제도적 장치를 완성했다. 나아가 유신헌법은 의회마저 대통령에 종속되는 제도로 변경하고, 의회의 행정부 견제권한을 대폭 축소해버렸다. 가장 심각한 문제 중의 하나는 대통령에게 긴급조치권을 부여함으로써 반정부 세력들에 대한 자의적 탄압을 가능하게 한 것이다. 민주주의의 총체적 부정이라고 말하지 않을 수 없다.

그 어떠한 정치적 반대의 목소리도 낼 수 없는 폭압적 상태에서 최초로 서울대 학생들이 1973년 10월 2일, 「양심의 명령에 분연히 일어서라」라는 제목의 선언문을 발표하면서 반정부 시위의 닫힌 문을 열었다. "이 땅에 정의, 자유, 그리고 진리를 기어이 실현하려는 역사적인 민주투쟁의 봉화"(김삼웅 1984, 167)가 올라간 뒤, 전국적으로 학생, 언론인, 종교인, 지식인, 문인 등의 목소리가 분출했다. 그들은 모두 민주주의의 회복을 이야기했다. 언론인들은 "언론의 자유가 민주주의의 대전제"(김삼웅 1984, 169)임을, 종교인들은 "국민 대중의 생존권과 기본권이 민주제도를 역행하는 정치적 권력행사로 말미암아 유린당하고 압살되는" 현실을 고발하면서 "민주제도가 국가공동체의 가장 적절한 정치제도"(김삼웅, 1984, 187-188)임을, 학생들은 유신체제가 "유린당한 민주주의의 표본"임을, 지식인들은 "양심의 자유와 표현의 자유를 포함한 국민의 기본적 인권의 제도적 보장"(김삼웅 1984, 173-174)을 소리 높여 외쳤다. 민주주의를 향한 그들의 주장들은 하나로 모여 1974년 11월 27일, 반정부 인사들이 중심이 된 '민주회복국민회의'의 결성을 이끌었다. 이듬해 3월 1일, 민주회복국민회의는 「민주국민헌장」을 발표했다.

> 국민이 언론과 신앙의 자유를 누리고 공포와 불신, 결핍으로부터 해방된 민주사회의 건설이 우리의 나아갈 길이다. […] 민주주의의 확립과 신장은 우리에게 주어진 사명이다. 우리는 민주주의의 실현만이 국민의 연대와 발전을 이룩하는 길이요, 국제사회에서 국가의 위신을 높이고 인류의 진보에 이바지하는 길이며, 갈라진 민족이 다시 평화로운 통일에 이를 수 있는 길임을 확신한다(김삼웅 1984, 260).

이승만 정권에 대한 국민적 저항이 그러했듯이, 박정희 정권에 대한 국민적 투쟁의 대의 역시 근본적으로 자유민주주의 선언이었다. 그것은 국민주권, 국민적 기본권, 자유권의 회복을 통해 민주주의 사회를 수립한다는 선언이었다. 이승만 정권의 정치적 모순의 본질이 자유민주주의를 부르짖으면서 그것과 정반대되는 통치 행태를 보였다는 데 있는 것처럼, 박정희 정권 또한 자유민주주의를 헌법 조문으로 명문화해 국가의 공식적 정체성으로 확립하면서도 반헌정주의를 필두로 자유민주주의의 원칙들을 파괴하면서 통치를 이어나갔다. 바로 그러한 이유로 인해 반정부세력들은 자유민주주의의 언어적 형식과 실질적 내용을 일치시켜야 한다는 주장을 줄기차게 외친 것이다. 그러한 정치적 요구에는 두 권위주의 정권이 창조해낸 '국민', 즉 반공주의, 일민주의, 발전주의, 국가주의의 덕성체로 길러진 국민을 자유민주주의의 가치들을 체현한 근대적 주체로 다시 태어나게 해야 한다는 집단적 소망이 내재되어 있었다.

 1979년에 급작스럽게 발생한 박정희의 죽음과 그로 인해 열린 '서울의 봄'은 국민들에게 자유민주주의의 실현이라는 오랜 꿈의 가능성을 열어주었다. 하지만 1980년에 발생한 또 한 번의 군사쿠데타로 인해 그 가능성은 뒤로 미루어져야 했다. 전두환 군부체제에 대한 기나긴 정치적 저항의 끝에서 반정부세력은 1987년 5월, '민주헌법쟁취국민운동본부'를 결성하고 그 위에서 개헌운동의 공식적 출발을 알렸다. 국민운동본부는 결성선언문을 통해 개헌의 역사적 의미, 민주주의적 함의를 명확히 했다.

> 개헌은 단순히 헌법상의 조문 개정을 뛰어넘어 유신 이래 빼앗겨 온 정치, 경제, 사회, 문화 등 모든 영역에서 기본 권리를 확보하기 위함이며, 이를 위해 무엇보다도 정부 선택권을 되찾음으로써 실로 안으로 국민 다수의 의사를 실행하고 밖으로 민족의 이익을 수호할 수 있는 정통성 있는 민주 정부의 수립을 가능케 함을 의미한다. 또한 개헌은 응어리진 국민적 한과 울분을 새로운 단결과 화해, 역사 발전의 원동력으로 승화시킬 수 있는 그 무엇과도 바꿀 수 없는 민주화를 위한 출발점이며 절대 명제임을 밝히는 바이다(6월항쟁10주년사업범국민추진위원회 1997, 212).

 개헌운동의 핵심은 대통령 선출 방식을 유신체제 이전의 직선제로 되돌리는 데 있었다. 아마도 그것은 국민주권이라는 자유민주주의의 핵심적 원리를 떠받치는 가장 기본적인 제도적 형식일 것이다. 특히 유신체제와 전두환 군부권력 아래에서의 국민주권의 체계적 왜곡은 간선제의 오랜 경험으로부터 유래하는 역사적 명제가 아닐 수 없다.

주지하는 것처럼 1980년대 전두환 체제의 기원적·과정적 폭력성은 학생, 시민, 노동자들이 자유민주주의의 회복 또는 실질화를 넘어 보다 근본적인 변혁의 논리로 나아가게 했다. 하지만 1987년에 접어들면서 결국 반정부운동의 전략적 구호는 국민주권의 실현이라는 자유민주주의의 근간적 원리를 주장하는 것으로 수렴되었다. 전두환 정권은 '6·29선언'에서 해법을 찾았다. 자유민주주의의 중대한 원리들의 제도화와 실천에 대한 불가피한 약속이었다. 그것은 대통령 직선제 개헌과 관련 법률의 개정을 통한, 주권자의 정치적 의사가 왜곡되지 않은 선거제도로의 이행, 국민의 기본적 인권 강화, 언론 자유의 실현 등, 자유민주주의의 근원적 원리 실현에 대한 공개적 선언이었다. 1987년 6월을 한국 민주화의 원년으로 삼는 사회적 공감대는 그러한 차원에 자리한다. 이제 언어형식으로만 머물러 있던 국민과 자유민주주의 개념에서 일정한 변화가 일어나기 시작했다.

2. 노동운동의 전개: 근로자가 아니라 노동자로

1970년 11월 13일 오후 2시경, 서울 을지로의 평화시장 앞길에서 재단사 전태일이 몸에 휘발유를 끼얹고 분신자살을 시도했다. 그는 곧바로 병원으로 옮겨졌으나 오후 10시경 사망했다. 전태일은 기업주를 향해 근로기준법을 준수할 것, 어린이들의 과도한 노동에 대해 당국이 관심을 갖고 시정해줄 것을 요구했다(「경향신문」, 1970.11.14).

전태일의 분신은 한국 노동운동사에서 매우 중대한 결과를 만들어냈는데, 무엇보다 1960년대 초반부터 조국 근대화라는 목표 아래 국민들을 국가와 공동체를 위해 헌신하고 희생하는 존재로 규정하고 그들에게 지속적으로 유포해온, 근로자라는 국가적 이데올로기에 대한 근본적 문제 제기가 시작되었다는 점이다. 분신을 통한 노동자의 권리 쟁취를 결심하기 이전부터 전태일은 많은 노력을 실천해왔다. 예컨대 그는 1969년 12월에 대통령에게 편지를 보내 노동자, 특히 아동 노동자들의 열악한 노동조건을 문제 삼았고 개선을 요구했다.

> 저는 여기에서 각하께 간구하지 않을 수 없습니다. 저 착하디착하고 깨끗한 동심들을 좀 더 상하기 전에 보호하십시오. 근로기준법에선 동심들의 보호를 성문화하였지만 왜 지키지를 못합니까? 발전도상국에 있는 국가들의 공통된 형태이겠지만 이 동심들이 자라면 사회는 과연 어떻게 되겠습니까? 근로기준법이란 우리나라의 법인 것을 잘 압니다. 우리들의 현실에 적당하게 만든 것이 곧 우리 법입니다(전태일 1969).

1960년대 초반, 경제 근대화를 향한 출발점에서 박정희가 노동이 아니라 근로의 개념, 노동자가 아니라 근로자를 사용한 것은 정치사회적 주체가 아니라 국가적 목표를 향해 자신의 의무를 수행하는 도덕적 국민의 모습을 근로와 근로자의 개념 속에 투사한 것으로 보인다. 박정희는 제5대 대통령 취임사에서 "우리는 우리가 세운 목표를 향하여 인내와 자중으로 성실하고 근면하게 살아 나가는 근로정신의 소박한 생활인으로 돌아가 항상 성급한 기대의 후면에는 허무한 낙망이 상접함을 명심하고, 착실한 성장을 꾀하는 경제국민이 되어야 하겠습니다"(박정희 1963a)라고 말했다.

제헌헌법으로부터 제6공화국 헌법에 이르기까지 대한민국 헌법에는 근로의 개념은 존재하지만 노동의 개념은 존재하지 않는다. 하지만 그렇다고 해서 모든 헌법에서 근로라는 언어가 동일한 의미를 유지해왔다고 말할 수는 없다. 근로라는 언어에 대한 해석과 관련해서는 두 가지 대비적 의미를 만날 수 있다. 강희원은 헌법 속 근로와 근로자 개념을 고찰하면서 "제헌헌법의 입안자는 제헌헌법에서 '노동'과 '노동자'라는 표현을 선택하지 않고 왜 '근로'와 '근로자'라는 말을 선택했을까?"라고 질문하고 있다. 제헌헌법부터 제2공화국 헌법에 이르기까지 제17조에서는 근로의 개념을, 제18조에서는 근로자의 개념을 발견한다. 강희원은 제헌헌법에 구현된 경제관념은 "자본주의도, 사회주의도 아닌 이른바 '제3의 길'이라는 상당히 독특한 경제 민주주의"와 연관되어 있다고 볼 수 있으며, 그 점에서 근로는 "국민 각자가 자신의 주체적이고 능동적인 노력에 의해 자력갱생하는 자주·협동적인 경제"라는 의미에 연결된 것으로 해석하고 있다. 또한 헌법 제18조의 근로자에 대해서는 "기업에 노동력을 제공하는 종속노동자뿐만 아니라, 자신의 노동력에 의해 생계를 꾸려가는 자영농민과 자영상공인도 포함"되는 것으로 해석하고 있다(강희원 2021, 38-40).

그런데 박정희 군사정권 이후 제3공화국 헌법에서부터는 근로 개념에서의 주목할 만한 변화를 만날 수 있는데, 근로의 권리와 의무를 과거와는 달리 별도의 조항(제28조 1항-근로의 권리, 2항-근로의 의무)으로 규정했고, 제13조를 통해 직업선택의 자유 조항을 명문화했다. 우리는 그러한 변화의 맥락을 "조선민주주의인민공화국과의 대결구도에서 야심찬 경제개발이라는 새로운 슬로건을 내세운" 정치적 의지에서 찾아볼 수 있다. 그러한 점에 비추어볼 때, 근로의 권리와 의무를 함께 규정하지 않고 분리함으로써 의무로서의 근로에 대한 헌법적 규정의 무게를 높일 뿐만 아니라, 포괄적인 의미에서, 삶을 영위하기 위한 직업적 차원과 결합된 근로의 의미에서 직업적 요소를 삭제함으로써 근로 개념이 매우 협소하게 규정되는 결과를 가져왔다는 해석이 가능해 보인다(강희원 2021, 41).

정리하자면 박정희 정권에 들어서면서부터 본래 노동보다 더 포괄적인 의미를 간직했던 근로가 대단히 협소하고 특수한 차원으로 해석되기에 이르렀다는 것이다. 그러한 문제 지평에서 헌법의 언어로서 근로에 대한 아래와 같은 대단히 부정적인 평가가 도출되는 것으로 보인다.

> 우리나라에서 특이하게 쓰이는 용어가 '근로'다. 사실상 근로는 일반명사가 될 수 없다. 왜냐하면 근로는 '열심히 일하다'는 뜻이지 그냥 '일하다'의 뜻이 아니기 때문이다. 여기에는 '일을 부지런히 해야 한다'는 가치 판단이 개입되어 있다. 한마디로 '부지런한 일'이다. 따라서 일을 부지런하게 하면 옳고, 게으르게 하면 그르다(정세근 2023, 248).

이처럼 노동자로서의 주체성에 관련된 노동이 아니라 도덕적 의미에서의 근로가 한국사회를 지배하게 된 데에는 1960년대 초반 이후 국가주도의 발전주의 산업화와 밀접한 연관을 갖는다. 진덕규가 "산업화 통치체제"로 명명하고 있는 박정희 정권의 근대화 패러다임은 직접적으로는 군사 쿠데타로 인해 결여된 정당성을 만회해야 한다는 정치적 목표, 정권의 제1의 독트린인 반공주의에 입각해 경제적으로 북한을 압도해야 한다는 이데올로기적 동인, 후진적이고 퇴행적인 민족을 성장과 발전의 선진 반열로 올려놓아야 한다는 민족주의적 당위와 같은 논리들의 교집합적 결과라고 말할 수 있다(이병천 2003, 18-22).

진덕규는 그 산업화통치체제의 특징을 다섯 가지로 정리하고 있다. 첫째, 강력한 국가주의적 지배이데올로기의 존재다. 부국강병을 목표로 설정된 근대화의 주체는 오직 국가라는 논리다. 여기서 국가는 국민적 일체감을 창출할 수 있는 이념적 장치를 전파한다. 둘째, 특정 지배세력의 공고화와 지도적 역할을 강조한다. 한국의 산업화는 군부, 관료, 기업의 결탁 위에서 그리고 이들이 행사하는 특권적 권력행사에 의해 이룩되어왔다. 셋째, 권위주의 통치방식이 광범위하게 실천된다. 정치가 산업화를 위한 통치로 환원되었고, 민주주의에 기초한 정치는 국가적 산업화와 근대화를 위해 유보될 수 있다는 논리가 정당화되었다. 넷째, 신속한 산업화에 필요한 효율적 국민동원을 위해 다층적인 국가기구에 의한 감시와 통제가 전면화 되기에 이른다. 다섯째, 산업화의 심화를 위해 자본집중과 확대가 필요하다는 논리 하에 특정 산업가(재벌)가 주도하는 배타적인 경제 행위가 정당화되었다. 반대로 노동이 체계적으로 통제되고 억압되었으며, 분배에 대한 사회경제적 요구 또한 유예되었다(진덕규 2000, 140-142).

이 산업화통치체제는 빠른 경제성장을 가져왔지만, 노동자들의 광범위한 희생을 담보로 가능한 것이었다. 그러므로 국가주의 산업화가 일정 국면을 지나면서부터는 사회로부터의 저항에 직면하지 않을 수 없었다. 그리하여 1960년대 경제성장의 길을 통과해오면서 한국에는 노동자계급이 형성되고 있었다. "한국 노동자들 사이에서 집합적 정체성과 계급의식이 비교적 빨리 발달한 것은 1960년대 이후 이렇게 빠른 속도로 그리고 대단히 집중된 형태로 산업화가 이루어진 데 크게 기인했다."(구해근 2002, 78)

전태일의 분신은 그러한 국면에서 발생했다. 분신이 가져온 사회적, 특히 노동계에서의 파장과 영향은 매우 컸다. "국가주도의 경제개발에 희생되어 온 노동자 삶의 참상을 적나라하게 드러내 노동문제의 심각성을 고발함으로써 이에 대한 사회적 관심을 불러일으켰"으며, "노동문제가 1970년대 한국사회의 중심적 이슈로 등장하였음을 일깨우며 당시 굴종적인 노동조합운동을 뛰어넘는 노동자 저항투쟁과 민중연대운동을 촉발하는 시발점으로 작용하였다"(이병훈 2020, 121)는 것이다. 그의 희생은 한국에서 노동자 계급의식의 강력한 촉매로 작용하면서 노동자 계급 형성의 결정적 계기를 제공했다.

여러 의미에서 전태일의 희생은 한국 노동 계급 형성의 시작을 알리는 사건이었다. 그것은 수백만 명의 노동자들, 그들의 가슴 속에 저항과 반항의 정신을 심어주었고, 그때까지 집단적인 목표를 위해 노동자들을 고취하고 동원할 수 있는 성스러운 상징과 존경할 만한 전통이 없었던 한국의 노동계급에 강력한 상징을 제공했다(구해근 2002, 112).

전태일에게서 추동된 노동자의 주체의식은 이후 산업화 과정 속에서 다양한 노동운동으로 전개되었다. 우선, 구해근의 용어를 빌리자면 '자주 노조를 위한 투쟁', 즉 노동조합만이 자신들의 노동조건을 개선시킬 수 있다는 효과적인 길이라는 인식 속에서 노동자들이 주체로 자신들의 이익을 위해 활동하는 자주노조 건설 운동이 빠르게 전개되었다. 그 시작은 전태일의 장례식 1주일 뒤에 결성된 전국연합노동조합 청계피복지부라는 노동조합이었다(임송자 2010, 337-338). 그러한 움직임은 원풍모방, 동일방직 등에서 자주노조 건설운동으로 이어졌다. 또한 교회, 학교와 노동조합의 밀접한 결합에 의한 노동운동의 활성화가 이루어졌다. 진보적인 교회조직, 학생운동가와의 연대 속에서 노동자들은 학습을 통해 노동자의 주체의식을 배워나갈 수 있었다. 외부와의 연대는 궁극적으로 노동운동의 정치화를 가져왔고, 국가권력에 의한 탄압의 정도가 높아질수록 정치화의 강도 또한 상승했다(임송자 2010, 347-349; 구해근 2002, 115-119, 132-133).

주체적인 노동자 계급의식에 기반을 두고 전개된 노동운동의 흐름 속에서, 조국 근대화와 민족중흥을 위한 도덕적 헌신의 덕성으로서 근로라는 국가적 이데올로기의 정당성이 약해지는 자리에 노동이라는 개념이 들어서기 시작했다. 1977년 노동절을 기념하는 특별미사에서 발표된 「노동자 인권선언서」를 볼 수 있다.

> 노동자의 인권은 천부적인 것이며 사회발전과 경제발전에 있어 중요한 의미를 갖는다. 그러므로 노동자의 인권은 법적으로 보장되어야 하며 어떠한 이유로도 침해할 수 없는 존엄한 것이다. 노동자의 기본권을 침해하고 엄연히 존재하는 노동법을 위반함으로써 노동자에게 비인도적 고통을 가하고 있는 사례가 비일비재한 것은 심히 유감된 일이며, 더 이상 용납할 수 없는 범죄로 간주된다. […] 노동자에게는 스스로의 권익을 위하여 단결할 권리가 있고, 기업주와 교섭할 권리가 있으며 필요에 따라서 노동력 제공을 단체적으로 거부할 권리가 있어야 한다(김삼웅 1984, 273-274).

노동자는 천부적 인권, 기본권을 지닌 정치적 주체라는 선언이며, 주요한 권리들을 보유하고 행사할 법적 주체라는 선언이다. 자본과 국가 권력에 의한 노동운동 탄압에 맞서 노동자들은 인권, 존엄권, 법적 권리를 지닌 주체로서 저항을 실천해왔다.

박정희의 갑작스런 사망으로 열린 1979년 말-80년 초의 정치적 공간은 민주화의 바람으로 빠르게 채워져 갔지만, 결국 또 한 번의 군사쿠데타로 군부 권위주의 정권이 다시 등장하는 결과가 초래되었다. 급진화되기 시작한 학생 운동가들의 적극적 연대 속에서 전개된 1980년대 노동운동은 권위주의 권력의 탄압에 의해 활성화되지 못한 상태에서 1987년 6월 민주화 국면을 지나오면서 '노동자 대투쟁'으로 불타올랐다.

울산의 현대 자동차와 조선소에서 시작된 노동자 대투쟁은 인근 도시로, 곧 이어 경공업이 집중되어 있는 수도권 지역으로 빠르게 확대되어 나갔다. 1987년의 노동자 대투쟁은 노동조건 개선 요구를 포함하고 있었지만 그보다 더 중요한 문제는 민주적 노동조합 설립과 노동자의 인권과 존엄권 보장이었다. 노동자들의 자발적이고 주체적인 참여로 전개된 1987년의 노동투쟁은 노동자의 정체성과 연대의식을 만들어낼 중대한 계기였다. 노동자 대투쟁의 경험 속에서 노동자들은 "더 이상 자신을 노동자라 부르는 것을 부끄러워하지 않았다."(구해근 2002, 250-251) 또한 노동자들은 지역적 차원에서의 노동자 연대를 만들어내었고, 금융, 언론, 의료, 출판, 건설 등 여러 부문에서 '노동조합연맹'의 조직화를 실현해내었다(구해근 2002, 252-255). 그러한 노동자 연대의 힘은 결국 1990년 1월, 전국조직인 전국노동조합협의회(전노협)의 창설로, 1995년 11월에 전국민주노동조합총연맹(민주노총)의 결성으로 이어졌다. 민주노총은 경제적 이익을 제일의 목표로 하는 한국노총과는 달리 "정치적이고, 사회적인 활동 노선을"(신광영 2011, 41) 지향했다. 이후 한국의 노동자들은 경제적·법적 주체로서만이 아니라 정치적 주체로도 스스로를 인식했고, 그러한 주체적 의식은 정치세력화 운동으로 이어졌다. 1996년 여당 주도로 통과된 새로운 노동관계법은 복수노조 결성 금지 기간 연장, 유연한 노동자 해고, 임시직 노동자 고용 권한 증대 등, 노동자들에게 매우 부정적인 조항들을 포함하고 있었다. 노동계는 민주노총 주도 총파업으로 대응했다(구해근 2002, 280). 이러한 대대적인 정치적 대결의 국면을 통과한 노동계급은 노동자의 정치적 대표체, 즉 노동자 정당 결성의 필요성을 인식했으며, 그것은 결국 1997년의 '국민승리 21', 2000년 '민주노동당' 창당을 이루어냈다.

3. 통일운동과 국민 개념의 변화:
반공하는 국민에서 통일하는 국민으로

　1988년 8월 19일 농민운동가 출신, 평화민주당 소속 서경원 의원이 북한을 방문했다. 그는 8월 21일까지 평양에 머물며 김일성과 면담한 뒤 9월 5일 서울로 귀환했다. 주변 소수의 사람들만이 알고 있었던 그의 방북은 평화민주당의 김대중 총재에게 알려졌고, 결국 그는 공안당국에 자신의 방북을 자백했다. 서경원은 이듬해 6월 27일 국가보안법 위반 혐의로 구속되었다. 1990년 8월 24일 대법원은 서경원에게 징역 10년, 자격정지 10년을 확정했다. 재판부는 "국가보안법 상 간첩죄의 대상이 되는 국가기밀은 우리나라 국방 정책상 북한 공산집단에게 알리지 아니하거나 확인되지 아니함이 이익이 되는 모든 정보자료를 말한다"면서 "이러한 기밀에 속하는 이상 이미 국내에서 잘 알려진 공지의 사실일지라도 북한 공산집단에 유리한 자료가 될 경우 이를 탐지, 수집하는 행위는 간첩죄를 구성한다"고 판결했다(「조선일보」, 1990.08.25).
　이 사건이 발발한 지 7개월 뒤인, 1989년 3월 25일, 문익환 목사 일행이 방북했다. 「한겨레」는 다음과 같이 보도했다.

　전국민족민주운동연합 고문인 문익환 목사가 북한의 조국평화통일위원회 초청으로 25일 평양에 도착했다고 일본의 공산권 뉴스 청취기관인 〈라디오 프레스〉가 보도했다. 〈라디오 프레스〉는 이날 북한 〈평양방송〉을 인용, 문익환 목사 일행이 지난 1월 1일 북한 김일성 주석이 신년사에서 밝힌 남북정치협상회의 제안에 호응, 처음으로 북한을 방문했다고 전했다. 〈라디오 프레스〉는 문익환 목사 일행이 평양공항에 도착, 정준기 조국평화통일위원회 부의장과 윤기복 범민족대회준비회담 북한쪽

단장, 최덕신 천도교 청우당 위원장 겸 조국평화통일위원회 부의장의 영접을 받았다고 말했다. 문 목사는 20일 도쿄에 도착, 24일 중국 베이징을 거쳐 25일 평양에 도착한 것으로 알려졌다(「한겨레」, 1989.03.26).

노태우 정권의 강경한 대응책으로 인해 봉쇄되어버린 민간 주도 통일운동의 새로운 계기를 마련한다는 차원에서 이루어진 문익환 목사 일행의 방북은 엄청난 정치사회적 충격을 몰고 왔다. 그의 방북 이전인 3월 20일 황석영 작가도 한국민족예술인총연합(민예총) 대변인의 자격으로 이미 평양에 들어와 체류 중이었다. 문익환 목사 일행은 김일성 주석과 두 차례 회담을 가졌고, 이후 4월 2일, 조국평화통일위원회와 9개 항의 공동성명('4·2 남북 공동성명')을 발표했다. 공동성명은 다음과 같은 내용으로 구성되었다.

- 7·4 남북공동성명에서 확인된 자주, 평화통일, 민족대단결의 3대원칙에 기초한 통일문제 해결의 재확인, - 두 개의 한국 정책을 반대하고 하나의 민족 그리고 통일된 나라를 지향해야 한다는 것의 확인, - 정치군사회담을 추진, 남북 사이의 정치군사적 대결상태를 해소하고 이산가족 문제와 다방면의 교류와 접촉 실현을 위해 노력함, - 공존의 원칙에서 연방제방식으로 통일하는 것이 필연적이고 합리적인 통일방도임, - 팀스피리트 합동군사연습은 남북대화와 평화 및 통일의 성취와는 양립할 수 없다는 것을 확인, - 교차승인, 교차접촉에 대한 북의 거부적 입장과 통일 의지를 문익환 목사가 확인하고, 조국평화통일위원회는 문익환 목사가 주장하는 남북교류와 점진적 연방제 통일 제안을 긍정적으로 평가함, - 민족의 굳은 단결 필요성과 절박성을 통감하면서 통일위업 실현을 위한 적극적 이바지에 대한 공동의 염원을 표시함, - 조국평화통일위원

회는 전민련의 범민족대회 소집 제안을 지지하고, 문익환 목사는 제13차 세계청년학생 평양축전에의 남한청년학생들의 참가를 지지함, - 여러 문제에 대한 합의가 향후 남북 간 다각적 공식대화에서의 협의의 기초가 될 수 있다는 점을 인정하고 그 실천대책을 남북당국과 제 정당, 단체에 건의함(「4·2 남북공동성명」).

그로부터 3개월 반이 지난, 여름 또 한 번의 방북 사건이 벌어진다. 그해 6월 30일 한국외국어대학생 임수경이 전대협(전국대학생대표자협의회) 대표로 제13차 세계청년학생축전[10]에 참가하기 위해 평양에 도착했다(「조선일보」, 1989.07.01). 임수경의 평양행은 전대협의 기획이었다. 전대협은 "임수경씨를 전대협의 공식대표로 평양청년학생축전에 참가시키기 위해 일본을 거쳐 동베를린으로 보냈다고 발표했다." "자신들의 결단"이라고 밝힌 전대협은 임수경에 대한 국가보안법 적용을 미리 경계하면서 "임수경의 북한체재 중의 모든 활동을 공개할 것, 임수경이 돌아온 뒤 국회공청회 또는 청문회를 통해 방북활동에 대해 국민적으로 공유할 수 있는 자리를 마련할 것, 통일문제에 대해 자유롭게 토론하고 국민적 합의를 도출할 수 있도록 텔레비전 공개토론을 전대협이 참가한 가운데 열 것"(「한겨레」, 1989.06.30)을 제안했다. 임수경은 축전 마지막 날, 전대협 대표 자격으로 북한 학생위원회 위원장과 '하나의 조국, 하나의 민족이 타의에 의해 겪어온 45년의 분열은 민족 비극의 45년이었다'라는 문장으

---

[10] 세계청년학생축전(World Festival of Youth and Students)은 1945년 영국 런던에서 열린 제1차 세계청년회의(World Youth Conference)에서 '세계민주청년연맹'이 결성되어 이듬해 제1차 이사회가 세계 평화를 도모한다는 목적으로 국제적인 청년축전의 개최를 결정한 것에서 출발한다. 1947년 7월 25일 프라하에서 제1회 세계청년학생축전이 개최되었고, 1989년 7월 1일부터 8일까지 평양에서 세계청년학생축전이 열릴 예정이었다.

로 시작하는 「남북청년학생 공동선언문」을 발표했다.

하나의 조국, 하나의 민족이 타의에 의해 겪어온 분열의 45년은 민족적 비극의 45년이었다. 조국의 남과 북에서 끊임없이 이어져온 통일의 대장정은 이내 마무리 지을 영광의 종착점을 향해 질주를 거듭하고 있다. 애국의 열정과 구국의 의지가 굽이치는 이 통일대행진의 자랑스러운 대오에는 남과 북의 우리 청년학생들이 기수로 나아가고 있다. 조국통일은 남과 북 우리 청년학생들의 삶과 투쟁의 최우선적 목표이다.

이러한 선언에 이어 남과 북의 대학생들은 8개 항으로 구성된 목표와 지향을 선언했다. - 자주, 평화, 민족대단결의 원칙에 따라 통일하기 위한 지속적 투쟁, - 통일을 방해하는 일체의 세력에 대한 반대, - 휴전협정을 평화협정으로 대체, 주한미군의 단계적 철수와 남북불가침선언 채택을 통한 평화통일 투쟁, - 남북교차승인과 UN동시가입 등에 대한 반대와 배격, - 남북 쌍방의 사상과 제도를 인정하며 민족대단결에 기초한 하나의 통일국가를 만들기 위한 투쟁, - 남북 당국대화와 함께 민간대화들을 활발히 진행, 당국이 통일논의와 대화 창구를 독점하지 말 것을 주장, - 남북청년학생들 사이의 접촉과 교류를 비롯한 남북 사이의 다각적 교류와 협력을 위한 투쟁, - 1995년까지 통일을 실현하기 위한 공동투쟁 전개(김삼웅 1997, 410 -411)다.

그리고 임수경은 8월 15일 태극기를 몸에 두르고 문규현 신부와 함께 군사분계선을 넘어 들어왔다. 임수경은 분단 이후 판문점을 넘어 북에서 남으로 넘어온 최초의 민간인이 되었다.

그런데 아무도 상상할 수 없었던 이 대 사건들은 예외적이지도 우발적이지도 않은 일이었다. 왜냐하면 1988년부터 대학과 재야에서 불고 있던 통일운동 바람으로 조성된 것이었기 때문이다.

1988년 3월, 서울대 총학생회 선거에 출마한 김중기 후보는 '김일성대학 청년학생에게 드리는 공개서한'을 통해 남북한 국토종단 순례 대행진과 민족 단결을 위한 남북한 청년학생 체육대회를 제안했다. 4월 15일, 서울대 총학생회 산하 '조국의 평화와 자주적 통일을 위한 특별위원회' 명의로 두 번째 편지가 발송되었다. 국토 종단 순례 대행진과 남북한 청년 학생 체육대회 개최를 위한 실무회담을 6월 10일 판문점에서 개최할 것을 제안했다. 김일성대학 학생위원회는 "귀 대학교 총학생회의 제의가 민족적 화해를 위하여 유익하고 나라의 통일을 위하여 절실한 애국적 발기로 된다"는 지지를 표명하면서 실무회담 제안을 받아들였다. 김중기에 대한 수배령이 내려진 가운데 전국 대학에서는 학생들의 판문점 회담 성사를 위한 싸움이 전개되었다.

4월 16일 '한반도 평화와 조국의 자주적 통일을 위한 국민대토론회'를 시작으로, 4월 19일, '통일 구국 대장정 마라톤 대회', 5월 14일, 전대협 주최 '6·10 남북 청년학생 실무회담 성사 및 공동올림픽 개최를 위한 범시민 학생 결의대회'가 열렸다. 이 결의대회에서 전대협은 '남한의 백만 청년학도가 북한의 청년학도에게 보내는 3차 공개서한'을 발표, 통일을 향한 강력한 의지를 표명했다. "반통일주의자 미국과 노태우에 대한 투쟁 선언, 통일의 당위성 선언"이 공표되었고, "회담의 구체적 안건과 실무대표단 구성 및 일시"에 대한 제안이 발표되었다. 전국 대학과 진보적 운동단체에서는 남북학생회담 개최를 지지하는 목소리가 점점 더 커져 갔다. 5월 28일 전국의 67개 운동단체가 남북 공동 올림픽과 6·10 남북학생회담을 촉구하는 시국선언을 발표했다. 이어서 6월 9일 연세대에서 '6·10 남북학생회담 성사를 위한 백만 학도 총궐기대회'가 열려, 다음날 '6·10 남북학생회담 출정식'을 개최했다. 경찰은 연세대에 모인 학생들에 무차별 탄압으로 대응했고, 학생들은 6월 11일, '남한 학생회담 보고 및 공동 올림픽 쟁취를 위한 범국민대회'를 열어 남북학생 실무회담을 열고, 8월 8일부터 14일까지 '민족화해를 위한 남북 해외동포 청년학생 국토종단순례대행진'을 개최할 것을 북한의 청년학생들에게 제안했다.

학생운동에서 지속, 상승하고 있는 통일운동의 연기는 당시 재야 운동권이 통일운동에 본격적으로 뛰어드는 계기가 되었다. 50여 개의 재야 단체들은 '통일염원 범국민 평화대행진 추진위원회'를 조직하고 7월 2일부터 사흘 동안 '7·4 통일염원 범국민 평화대행진'을 추진했다. 학생들은 예정대로 8월 9일 국토순례대행진을 열고자 했으나 정부 당국의 대응으로 인해 성공하지 못했다. 이에 전국의 22개 대학 6천여 명이 모여 '8·15 남북학생회담 출정식'과 '국토순례대행진 저지 규탄대회'를 열었다. 그러한 분위기는 광복절, 연세대에서의 '8·15 회담 출정식'과, 다음날 '8·15 남북학생회담 원천봉쇄 규탄대회 및 통일 염원제'로 이어졌다(민주화운동기념사업회 2024).

대학과 재야에서 불고 있던 진보적 통일운동은 의심할 나위 없이 1987년 6월 민주화운동으로 정치커뮤니케이션 공간이 열리면서 나타난 결과다. 전국적인 민주화 열기는 1970년대와 80년대의 권위주의 속에서 억압되어 온, 시민들의 정치적 주체화 열망을 만들어내었다. 언론과 노동 부문 등에서 분출되기 시작한 그와 같은 주체적 목소리들은 통일운동의 시민적 주체화로도 확장되었다.

주지하는 것처럼, 분단을 극복하고 통일을 실현하기 위한, 정부 바깥에서의 주체적 노력은 오랜 역사적 기원을 갖는다. 1950년대 조봉암과 진보당이 표방한 평화통일론이 그 최초의 이념적 뿌리라고 할 수 있다. 조봉암은 1954년 3월에 자신의 정치적 비전을 담은 글인 「우리의 당면 과업」을 통해 통일 방식에서 이승만이 주창한 무력에 의한 북진통일만이 아니라 정치를 통한 평화통일도 가능하고 또 그것이 더 중요하다는 생각을 표명했다. 또한 그는 통일의 논의 주체를 정부가 아닌 다른 세력에게로 확장할 필요가 있음을 강조했다. 나아가 조봉암은 극우반공체제에 갇힌 통일의 관념을 해체해야 하고 그것을 위해 진보진영의 역량을 모을 것을 강조했다(서중석 2024, 271-272). 평화통일에 대한 조봉암의 정치철학은 제3대 정·부통령 선거 공약으로 표명되었다. 야당 대통령 후보 조봉암은 유엔 지지 하 평화적 방법에 의한 통일을 주장했다. 그는 무력에 의한 북진통일의 비현실성을 비판했다(서중석 2024, 274). 그리고 그의 평화통일론은 선거에서의 약진을 발판으로 창당한 진보당의 강령으로 구현되었다. 진보당은 "우리는 안으로 민족 세력의 대동단결을 추진하고 밖으로 민주우방과 긴밀히 제휴하여 민주세력이 결정적 승리를 얻을 수 있는 평화적 방식에 의한 조국 통일의 실현을 기한다"는 강령 제4항을 통해 평화통일론을 표방했다.

그러나 조봉암과 진보당은 그 평화통일론으로 인해 국가보안법 위반 혐의로 경찰에 체포되었고 검찰에 기소되었다. 검찰은 진보당의 평화통일론이 남한의 적화통일을 위한 방편으로서 대한민국의 존립에 대한 부정이며, 북한 노동당의 정책과 유사한 것으로서 대한민국 헌법에 대한 부정이라는 논리를 내세웠다. 1959년의 최종심에서 대법원은 조봉암에게 사형을 선고했다. 재심 청구를 기각당한 조봉암에게 1959년 7월 31일, 사형이 집행되었다.[11] 이른바 '진보당 사건'은 반공주의 국민이라는 정체성에 대한 어떠한 도전도 용납되지 않으며, 통일에 대한 논의는 전적으로 정부에 의해 독점되어야 한다는 이승만 정권 독트린의 선언이었다. 이러

---

11 2011년 1월 20일, 대법원은 조봉암에 대한 재심에서 원심을 뒤집고 무죄 판결을 내렸다. 대법원은 조봉암에 대한 사형은 조작된 간첩죄 결과라고 판결했다.

한 정치적·이념적 태세는 박정희 정권에서도 변화하지 않았다. 대표적으로 '민족일보 사건'을 이야기할 수 있다.

1960년 총선으로 민주당 정권이 수립된 이후 개방된 정치적 공간은 이승만 정권의 권위주의적 통치에 의해 억압되어온 민족통일 운동에 새로운 기운을 불어넣어 주었다. 새롭게 형성된 움직임은 크게 세 방향으로 전개되어 나갔다. 첫째, 북한과의 무조건 협상을 지지하는 세력들로서, 사회대중당, 한국사회당 등 진보적 정당과, 구국동지회, 민족건양회, 민주민족청년동맹 등 사회단체들의 참여로 결성된 '민족자주통일중앙협의회'가 주체가 되어 '민족자주화'를 모토로 하는 통일운동을 실천하고자 했다. 둘째, 통일사회당과 중립화 조국통일운동총연맹이 표방한, 영세중립화를 통한 민족통일운동이 있었는데, 이들은 상대적으로 온건한 노선으로서, "대북한 협상에 앞서 민주사회주의 노선을 통해 남한체제를 공고화시킬 것과 민주적 절차에 의해 남북한 총선을 거쳐 중립화 통일을 달성할 것을 주장했다."(지병문 외 2014, 132) 셋째, 대학 단위의 통일운동으로서 이들은 민족주의적 낭만성에 연결된 통일운동을 전개했다. 학생들은 남북협상의 일환으로 남북학생들의 모임을 북측에 제안했고, 남북학생친선사절단, 남북학생예술단, 남북학생체육단 등의 교환과 남북학생통일축제 등을 요구했다(지병문 외 2014, 132-133). 이들의 통일 노선은 상이했지만, 모두 반공주의 국민 관념의 반대편에서 민족통일을 지향하는 국민의 집합적 존재와 의지의 표출을 공통점으로 하고 있었다.

이처럼 민족통일의 가능성을 향한 정치사회적 움직임이 아래로부터 올라오고 있던 상황인 1961년 2월 조용수가 '민족일보'를 창간했다. 조용수는 1960년 7월의 국회의원 선거에서 사회대중당 후보로 출마했다. 하지만 당선되지 못한 조용수는 진보적 인물들과 함께 언론사를 세워 자신의 이념을 실현하고자 했다. 민족일보는 "민족의 진로를 제시하고, 부정과 부패를 고발하며, 근로 대중의 권익을 옹호하고, 조국의 통일을 절규한다"는 사시(社是)에 입각해 남북협상론, 중립화통일론, 민족자주통일론 등 진보적인 통일론을 알리는 데 많은 노력을 기울였다. 민족일보의 이와 같은 진보적 통일노선은 강력한 반공주의 독트린을 표방하며 권력의 전면에 등장한 박정희 군부세력의 주요 공격 대상이 되었다. 1961년 5월 18일 군사정권은 포고 1호를 발표해 언론, 출판 보도 등에 대한 사전검열제를 실시하고, 민족일보 간부 13명을 체포했으며, 5월 19일 신문을 폐간했다. 5월 22일, 군 당국은 민족일보 사장 조용수를, 조봉암 비서(이영근)의 지령 하에 평화통일 방안을 주창하면서 기관지를 발행해왔다는 혐의로 재판에 회부했다. 조용수는 1961년 10월 31일의 최종심에서 사형 판결을 받았다. 12월 21일 그의 사형이 집행되었다.

이승만으로부터 박정희로 이어진 권위주의 권력의 시간 아래에서 권력의 비주체가 통일을 이야기하는 것은 절대적 금기의 영역이었다. 오직 정권만이 통일을 말하고 정책으로 내세울 권리를 지니고 있었고, 그 밖의 존재들은 '반공주의 국민'의 경계를 넘어설 수 없었다. 이러한 정치적 스탠스는 노태우 정권에서도 예외가 아니었다. 6·29선언을 통해 자유민주주의 기본 원칙들의 보장을 선언하면서 출발한 정권은 기존의 권위주의 권력에 비해 상대적으로 민주주의에 대한 관용적 태도를 보여왔지만 그럼에도 통일 논의의 주체가 정부를 넘어 야당을 포함해 시민사회로 확장되는 것을 인정하지 않았다. 여전히 국민은 국가보안법이 조형해놓은 이념적 테두리 밖으로 나갈 자격을 부여받을 수 없었다. 그것은 앞의 방북 사건들에 대한 판결에서 잘 드러난다.

서경원 의원이 국가보안법 상 간첩죄와 특수잠입-탈출죄의 적용을 받은 것처럼, 문익환 목사 일행 또한 동일한 법 적용을 받았다. 1989년 10월 5일의 1심 판결에서 문익환 목사에게 국가보안법 상 잠입-탈출,

회합통신, 금품수수, 기밀누설 및 찬양 고무죄 등으로 징역 10년, 자격정지 10년을 선고했다. 재판부는 "피고인들이 정부의 승인 없이 잠행 입북해 북한의 연방제통일안, 국가보안법 폐지, 주한미군 철수, 팀스피리트 훈련 반대 등 북한 주장에 동조한 것은 대한민국의 안전을 위태롭게 한 반국가적 활동"으로써 국가보안법을 위반했다고 판결했다(「동아일보」, 1989.10.05). 임수경과 문규현 신부 또한 1990년 2월 5일의 1심 판결에서 국가보안법 상 특수탈출 및 잠입, 회합, 고무찬양, 금품수수죄 등을 적용받아 각각 징역 10년과 자격정지 10년, 징역 8년과 자격정지 8년을 선고받았다. 법원은 "피고인들의 행동은 북한의 체제나 대남적화통일전략이 마치 정당한 것처럼 선전하고 대한민국 헌법이 추구하는 자유민주적 기본질서에 입각한 평화통일에 역행하고 통일 논의를 혼란에 빠뜨리고 국제적으로도 대한민국 국민과 정부의 위신을 실추시켰다"고 판결했다(「경향신문」, 1990.02.05).

이러한 사실은 한국의 자유민주주의, 또는 판결문에서 언급된 '자유민주적 기본질서'가 반공주의를 이념적 본질로 한다는 점을 의미한다. 유신체제의 출범으로 자유민주적 기본질서가 헌법 조문에 명문화되기 시작하면서 이제 그 헌법적 개념인 자유민주적 기본질서와 그 개념이 토대하고 있는 자유민주주의 이념은 그 어떤 정치적 의지에 의해서도 오염될 수 없는 신성한 가치의 위상을 견고하게 유지하고 있었음을 뜻한다. 국가보안법은 그러한 신성한 이념을 수호하는 최종적인 법적 보루로 기능하고 있다. 국민이 통일의 공식적 주체가 되기 어려운 궁극적 이유다.

제7장
진보권력의 탄생과 남남갈등:
보수와 자유민주주의 위기 인식

1. 진보권력의 집권과 재집권 그리고 뉴라이트의 등장[12]

1997년 대통령 선거에서 40.27%의 지지를 받은 새정치국민회의 김대중 후보가 38.74%를 득표한 신한국당의 이회창 후보를 누르고 승리했다. 김대중 대통령은 자신이 이끌 정부를 '국민의정부'로 명명했다. 1997년의 대통령 선거는 한국 민주주의의 역사에서 매우 중대한 의의를 지닌다. 국민의정부의 탄생은 선거를 통해 이루어진 최초의 여야 간 정권교체라는 의미를 갖기 때문이다. 오랜 군부 집권을 경험한 한국정치에서 민주화의 일차적 지표라고 할 수 있는 군부의 탈정치화라는 관점에 비추어 문민정부 수립 또한 한국 민주주의의 결정적 전환점으로 평가할 수 있지만, 그럼에도 김영삼 대통령의 문민정부는 3당 합당으로 탄생한 새로운 여당 민주자유당의 집권이라는 점에서 정당 간 정권교체라는 민주화 이행의 결정적인 계기를 만든 것은 아니었다. 한국의 현대정치사에서 선거를

---

12   이 절의 일부 내용은 하상복(2013)의 논문에서 받아온 것임을 밝혀둔다.

통해 집권당이 바뀐 경우는 1960년 7월의 총선거에서였지만 그 때의 선거는 여당인 자유당의 정치적 근거가 거의 부재한 상태에서 치러졌기 때문에 실질적인 경쟁 선거라고 볼 수는 없다. 그 점에서 1997년의 선거는 정치적 민주주의 관점에서 대단히 주목할 만한 사례다.

하지만 국민의정부의 역사적 의의는 민주주의와 더불어 민족주의 차원에서도 인식되고 평가되어야 할 필요가 있다. 신임 대통령은 취임사를 통해 정부가 지향하게 될 정책 기조들을 밝혔는데, 여기서 우리는 당시 긴장도를 높여가고 있던 남북관계를 풀어내기 위한 새로운 구상에 주목한다.

> 남북관계는 화해와 협력 그리고 평화정착에 토대를 두고 발전시켜나가야 합니다. 분단 반세기가 넘도록 대화와 교류는커녕 이산가족이 서로 부모형제의 생사조차 알지 못하는 냉전적 남북관계는 하루빨리 청산되어야 합니다. […] 새 정부는 현재와 같은 경제적 어려움에도 불구하고 북한의 경수로 건설과 관련한 약속을 이행할 것입니다. 식량도 정부와 민간이 합리적인 방법을 통해서 지원하는 데 인색하지 않겠습니다. […] 저는 남북기본합의서에 의한 남북 간의 여러 분야에서의 교류가 실현되기를 바랍니다. 우선 남북기본합의서의 이행을 위한 특사의 교환을 제의합니다. 북한이 원한다면 정상회담에도 응할 용의가 있습니다(김대중 1998).

국민의정부는 대통령 취임사에서 표명한 남북한 화해와 평화 정착과 교류를 위해 다양한 담론과 정책을 실천해나갔다. 우선적으로 1998년 4월 30일에 발표된 '남북경협 활성화 조치'를 들 수 있다. "지금까지 전반적인 남북관계 상황과의 연계 하에 추진되어 온 남북경협을 '정경분리' 원칙에 따라 확대 추진함으로써 남북관계 개선의 선도적 역할을 하도록

하기 위한" 이 조치는 경제인을 대상으로 북한과의 접촉과 방북 요건을 완화하고, 북한과의 교역 활성화를 위한 제한 조치를 완화하거나 폐지하고, 북한과의 협력 사업에 관련된 투자규모를 폐지하고 제한업종을 최소화하는 내용을 담고 있다(통일부 1998, 2-5). 이 조치에 구현된 정부의 적극적 의지에 힘입어 북한과의 교류협력 활성화가 이루어졌다. 정주영 현대그룹 명예회장의 방북, 금강산 개발, 관광사업 활성화와 같은 성과들을 언급할 수 있다.

그러나 이와 같은 적극적인 협력과 교류정책에도 불구하고 남북한 사이에는 군사적, 외교적 긴장이 지속되고 있었다. 1999년 6월 15일과 6월 29일 연평도 인근에서 발생한 군사적 충돌과, 같은 해 6월 20일에 발생한 금강산 관광객의 북한 억류 사건은 교류협력을 통해 조성되고 있던 남북한의 화해 분위기에 부정적인 요인으로 작용했다.

이러한 국면을 타개하기 위한 조치로 김대중 대통령은 2000년 3월 9일 독일 베를린자유대학 연설을 통해 남북대화를 촉구하는 '베를린 선언'을 발표했다. 대통령은 "한반도 냉전구조를 해체하고 항구적인 평화와 남북한의 화해·협력을 이루고자 다음과 같이 선언합니다"라고 말하면서 북한을 향한 4개의 제안을 공표했다. 첫째, 북한의 경제적 어려움 극복을 위해 대한민국이 협력할 준비가 되었다는 것, 둘째, 통일보다는 냉전 종식과 평화 정착을 당면 목표로 삼는다는 것, 셋째, 인도적 차원에서 이산가족문제 해결을 위해 노력해야 한다는 것, 넷째, 이러한 문제들을 해결하기 위해 남북한 당국의 대화가 필요하다는 것이다(심지연 2001, 473-474).

베를린 선언에 대한 북한의 반응은 긍정적이었다. 남한의 문화관광부장관 박지원과 북한의 조선아시아태평화평화위원회 부위원장 송호경은 2000년 3월 17일부터 세 차례에 걸친 비공개 회담을 열어 남북정상회담 개최에 합의했다. 일련의 준비접촉을 거쳐 2000년 6월 12일부터 14일까지 김대중 대통령이 평양을 방문해 김정일 국방위원장과 정상회담을 갖고 남북공동선언을 발표했다.

'6·15 남북공동선언'은 다섯 개의 조항으로 구성되어 있다. "남과 북은 나라의 통일문제를 그 주인인 우리 민족끼리 서로 힘을 합쳐 자주적으로 해결해 나가며", "남과 북은 나라의 통일을 위한 남측의 연합제 안과 북측의 낮은 단계의 연방제 안이 서로 공통성 있다고 인정하고 이 방향에서 통일을 지향시켜 나가고", "올해 8·15에 즈음하여 흩어진 가족, 친척 방문단을 교환하며, 비전향 장기수 문제를 해결하는 등 인도적 문제를 풀어 나가며", "민족 경제를 균형적으로 발전시키고, 제반 분야의 협력과 교류를 활성화하여 서로의 신뢰를 다져나가고", "이상과 같은 합의 사항을 조속히 실천에 옮기기 위하여 빠른 시일 안에 당국 사이의 대화를 개최한다"는 내용이다(심지연 2001, 476).

오랜 분단의 역사 속에서 상상하기 힘들었던, 어쩌면 불가능했던 역사적 이벤트를 성사시킨 김대중 대통령은 노벨평화상을 수상했고, 많은 여론이 국민의정부가 추진한 '햇볕정책'으로 불리는 남북한 화해와 평화정책을 지지해마지 않았다. 심지어 북한에 대한 적대의식을 지속해온 한나라당까지 정상회담에 대해 긍정적 평가를 내렸다(김갑식 2007, 41).

그러나 오래지 않아 상황이 반전하기 시작하는데, 여기에는 몇 가지 대내외 요인이 결합하고 있었다. 먼저, 미국 행정부가 바뀌었다. 2001년 1월 20일에 출범한 공화당의 부시 행정부는 북한에 대해 전임정부와는 근본적으로 다른 노선을 취하려 했다. 북한, 이라크 등을 불량국가로 간주하면서 이들 국가에 대한 군사적 대응 기조를 내세웠다(황병덕 2001, 7). 또한 미국은 한국, 미국, 일본의 3자 공조틀 내에서 남북한 문제에 접근할 것을 요구했다. 이로 인해 남북관계의 가시적 진전이 어려워졌다. 이에 남과 북은 남북정상회담 1주년을 기념해 상대에게 서신을 보내 국면 돌파를 위한 노력을 강조했다(심지연 2001, 477-479).

이러한 흐름의 연장에서 남한과 북한은 평양에서 개최되는 2001년 8·15 남북축전에 방북대표단을 파견하는 것에 합의했다. 그런데 평양을 방문한 방북대표단의 일정과 발언이 남한의 보수단체로부터 중대한 비판과 도전을 받았다. 대표단은 평양의 '조국통일 3대 헌장기념탑' 제막식에 참석했는데, 2001년 8월 14일에 제막된 이 기념탑은 1974년 남북이 합의한 '조국통일 3대원칙', 1980년 '고려민주연방공화국 창립방안', 1993년 '전민족대단결 10대 강령'을 일컫는 3대 헌장을 기념하기 위한 상징물이다. 여기서 '고려민주연방공화국 창립방안'은 한국의 보수가 격렬하게 반대한 통일 논리였기 때문에 그 기념탑 제막식에 남한 대표단이 참석한 것은 그들의 눈에 이적행위에 다름 아닐 것이었다.

여기에 상황을 악화시킨 또 하나의 사건이 발생한다. 대표단에 포함된, 좌파 학자로 평가된 강정구 교수가 김일성 생가인 만경대를 방문해 방명록에 '만경대 정신 이어받아 통일위업 이룩하자'라는 글귀를 적었다. 이른바 '만경대 필화 사건'이다. 8월 21일 방북대표단이 도착한 김포공항에는 보수단체들이 모여 "통일열기에 찬물을 끼얹지 마라", "대표단은 북한으로 돌아가라" 등의 구호를 외쳤다. 공항은 보수와 진보의 물리적 충돌 무대가 되었다(김갑식 2007, 32-33). 그리고 이듬해 6월에는 진보세력이 정치적 목소리를 높이는 사건이 발생했다. 2002년 6월 13일, 경기도 양주에서 두 여중생이 미군 장갑차에 의해 사망하는 비극이다. 진보세력은 반미를 외쳤다. 1980년 5월 광주 시민들의 저항을 군사적으로 진압한 것을 미국이 방조했다는 판단에서 촉발된 반미주의가 20여 년 만에 광장에서 공개적으로 터져 나왔다는 점에서 매우 중대하고 예민한 정치적 움직임이 아닐 수 없었다.

이처럼 보수와 진보가 각각 반북과 반미를 외치는 대결적 상황 속에서 대통령 선거가 열렸다. 2002년 겨울 선거에서 새천년민주당의 노무현 후보가 한나라당의 이회창 후보를 근소한 차이로 누르고(48.91% 대 46.58%) 당선되었다. 노무현 후보의 당선으로 실현된 진보 정부의 연속 집권은 한국의 보수에게 위협이 아닐 수 없었다. 아니 전임정부에 비해 '더 큰' 위협이 될 만했다. 그것은 노무현 대통령이 취임사에서 표명한 이념적 노선에서 충분히 상상 가능하다. 신임 대통령은 국민들을 향해 "저는 그동안의 성과를 계승하고 발전시키면서 정책의 추진방식은 개선해 나가고자 합니다"(노무현 2003)라고 말했다. 국민의정부의 연속선 위에서 한반도의 평화정착과 교류를 추진한다는 의미다. 참여정부의 그 공약은 2007년 10월의 두 번째 정상회담으로 구체화되었다. 또한 우리는 대통령의 취임사에서 지난 현대사를 비판하면서 원칙과 정의가 구현되는 사회를 만들기 위해 노력할 것이라는 메시지에 주목한다. 그는 "반칙과 특권이 용납되는 시대는 이제 끝나야 합니다. 정의가 패배하고 기회주의가 득세하는 굴절된 풍토는 청산되어야 합니다. 원칙을 바로 세워 신뢰사회를 만듭시다. 정정당당하게 노력하는 사람이 성공하는 사회로 나아갑시다. 정직하고 성실한 대다수 국민이 보람을 느끼게 해드려야 합니다"(노무현 2003)라고 말했다. 그는 그러한 정치 철학과 의지가 결코 수사가 아니었음을 오래지 않아 증명해 보였다. 대통령은 2004년 10월 31일 제주도를 방문해 제주도민 4백 명과 함께 한 오찬간담회에서 '제주 4·3'에 대한 공식적인 사과를 표명했다.

> 저는 위원회의 건의를 받아들여 국정을 책임지고 있는 대통령으로서 과거 국가권력의 잘못에 대해 유족과 제주도민 여러분에게 진심으로 사과와 위로의 말씀을 드립니다. 무고하게 희생된 영령들을 추모하며 삼가 명복을 빕니다. [⋯] **과거 사건의 진상**을 밝히고 억울한 희생자의

명예를 회복시키는 일은 비단 그 희생자와 유족만을 위한 것이 아닙니다. 대한민국 건국에 기여한 분들의 충정을 소중히 여기는 동시에 역사의 진실을 밝혀 지난날의 과오를 반성하고 진정한 화해를 이룩하여 보다 밝은 미래를 기약하자는 데 그 뜻이 있습니다(노무현 2005, 256. 강조는 필자).

역사 속에 은폐되어 있는 지난날의 진실을 밝히기 위한 정부의 의지는 일제 부역의 역사 규명에서 본격화되었다. 2004년 3월 2일, '일제 강점하 반민족행위 진상규명에 관한 특별법'(친일진상규명법)이 국회를 통과했다. 그리고 대통령은 59주년 광복절 경축사(2004년)에서 친일 역사 청산의 정당성을 역설했다.

국민 여러분, 그러나 지금 이 시간 우리에게는 애국선열에 대한 존경만큼이나 얼굴을 들기 어려운 부끄러움이 남아 있습니다. 광복 예순 돌을 앞둔 지금도 친일의 잔재가 청산되지 못했고, 역사의 진실마저 제대로 밝혀지지 않았기 때문입니다. 애국선열들이 하나뿐인 목숨을 내놓고 투쟁했던 그 시간에 민족을 배반하고 식민통치를 앞장서 대변했던 친일행위가 여전히 역사의 뒤안길에 묻혀 있습니다. […] 우리는 이 왜곡된 역사를 바로잡아야 합니다. 진상이라도 명확히 밝혀서 역사의 교훈으로 삼아야 합니다(노무현 2005, 257).

국회 법제사법위원회는 전체회의를 열어 친일진상규명법 개정안을 처리해 본회의로 넘겼다. 통과된 개정안에서 가장 주목해야 하는 부분은 친일 조사 대상자의 범위가 중좌(중령) 이상에서 '소위 이상'으로 확대된 것이다. 결과적으로 일본군 중위 출신인 박정희 전 대통령도 진상조사위원회의 조사 대상에 포함되기에 이른다(「서울신문」, 2004.12.30). 앞서 살펴보았듯이, 박정희는 한국의 보수에게 이승만과 함께 '부국'을 실천하고 완성한 영웅으로 평가되고 있다는 사실에 비추어보면, 그와 같은 법적 적용은 그들에게 매우 위협적인 상황으로 인식될만했다.

그리고 참여정부는 과거사의 진실을 밝히기 위한 또 하나의 과업을 실천에 옮겼다. 2005년 5월 31일 '진실·화해를 위한 과거사정리 기본법'(과거사법)을 제정했다. "항일독립운동, 반민주적 또는 반인권적 행위에 의한 인권유린과 폭력·학살·의문사 사건 등을 조사하여 왜곡되거나 은폐된 진실을 밝혀냄으로써 민족의 정통성을 확립하고 과거와의 화해를 통해 미래로 나아가기 위한 국민통합에 기여함을 목적으로"(제1조 목적) 제정된 과거사법을 근거로 설치된 '진실·화해를 위한 과거사정리위원회'(과거사위)는 2005년 12월 1일부터 조사를 시작해 인권유린, 폭력, 가혹행위를 초래한 사건들의 진실을 규명하기 위해 노력했다. 과거사위가 조사하고 재심 또는 보상 권고를 내린 사건들 중에는 '민족일보 조용수 사장 사건'(1961), '이수근 간첩 사건'(1967) 등 박정희 집권기에 발생한 대표적인 반인권적 국가폭력 사건들이 상당 부분 포함되어 있었다(「한국일보」, 2007.01.31).

국민의정부에서 참여정부로 이어지는 10년은 해방 이후 보수의 오랜 집권기 속에서 이념의 화석으로 단단히 굳어진 국가적 정체성의 토대가 흔들리기 시작하는, 그들의 관점에서 보자면 '위기의 시간'이었다. 분단체제가 성립된 이래 남한의 이념적 본질은 반공주의였다. 국민들의 이상적 덕성은 반공의 실천이었고, 국가는 그 반공주의를 장려하고 칭송하는 주체로 존재해왔다. 두 진보정부는 그 반공주의라는, 의심할 수도 없고 흔들 수도 없는 이념적 정체성에 도전했다.

국민의정부가 실현한 남북정상회담은 반공주의 국가 남한의 확립된 존재근거를 다시 묻게 하는 역사적 스펙터클이었다. 그 놀라운 정치적 드라마는 이후 참여정부 들어 한 번 더 만들어졌다. 나아가 참여정부는 남북문제만이 아니라 남한의 현대사에 대해서도 보수의 기존 해석에 맞서고 있었다. 한국의 보수가, 국가형성기에 시도된 불순한 이념적 기획으로 간주해온 제주 4·3을 국가폭력과 인권의 문제로 재해석했으며, 일제 식민지배 기간 동안의 '친일부역' 진상을 새롭게 규명함으로써 역사적 정의를 다시 세우려 했으며, 권위주의 권력에 의해 자행된 인권 탄압을 재조사함으로써 반민주주의적 과거를 심판하고자 했다.

두 진보정부가 시도한 그와 같은 실천들은 어떻게 보면 해방과 분단 이후 전개된 이념대결의 역사를 다시 소환하는 정치적 선언 같은 것이었을 지도 모른다. 주지하는 바와 같이 한국은 현대사의 중대한 과정과 결과들을 둘러싸고 치열한 이념갈등을 벌여왔다. 한국은 민족통일을 이룩하지 못한 결손국가인가, 완결된 국민국가인가? 미국은 분단의 책임이 있는 나라인가, 한국의 구원자인가? 일본 제국주의는 조선을 약탈했는가, 근대화에 기여했는가? 친일 부역은 반민족적 행위인가, 어쩔 수 없는 일이었는가? 권위주의 권력은 민주주의를 억압한 퇴행적 권력인가, 산업화와 경제발전을 위한 불가피한 선택이었는가? 한국의 정치세력들은 이러한 예민한 질문들을 놓고 역사적 논쟁을 벌여왔고, 그것들에 대한 관점의 차이가 곧 이념적 진보와 보수를 날카롭게 가르고 있었다.

여기서 한국의 보수는 민족주의와 진보주의 역사 인식에 동의하지 않았지만 그 세력에 맞서기 위해 자신들의 운동 이념을 개발하거나 정치세력화를 추진하는 등의 적극적인 노력을 기울이지는 않았다. 아니, 어쩌면 그럴 필요가 없었던 것으로 보인다. 국가권력을 장악해온 권위주의 정권들이 물리력과 제도적 장치들을 동원하면서 그 역할을 대신해왔기 때문이다. 권위주의 정치권력에 의해 진보적 담론들이 정치언어의 무대

위로 올라오는 것을 근원적으로 차단하는 담론의 질서가 만들어지고 유지되어 왔다. 그러나 국민의정부와 참여정부를 통해 진보세력이 오랜 '비대칭 양극 구도'(김갑식 1997, 41)를 돌파해가면서 자신들의 가치와 이념을 적극적으로 실천할 수 있는 계기를 확보하게 되자 보수 세력은 자신들의 이념과 그 이념을 방어해주는 질서의 위기를 인식하지 않을 수 없었다. 아마도 이렇게 말할 수 있을 것이다.

> 김대중-노무현 정부의 출범과 함께 과거의 권위주의적 집권 보수 세력은 분단정부 수립 이후 처음으로 정국운영의 주도권을 상실하게 되었다. 특히 '진보'를 표방한 노무현 정부가 여당의 과반의석 확보를 배경으로 대북관계, 대미관계, 언론정책, 복지정책, 경제정책, 교육정책 등의 분야에서 개혁정책을 전격적으로 추진함에 따라 보수 세력의 정치적 상실감과 위기의식은 고조되었다(강정인 2008, 168).

이제 보수 이념과 담론의 지속적 패권을 수호해줄 정치적 방어막이 사라졌다. 한국의 보수는 진보권력의 개혁적 정책들로 말미암아 자신들의 지배적 위치가 흔들릴지 모른다는 위기감을 마주해야 했다. 그리하여 진보의 정치적 주도권에 맞설 정치세력 형성이라는 과제에 놓이게 된 보수는 2004년부터 '뉴라이트 운동'(김당 외 2007)을 구상하고 실천했다. 그와 같은 정치적 고민은 뉴라이트의 주도적 지식인들이 모여 2년간의 집단 작업으로 완성한 『해방전후사의 재인식』 머리말에 잘 나와 있다.

> 책의 구상이 구체화된 것은 2004년 초가을이었다. 그 무렵 반민특위의 역사를 읽은 젊은 사람들이 "가슴 속에 불이 나거나 피가 거꾸로 도는 경험을 다 한 번씩 한다"며 "그 시대를 거꾸로 살아온 사람들이 득세하는

역사"를 비판한 노무현 대통령의 언급을 접했다. 대통령은 이미 우리 현대사를 기회주의가 득세하고 정의가 패배했다는 식으로 평가한 바 있었다. 그런 분위기에서 정치권에서는 과거사 청산을 위한 여러 법안이 구체화되고 있었는데, 우리 사회의 역사 인식을 이대로 두고 본다는 것은 역사학자의 '직무 유기'라는 생각이 들었다(박지향 외 2004a, 11).

이들은 '잘못된 역사인식'의 근원에 1979년에 출간된 『해방전후사의 인식』이라는 진보적 역사서가 있다고 판단하면서 자신들의 작업을 '재인식'으로 설정했다.

전재호에 따르면 '새로운 우파'(New Right)는 크게 세 가지 이념적 정체성을 지니는데, 첫째, 자유주의적 가치의 신봉세력으로서 경제적 측면에서는 시장주의를, 정치적 측면에서는 정치적 차이의 존중을 기반으로 하는 다원주의를 지향한다. 그들은 국가의 적극적 개입에 의한 분배의 정치를 반대할 뿐만 아니라 공동체의 절대적 선을 전제로 하면서 정치적 옳음과 그름을 나누는 것에 반대한다. 둘째, 참여와 평등을 지향하는 민주주의에 반대하는데, 참여와 평등을 주장하는 민주주의는 다수에 의한 정치적 선동과 포퓰리즘을 만들어내고 있다고 생각하기 때문이다. 셋째, 종족적 동질성에 기초하는 민족주의에 반대하는 바, 그러한 원리의 민족주의에 기초한 역사의식과 정치의식은 민족 이외 다른 정치사회적 단위를 주변화 함으로써 공동체에 대한 입체적 인식을 어렵게 만들기 때문이다(전재호 2014).

뉴라이트 세력의 그와 같은 정체성은 식민지배, 분단과 전쟁, 독재와 근대화로 채워진 한국 현대사에 대한 새로운 실천적 관점을 만들어내었는데, 우선, 그들은 일제 식민지를 항일 민족주의로만 해석하는 관점에 반대하면서 식민지 근대화론을 주장한다. 가령 식민지 시대는 민족주의적 선과 악의 구도로만 파악될 수 없는, 긍정과 부정이 공존하던 시대였다는 이야기다. 다음으로 그들이 주창하고 있는 이념적 정체성, 즉 다원적 자유주의, 시장주의, 대의제 민주주의, 민족주의 거부 등의 이념은 북한의 이념과 전적으로 이항대립의 구도를 이룬다. 북한 공산주의는 그들이 신조로 삼는 이념들의 반정립이기 때문이다. 그런 점에서 뉴라이트의 정치적 지향은 궁극적으로 반북주의, 반공주의와 동일화된다. 나아가 그러한 이념적 스탠스는, 나중에 살펴보겠지만, 건국절이라는 조어를 통해 38선 이남의 국가, 대한민국을 찬미하려는 정치적 의지로 구체화된다. 그런 관점을 확장하면 이승만과 박정희 대통령 그리고 미국은 북한의 위협에 맞서 대한민국을 수호하고 번영시킨 정치적 영웅으로 나타날 수밖에 없다.

뉴라이트는 이러한 이념적 프레임 위에서 진보 정권의 역사와 정치 인식 그리고 두 권력이 실천한 정책적 노선들을 신랄하게 비판했다. 그들의 이념적 눈으로 볼 때 국민의정부와 참여정부는 대단히 반국가적인 권력이었다. 4·3 사건에 대한 노무현 대통령의 공식 사과는 곧 이승만에 대한 도덕적·정치적 단죄이며, 친일 부역 조사대상자에 박정희를 포함한 것은 그가 이룩한, 북한 공산주의에 맞서고 그들을 압도할 힘을 만들어낸 근대화와 산업화의 정당성에 대한 근본적인 도전이기 때문이다.

『해방 전후사의 재인식』의 총론적 논의를 다루고 있는 「왜 다시 해방 전후사인가」를 쓴 이영훈은 참여정부의 친일진상규명법을 비과학적인 역사관, 그의 용어를 빌리자면 "선과 악의 대립으로 이해하는 종교적 역사관"으로 규정하고 있다. 이영훈은 그 법의 근본적 문제를 친일파로 불리는 이들을 절대적 악으로 환원하고 있다는 점에서 찾고 있다.

이처럼 친일파들은 한국사회에서 원죄와 같은 존재이다. 원죄는 인간을 죽음의 절망으로 이끈다. 인간은 자비로운 신에게 그 원초적 죄성을 고백함으로써 구원을 받아야 한다. 그렇게 원죄와 같은 친일파를 청산하면 한국사회는 신의 정의로움을 회복할 것이다. […] 이에서 보듯이 이 법은 역사를 선과 악의 대립으로 이해하는 종교적 역사관을 가진 자들에 의해 제정되었다. 그들을 역사관을 선악사관으로 부르지. 선악사관에 있어서 청산되지 않은 죄악은 인간 사회의 부정과 불행을 초래하는 원죄와 같은 것이다(이영훈 2004, 51).

또한 북한을 민족주의라는 '배타적' 시각에서 접근하고 화해를 추진하는 일은 이념적으로 대한민국과 결코 섞일 수 없는, 대한민국의 생존을 위협하는 적대국을 온존시키는 이적행위라고 그들은 주장한다. 그런 점에서 그들의 북한 인식이 민족주의와 정반대의 위치에 놓이는 것은 논리적 귀결이다. 그들은 정상회담을 가능하게 한 대북 포용정책은 물론이거니와 정상회담 자체에 비판적이었다. 이념적·군사적 주적으로 북한을 바라보는 그들의 입장에서 정상회담은 수용하기 어려운 것이었다(김갑식 2007, 40). 그들은 인도주의적 차원에서 제공되는 대 북한 원조에 대해서도 평화가 아니라 긴장과 분쟁의 가능성만을 높일 뿐이라고 주장했다.

2. 남남갈등과 상징투쟁:
'자유민주주의'의 신성한 공간을 둘러싼 싸움

제58주년 광복절을 맞은 15일, '진보'와 '보수'는 서울 시내 곳곳에서 서로 갈려 다른 목소리를 내며 '애국'을 호소했다. 자유시민연대와 예비역대령연합회 등 보수 단체 회원들은 오후 4시 30분께부터 서울시청 앞

광장에서 5천여 명이 참가한 가운데 '건국 55주년 반핵반김 8·15 국민 기도회'를 갖고 인공기와 김정일 북한 국방위원장의 초상화를 찢고 불태우기도 했다. 통일연대와 한총련, 범청학련 남측본부 소속 통일선봉대, 여중생 범대위 등 단체들은 이날 오후 5시께부터 종로1가 제일은행 앞에서 1만여 명이 참가한 가운데 '반전평화 8·15 통일대행진'을 가졌다(「오마이뉴스」, 2003.8.16).

2003년 여름, 보수와 진보의 이념적 정체성이 적나라하게 부딪히고 있었다. 보수는 반북과 반공을, 진보는 반미와 통일을 주장하고 있었다. 여기서 아마도 8·15를 보수는 대한민국 정부 수립일로, 진보는 광복절로 생각하고 있었을 법하다. 이처럼 2003년의 광복절은 보수와 진보의 이념 대결이 본격화될 것임을 알리는 상징적 사건으로 채워졌다. 2001년의 만경대 필화 사건과 2003년 광복절에서의 이념 대결은 진보권력이 지배하는 한국사회가 '남남갈등'(남궁영 2004; 주봉호 2012; 정영철 2018; 박찬석 2019)이라는 현상으로 시끄러울 것임을 예견케 했다.

진보 정부의 정치적 시간들을 관통한 초유의 이념대결인 남남갈등은 매우 새로운 국면이다. 왜냐하면 근대체제 수립 이후 지속적으로 헤게모니를 누리고 행사해온 보수 세력이 정치적 반대파가 되어 반정부투쟁을 이어온 과정이 남남갈등이기 때문이다. 그런데 우리는 남남갈등의 또 다른 특이성에 주목할 필요가 있다고 판단한다. 그것은 국가적 이념의 본질을 드러내주고 있는 정치적 상징물과 장소에 연관된 상징투쟁을 주된 양상으로 하고 있었다는 점 때문이다.

근대국가 일반이 그러하듯이 한국 또한 근대적 체제가 수립된 이후 국가 이념과 가치를 표상하는 다양한 상징물과 장소들을 조형해왔다. 1950년대부터 시작된 정치적 상징화 과정은 무엇보다 한국전쟁과 반공주의의 시공간적 표상이었다(김미정 2002). 1공화국 수립 직전부터 시작된 내전과 전쟁은 반공주의를 국가적 독트린으로 만들었고, 자유민주주의라는 이름으로 그 이념의 적대성을 각인해왔다. 그 반공의 정치미학은 남한 국가의 이념적 경계와 정치적 정체성을 확고히 하고 그것을 국민적 차원에서 내면화하는 정치심리의 기능을 수행해왔다. 그 점에서 한국 정치에서 반공주의를 체현하고 있는 정치적 상징과 장소들은 절대적 신성성의 대상일 수밖에 없었다. 그것들의 존재와 정당성을 의심하거나 훼손하는 일은 대한민국의 정치적 과거와 현재와 미래를 부정하는 일과 동일했기 때문이다.

남남갈등에서 진보와 보수는 그 국가적 상징성을 놓고 전면적 대결을 벌였다. 한쪽은 남한 국가의 이념을 담지하고 있는 상징적 대상물들의 존재근거를 물었고, 다른 한쪽은 그것들을 방어하고 수호하고자 했다. 남남갈등의 상징정치가 본격적으로 전개될 것을 알리는 정치적 시간은 '2005년'이었다. 해방 60주년을 맞이하는 그 해, 한국의 정체성 표상에서 가장 핵심적인 두 상징물이 투쟁의 무대가 되었는데, 하나는 보수가 지향하는 친미주의의 상징인 인천 자유공원의 맥아더 동상이었고, 다른 하나는 반공주의와 반북주의의 장소인 국립서울현충원이었다. 한국의 진보는 그 두 상징적 공간에 대한 도전을 시도했고, 보수는 저항했다.

2005년 봄부터 맥아더 동상이 서 있는 인천의 자유공원이 떠들썩했다. 공원의 동상은 한국의 보수를 공고히 묶어내고 있는 친미주의와 반공주의의 대표적인 상징물이 될 법하다. 한국의 보수에게 항구 도시 인천은 은혜의 나라 미국의 용기와 희생으로 채워진 지역이었다. 해방된 한국을 지키기 위해 들어온 곳이 인천이었고, 한국전쟁에서 남한이 전세를 결정적으로 역전하게 되는 군사적 교두보가 인천이었다. 그곳은 공산화의 위기로부터 남한을 벗어나게 해준 상징적 장소로 등장한다. 그 점에서 미군정을 통솔하고, 상륙작전을 지휘한 맥아더는 인천이라는 지역과 너무나도 잘 어울리는 정치적 영웅이었다. 말하자면 인천과 맥아더는 한국 보수의 신성한 이념 자유민주주의를 수호한 토템이다. 그 성스러운 장소와 인물을 공유하는 보수는 자신들의 견고한 이념적 정체성을 구축해낸다.

전쟁이 끝난 뒤 정부는 맥아더 영웅 만들기를 시작했다. 1957년 5월, 그러니까 인천상륙작전 7주년이 되는 해에 각계 대표 50여 명이 '맥아더 장군 동상 건립위원회'를 조직했다. 동상 건립에 필요한 모금액은 예상보다 빨리 모였는데(김미정 2002, 291), 그 점은 맥아더에 대한 국민적 지지가 얼마나 대단했는가를 잘 말해준다. 인천상륙작전의 날인 그해 9월 15일 동상제막식이 열렸다. 최규남 동상건립위원회 위원장은 개식사를 통해 맥아더를 찬양했다.

> 저 잔악무도한 공산군을 섬멸시킨 정의의 사자 맥아더 장군의 혁혁한 무공은 이미 세상이 다 아는 사실이므로 본인이 여기서 또 구태여 장황한 말씀을 드리려고 아니합니다. 만일 7년 전 그 날이 없었던들, 즉 다시 말하면 그 날을 있게 한 그가 없었던들 한국 역사 내지 세계의 역사는 […] 우리는 그를 정의의 승리자요, 자유의 수호자라고 예찬할 뿐만 아니라 한 걸음 더 나아가서 역사의 창조자요 선구자라고 부르고 싶습니다. […](맥아더장군 동상 건립위원회; 김미정 2002, 293에서 재인용)

인천시는 같은 해 10월 3일, 동상이 세워진 만국공원을 '자유공원'으로 개명했다. 개항을 상징하는 공원이 아니라 '자유의 수호자'인 맥아더의 공원으로 탈바꿈한 것이다.

그러나 반공주의와 친미주의의 상징적 장소로 구축된 자유공원에 대해 한국의 진보는 전혀 다른 입장을 취하고 있었다. 진보세력은 인천이라는 도시를 다르게 해석했는데, 그들에게서 인천은 해방과 승리가 아니라 제국주의 패권과 전쟁의 기억으로 점철된 곳이었다. 한국 민주화의 상징적인 날인 1996년 6월 10일에 조직된 '평화와 참여로 가는 인천연대'가 그러한 인식을 잘 보여준다. '인천연대'는 인천을 평화의 도시로 만드는 것을 목표로 설정했다. 그러한 역사해석 속에서 자유공원의 맥아더 동상은 '자유', '정의'가 아니라 '점령', '호전주의', '학살'의 상징으로 나타난다(김진웅 2007, 441). 보수가 자랑스럽게 생각하는 맥아더 동상을 민족적 비극과 치욕의 상징물로 재전유(re-appropriation)하려 한 것이다.

이러한 대립의 잠재력이 응축되어 있는 자유공원과 맥아더 동상은 호명되고 건립된 지 근 50년이 지나 남남갈등의 상징정치가 본격화될 것임을 알리는 무대가 되었다. 2005년 5월 10일, 진보단체 원로 20여 명이 맥아더 동상 앞에서 철거와 주한 미군 철수를 요구하는 천막농성을 시작했다. 그에 맞서 보수단체들은 동상 수호를 결의했다. 그들은 제헌절에 다시 모였다. 두 적대적 단체들은 동상 앞에서 집회를 시도하고 자신들의 주장을 외쳤다. 보수는 북한 공산주의의 '야욕'에 맞서 자유민주주의의 남한 체제를 수립하고 지켜냈다는 의미로 제헌절과 맥아더 동상의 정당성을 옹호했고, 진보는 통일국가 수립의 민족적 염원을 달성하지 못했다는 점에서 제헌절과 맥아더 동상의 정당성을 부정했다. 동상 해체와 사수를 둘러싼 상징투쟁은 양보 없이 이어졌다. 대통령이 "국익에 도움이 안 된다"면서 철거에 반대한다는 입장을 밝혔지만 싸움은 중단되지 않았다(「한겨레」, 2005.09.12).

한국의 정치적 근대는 친미-반공주의 위에 성립하고 유지되어왔고 그렇게 지속되어야 한다는 보수의 관점은 어떠한 반대 해석도 용납하지 않은 채 국가적 위상을 지녀왔다. 인천의 맥아더 동상은 남한 근대체제의 정치적 본질에 대한 보수주의의 관점을 감각적으로 재현해주는 성물이다.

그 점에서 맥아더 동상 철거라는 진보의 주장은 친미-반공주의 역사해석의 '진리성'에 대한 도전이었다. 그렇게 한국의 진보는 정치적 상징물을 매개로 역사라는 이름 아래 가려 있던 '기억'을 끄집어내려 했다.

인천의 맥아더 동상을 둘러싼 싸움이 전개되던 때 또 하나의 상징투쟁이 시작되고 있었다. 그 무대는 한국의 반공주의를 견고하게 구축하고 있고 지속적으로 재생산하고 있는, 반공주의의 가장 드라마틱한 장소인 국립서울현충원이었다. 그 대결의 정치는 이념과 상징의 결합이라는 차원에서 맥아더 동상을 둘러싼 갈등과 유사하지만, 국가적 죽음이라는 문제를 놓고 벌이는 싸움이라는 점에서 더 예민하고 근본적일 수밖에 없었다.

한국사회는 남남갈등이 해소되지 않은 채로 2005년 광복절을 맞이해야 했다. 2년 전과 마찬가지로 그해 광복절 또한 어김없이 이념 대결의 무대여야 했다. 다툼은 인천 자유공원을 지나 한국 최초의 국립묘지에서 벌어졌다.

2005년 8월 12일, 이봉조 통일부 차관은 기자회견을 통해 북한 대표단이 서울 동작동의 국립현충원을 참배할 것이라고 발표했다(「오마이뉴스」, 2005.8.12). 북한 대표단의 현충원 방문은 그 자체만의 독립적 행사는 아니었다. 해방 60주년을 맞이하는 광복절을 기념해 민족대축전을 개최하기로 남북한 정부가 합의했는데, 묘소 참배는 그러한 축전의 일환으로 기획되었다.

북한 정치인의 현충원 방문은 분단 이후 한 번도 상상할 수 없었던 일이었다. 아니, 금지된 상상의 이벤트였다. 그 상상 불가능성은 국립현충원의 역사적 기원과 이념적 본질에 연결되어 있었다. 동작동 국립묘지는 한국전쟁에서 희생된, 반공주의와 반북수의 군인들이 영면하고 있는 애국적 장소였기 때문이다. 그리고 더 멀리 올라가자면, 제주도 파병을 거부한 좌익 군인들에 맞서 싸운 '우익 군경'을 기리고 추모하기 위해 건립된, 이념적 기원을 갖는 곳이기 때문이다. 창설된 이래 안장자격이 확대되고 추모의 성격에 약간의 변화가 있어왔지만 이념적 우익성과 군인묘지로서의 기능은 국립현충원을 관통하는 본질적 요소로 변함없이 유지되어 왔다.

동작동 국립묘지의 역사성과 이념성을 응축하고 있는 '현충문'을 지나 '현충탑' 앞에서 참배하는 북한 대표단의 모습은 그러한 탄생사와 결코 양립할 수 있을 것 같지 않다. 현충문과 현충탑은 반공주의와 반북주의의 이념을 가장 강력하게 응축하고 있는 조형물이다. 1968년에 착공해 1969년 4월 30일에 준공한 현충문은 1970년 6월 북한에서 침투된 간첩에 의한 폭파 시도 사건의 기억을 간직하고 있는 문이라는 점에서 그 자체로 반공주의의 강력한 상징이다. 그리고 1967년 9월 30일에 준공된 현충탑은 한국전쟁 전몰군인들의 위패와 무명용사의 유골이 봉안된 곳이라는 점에서 현충문보다 더 근본적인 반공주의를 체현하고 있다.[13]

동작동의 국립현충원은 "북한과의 관계에서, 적대적 대립의 최전선에서 희생된 사람들이 대다수를 차지하는 상징적 공간"(정영철 2007, 15)이라는 인식에 선 한국의 보수에게 북한 인사들의 국립현충원 방문은

---

13 "국가와 민족을 위해 산화하신 순국선열과 호국영령들의 충의와 희생정신을 추앙하면서 동서남북 4방향을 수호한다는 의미를 지닌 십자형으로 된, 국립서울현충원을 상징하는 탑"으로서 "탑의 좌우에는 화강암 석벽이 설치되어 있고, 좌측 석벽 끝에는 5인의 애국투사상이 우측 석벽 끝에는 5인의 호국영웅상이 동상으로 세워져 있다." 5인의 애국투사상은 "국권회복을 위해 몸과 마음을 바치신 순국선열을, 5인의 호국영웅상은 "국토방위와 자유 수호를 위하여 용맹을 떨친 육해공군, 해병대, 경찰용사들을 상징"한다. 그리고 현충탑 제단 앞의 향로는 "건국 20주년 기념사업의 일환으로 국방부 주관으로 제작해 1968년 10월 1일 국방부 장관이 각 군 참모총장, 해병대사령관 및 고위 장성을 대동하고 이곳에 와서 헌납한 것"이며, 향로 위 원형 테두리에는 "국방부와 육해공군 및 해병대를 상징하는 마크가 조각되어 있다."(국립서울현충원 2007, 97)

대단히 위협적인 사건이었다. 민족적 비극의 책임자들이 희생자들 앞에 머리를 숙이는 일은 '너무나도' 모순적이고 역설적인 상황일 뿐만 아니라, 반공주의와 반북주의라는 한국의 이념적 순결성을 훼손하는, 정치적 성스러움을 오염시키는 위험한 행위이기 때문이다. 보수의 저항은 그와 같은 정치적 명분 위에 서 있었다.

그러나 노무현 정권은 문제를 내전과 반공주의의 관점이 아니라 민족화해와 통일의 관점으로 접근하고자 했다. 북한의 제의를 수용한 참여정부는 남한 내 이념 갈등의 가능성보다 민족의 불행했던 과거와 상처를 치유해 나가는 출발점이 될 수 있다는 점에 더 큰 무게중심을 두었다. 정부가 발표한 「8·15 행사 북측대표단 국립현충원 참배 설명자료」에 비추어 볼 때 그 행사는 민족적 관점에서 대단히 발전적인 움직임이었다. 첫째, "분단과 민족상잔의 불행했던 과거와 상처를 함께 치유해나가는 출발점"이며, 둘째 "남북 간 불행했던 과거의 정리는 민족적 견지에서 서로의 상처를 감싸고 하나 된 민족을 다시 복원하는 대승적 과정"이며, 셋째 "6·15 남북공동선언 이후 남북관계의 진전과 북측의 남북 간 공존공영에 대한 의지를 실증"적으로 보여준 것이며, 넷째 "광복 60주년을 맞아 남과 북이 진정한 화해를 바탕으로 교류와 협력을 통해 남북관계를 새롭게 발전시켜" 나갈 기회였다(8·15 행사 북측 대표단 국립현충원 참배 발표문 2005).

역사적인 민족적 행사가 예정대로 개최될 수 있었던 것은 정부의 그와 같은 확고한 의지 때문이었을 법하다. 6·15공동선언남측준비위원회의 성명서에는 정부의 의지가 재현되고 있었다. 성명서는 "국립현충원은 순국선열들의 영혼을 모시고 있는 장소이자 분단체제의 비극이 집약된 곳"이라며 "이 장소에 북측의 당국과 민간 대표단이 참배하기로 결정한 것은 지난 60년 동안 전개된 남과 북의 대결과 반목의 세월에 종지부를 찍겠다는 강한 의지"(「미디어오늘」, 2005.08.13)라고 평가했다.

여기서 알 수 있듯이, 북한 인사들 그리고 그들의 현충원 참배를 인정하고 지지한, 정부를 포함한 진보단체들은 국립현충원의 역사적·정치적 본질에 대한 전혀 다른 해석을 시도했다. 북한 대표단의 김기남 단장은 정동영 통일부 장관과 환담하는 자리에서 자신들의 참배 배경을 다음과 같이 설명했다. "대표단이 광복절에 즈음에 방문하니 조국 광복을 위해 생을 바친 분이 있어 방문하겠다는 의견을 제기한 것"이다. 남측준비위원회 또한 국립현충원을 "분단체제의 비극이 집약된 곳"이기도 하지만 "순국선열들의 영혼을 모시고 있는 곳"이라고 해석했다(「프레시안」, 2005.08.14). 그러한 관점은 명백히, 국립현충원을 반공주의를 본질로 하는 공간으로 이해하는 한국 보수의 지배적 관념과 논리에 대한 도전이었다. 같은 맥락에서 진보적인 인터넷 신문인 「통일뉴스」는 북한 대표단의 현충원 방문을 민족적 관점에서 적극적으로 이해하고 수용할 것을 주문했다. "이제 남측도 북측의 '거침없는' 남북관계 발전의지에 과감히 발맞출 필요가 있다. 민족화해의 새로운 장은 남북이 함께 할 때 열리는 것이다."(「통일뉴스」, 2005.8.13.)

8월 14일의 남북통일축구대회를 출발로 축전이 예정대로 개최되었고 북한 대표단 또한 그날 현충원으로 향했다. 그와 동시에 '자유개척청년단', '북핵저지시민연대' 등과 같은 우익단체 회원들이 현충원으로 모여들어 반북시위를 준비했다. 그들은 김정일 국방위원장의 사진을 찢는 정치적 퍼포먼스를 벌이면서 북한 대표단의 참배가 갖는, 정부가 주장하는 민족적 의미를 해체해버렸다. 반대자들은 "북측 대표단이 국립묘지를 참배하겠다는 뜻이 있다면 오기 전에 6·25 전쟁과 각종 테러 행위 등을 고백하고 사과와 반성의 뜻을 밝혔어야 한다"며 "사과와 반성이 전제되지 않은 참배는 쇼에 불과하다"고 주장했다(「세계일보」, 2005.8.20). 현충원 안으로 들어가 시위를 벌이려 한 또 다른 보수우익단체 회원들도 있었다. 이들의 반대 시위를 뒤로 하고 북한 대표단은 현충원을 방문해 예정대로 참배를 진행했다. 김기남 조국평화통일위원회(조평통)위원장, 림동욱 조평통 부위원장, 최성익 조선적십자회 중앙위원회 부위원장, 김정호 조선문학예술총동맹 중앙위원장, 성자립 김일성종합대학 총장 등 당국과 민간에서 총 27명의 대표단이 현충탑 참배를 마쳤다.

민주화가 추동해 낸 민족주의 열정은 한국 보수 세력의 이념적 성역인 국립현충원에, 그 공간의 조성에 역사적·정치적 책임을 져야 하는 것으로 간주되는 사람들의 입장을 공식적으로 승인했다. 그들의 현충원 방문과 현충탑 참배는 물리적 차원에서는 결코 심각한 상황이 아니었다. 오히려 문제는 상징적인 차원이었다. 앞서 설명한 것처럼, 보수의 관점에서 볼 때, 북한 대표단의 방문은 자신들의 이념적 순결성의 공간이 '오염'되는 상황으로 간주될 만한 것이었다. 그와 같은 '정치적 오염'에 대한 보수의 두려움은 그로부터 4년 뒤 김대중 전 대통령의 장례를 둘러싸고 다시 수면 위로 올라왔다.

2009년 8월 18일, 김대중 전 대통령이 사망했다. 그로 말미암아 국립현충원은 또 다시 정치적 소용돌이 공간이 되어야 했다. 전직 대통령의 장례형식과 안장지가 논쟁과 불협화음의 진원지였다. 김 전 대통령의 유족은 국장을 희망했지만 문제는 한국 현대사에서 국장은 극히 예외적이었다는 사실이다. 현직을 수행하다 사망한 박정희 전 대통령의 장례를 제외하면 다른 전직 대통령들은 국장이 아니라 당시 국민장 또는 가족장의 형태로 영면했기 때문이다.[14] 그에 비춰볼 때 정부가 유족들의 바람을 쉽게 수용하기 어려웠을 법하다. 정부는 "국장은 보통 현직 대통령의

---

14 현재는 국장과 국민장이 국가장으로 통합되었다.

장례를 치를 때 하고 전직 대통령이나 사회적으로 추앙받는 경우는 국민장이 선례다. 형평성을 생각하지 않을 수 없다"(「동아일보」, 2009.8.19)고 언급하면서 국민장을 제안했다. 그런데 사태가 급반전했다. '국장과 국민장의 절충안'을 제시하는 언론을 뒤로 하고, 다음날 행정안전부가 유족과의 합의를 통해 국장을 치르기로 결정했음을 공표했다. 여기서 흥미로운 사실은 정부가 엄격한 의미의 국장 형태를 취하지는 않았다는 점이다. 국장의 법적 원칙은 9일 동안 치르는 것이었지만, 김 전 대통령의 경우는 6일로 축소했다. 유족의 입장을 수용하면서도 이후에 초래될지도 모를 사회적 파장을 최소화하기 위해 현실적 타협점을 찾으려 한 것으로 해석된다. 행정안전부의 결정은 국무회의의 심의·의결을 거쳐 대통령이 최종적으로 재가했다.

그렇지만 안장지 결정이라는 더 예민한 문제가 남아 있었다. 유족의 선택은 국립서울현충원이었지만 정부는 난색을 표명했다. 국립서울현충원의 '국가원수묘역'이 공간적 여유가 없다는 논리였다. 국가원수묘역은 이승만 대통령과 박정희 대통령 부부 묘지로 거의 포화상태에 이른 상황이었다.[15] 또한 다른 전직 대통령들과의 형평성 문제를 고려하지 않을 수 없었다. 전임 대통령들이 전례를 들어 국립서울현충원 안장을 요구한다면 사안이 더 복잡해질 수 있기 때문이다. 그 지점에서 정부는 아직까지 여유가 있는 국립대전현충원의 국가원수묘역이나 그의 정치적 상징성을 드러낼 수 있는 '국립 5·18민주묘지'에 안장하는 것을 검토하기도 했다. 하지만, 결국 정부는 유족의 뜻을 따라 국립서울현충원 안장을 결정했다.

---

15 국립묘지 설치운영법이 제정되기 이전에 조성된 그들의 묘는 각각 1600여 평방미터와 3600평방미터에 달하는 광대한 규모였다(「중앙일보」, 2010.08.20). 그러한 공간적 제약을 고려할 때 국립묘지 설치운영법이 규정하고 있는 전직 대통령의 묘역 면적인 16m×16.5m(약 80평)을 조성하기가 어렵다는 계산이 나온다.

국립서울현충원장은 "김 전 대통령의 묘역을 현 국가유공자 묘역 하단에 조성할 계획"을 알렸다(「조선일보」, 2009.08.20). 여유 공간이 없는 국가원수묘역이 아니라 그 묘역에 근접하고 있는 터를 활용하는 해법이었다.

여기서 우리는 그와 같은 어려움을 알고 있었으면서도 김 전 대통령의 유족과 측근들이 왜 굳이 서울현충원 안장을 원했는지를 질문할 수 있다. 적어도 정부의 제안대로 대전현충원과 국립 5·18 민주묘지라는 두 개의 대안이 그들에게 있었다. 국가원수묘역에 안장되는 것을 원했다면 최규하 전 대통령이 안장되어 있는 대전현충원도 가능했다. 하지만 유족과 측근들은 대전도 광주도 선택하지 않았다. 그렇다면 국립서울현충원에 안장되어야 할 필연적인 이유가 무엇이었던가?

적어도 두 가지 논점으로 이해해볼 수 있을 것 같다. 첫째, 5·18 민주묘지에 안장된다면 김 전 대통령은 광주라는 정치적 공간 안으로 묶이는 결과가 발생하게 될 텐데, 그것은 결코 '긍정적인' 상황이 아닐 것이다. 둘째, 대전 현충원의 국가원수묘역에 안장된다면 김 전 대통령은 최규하 전 대통령과 공존하게 되는데, 그 모양 또한 바람직하지 않다. 김 전 대통령의 정치적 인격과 업적은 그와 선명한 정치적 보색대비를 이루는 존재와 함께 잠들어 있을 때 더 뚜렷한 색깔을 드러낼 수 있기 때문이다. 그 존재는 아마도 박정희 전 대통령일 테고 그 점에서 국립서울현충원이 유일한 안장지가 될 수밖에 없는 것이다.

국립서울현충원에는 본래 국가원수를 위한 공간이 조성되어 있지 않았다. 권력의 영속적 표상공간으로서 국가원수 묘역은 1965년 7월 이승만 대통령의 안장에서 그 기원을 갖는다. 국무회의는 7월 20일 이승만의 국립묘지 안장을 의결했다. "독립운동에 반생을 바쳤고", "대통령으로 반공체제 확립에 이바지한 공헌이 지대"(국무회의록 1965b)하다는 것이 안장 이유였다. 그로부터 10여 년이 흐른 뒤 박정희 대통령이 안장되는

데, 국립묘지에 들어갈 수 있는 자격 중의 하나로 '국장으로 장의된 자'라고 규정한 1975년 10월 13일의 개정 국립묘지령에 따라 박정희는 국무회의 의결을 거칠 필요 없이 국립묘지에 안장되었다.

이승만과 박정희의 안장 이후 어떠한 전직 대통령도 국립서울현충원의 국가원수묘역에 들어오지 않았다. 윤보선과 최규하는 각각 선영과 국립대전현충원에 안장되었다. 그 점에서 김 전 대통령의 안장은 매우 중요한 예외적 사례이자 중대한 상징성을 띠는 정치적 사건이었다. 이제 김대중 전 대통령은, 한 사람은 국부로 호명되고, 다른 한 사람은 근대화와 민족중흥의 아버지로 불리는 두 전직 대통령과 같은 공간에 영면함으로써 정치적 상징성의 차원에서 선명하게 부각되는 의미의 구조로 들어오게 되었다. 그는 '민주화의 아버지'로 자리 매김할 수 있을 법하다. 하지만 바로 그 점이 한국의 보수들에게는 받아들이기 어려운 구도였을 것이다. 보수 세력에게서 국립서울현충원은 반공주의의 응축 공간이며 그 이념과 가치를 본질로 하는 언어인 자유민주주의를 수호하기 위해 전력을 다한 두 정치지도자가 잠들어 있는 장소이기 때문이다.

하지만 진보권력이 집권하면서 그와 같이 완결된 정치적 상징성이 도전받았다. 2005년에는 반공주의 공간이라는 확정된 사실이 도전받았고, 2009년에는 그들이 친공주의자, 친북주의자로 규정한 김대중이 안장되어 자신들의 영웅들을 둘러싼 신성성을 '더럽혔다.' 어떻게 보면 2009년의 사건은 2005년 북한 대표단의 방문보다 더 심각한 문제가 될 만했다. 앞의 것이 일회적이라면, 안장은 영원한 것이고, 한국의 장례문화에서 한번 묻힌 사자를 다시 꺼내는 일은 반인륜적인 일로 인식되기 때문이다. 그들로서는 반공주의 이념과 양립 불가능한 인물이 반공주의 영웅들과 공존하는 상황을 인정하고 싶지 않았을 것이다.

정부가 유족의 요구를 수용하는 방향으로 방향을 바꾸었기 때문에 전직 대통령의 장례는 공식적으로는 차질 없이 진행될 수 있었지만 문제는 공식적 결정 바깥에 존재하고 있었다. 보수는 김 전 대통령의 국장결정과 안장지의 부당성을 제기하고 나섰다. 보수 세력은 국민행동본부를 결성해 국장 취소와 국립서울현충원 안장 반대운동을 전개해 나갔다. 그들은 "대한민국의 정통성과 정체성과 헌법정신을 정면으로 부정해 온 김 전 대통령의 국장을 결코 수용할 수 없다. 6일은 물론 하루도 조기를 걸 수 없다. 우리 애국시민들은 김 전 대통령 국장거부운동을 전개할 것"(국민행동본부 2009.8.19)이라는 성명서 발표로 운동을 시작했다. 이어서 대통령의 시신을 동작동에 안장하는 것으로 결정되자 국민행동본부를 포함해 라이트코리아, 자유북한운동연합 등 보수우익단체들은 '김대중 전 대통령 국장 및 현충원 안치 반대 기자회견'을 광화문에서 개최하면서 격렬한 시위를 전개해 나갔다(「오마이뉴스」, 2009.8.20). '김대중', '국장'이라고 적힌 종이를 구기거나 찢어서 땅바닥에 버리는 상징적 퍼포먼스로 문을 연 기자회견에서 단체들은 "좌익 활동가인 '김대중'이라는 이름을 반역자로 기억하는 수많은 국민들에게 애도를 강제하는 국장은 양심의 자유에 대한 위반이며 전체주의적 의식일 뿐"이라며 "6일은 물론 하루도 조기를 걸 수 없다"(「노컷뉴스」, 2009.08.20)는 독설을 쏟아냈다.

보수의 저항이 점점 더 확대되어 가는 상황 속에서 전직 대통령이 국립서울현충원에 안장되었다. 그리고 그에 대한 반동으로 시위는 극단적인 상징폭력을 동반하면서 이어졌다. 2009년 9월 10일, 보수우익단체들 회원 100여 명이 동작동 국립묘지 앞에서 기자회견을 열어 대통령의 현충원 안장 취소를 요구하는 시위를 벌였다. 그들은 대통령의 현충원 안장을 "친북세력의 알박기"로 규정하면서 시신을 광주로 옮기는 상여행렬 퍼포먼스를 연출하고 "또 당하지 않으려면 이제라도 온 국민이 빨갱이 타도에 나서야 한다"고 주장했다(「독립신문」, 2009.09.11). 그들은 이어서 '김대중 묘지 이장 촉구 서명운동'과 '김대중 전 대통령 묘비 제막식 우상화 규탄 대회'를 지나 '김대중 국장과 현충원 안치 결정 취소 소송'으로 이어지는 일련의 정치운동을 통해 극단적인 분노와 적대감을 표출했다. 해가 지나서도 김대중 전 대통령의 서울현충원 안장에 대한 불만은 수그러들지 않았다. 2010년 2월 2일 오전, 김 전 대통령 묘역 뒤편 언덕의 잔디가 불에 탄 흔적이 발견되었는데, 현장 부근에서 김 전 대통령을 친공산주의자로 표현한 한 보수단체 명의의 전단이 있었다는 사실(「경향신문」, 2010.2.2)로 미루어 볼 때 화재는 전직 대통령의 현충원 안장을 지속적으로 반대해온 집단들의 의도적 행위로 해석할 수 있다.

내전과 한국전쟁을 거치면서 한국에는 반공주의를 본질적 원리로 하는 자유민주주의 이념이 숭배되기 시작했고, 유신체제를 통해 헌법적 형식을 갖추면서 성스러운 언어의 위상을 굳건히 해왔다. 이승만 정권 아래에서 자유민주주의는 반공주의와 북한에 맞서기 위한 국민적 통합을 주창하는 일민주의로 구축되었고, 박정희 정권 아래에서는 반공주의를 근간으로, 승공을 위한 근대화라는 목표를 위해 국가주의와 발전주의 이념으로 구축되어 왔다. 바로 그러한 이념을 실천하는 국민은 국가의 이름으로 자유민주주의라는 성스러운 언어의 세례를 받을 수 있었다. 그와 같은 결과는 일련의 정치적 경험과 체험이 응축된 집단적 기억의 힘이었다.

하지만 1990년대 후반 정권교체 이후 10년간 이루어진 개혁 정권의 정치적 실천들은 한국보수의 정치적 정체성을 담고 있는, 그들의 집단 무의식에 각인된 정치적 문법에 균열을 내는 일이었다. 그 정치적 도전의 핵심에는 반공주의라는 이념적 정수를 문제시하고 해체하는 시도가 놓여 있었다. 2000년대 초반부터 전개된 남남갈등은 진보세력의 그와 같은 정치적 의지에 대한 보수의 대응으로 나타난 결과였다. 아마도 서울과 대전의 국립현충원에서 벌어진 죽은 자를 둘러싼 정치적 갈등은 반공주의를 민족주의로 전환함으로써 자유민주주의의 이념적 토대를 흔드는 일이었고, 한국의 보수가 추앙하는 두 영웅의 신성성에 도전하는 일이었다.

그런데 2009년의 상징투쟁을 지나 보수는 반공주의의 신성한 장소에 내재하는 정치적 기억과 이념을 흔들려는 진보에 맞서 자신들의 성스러운 언어인 반공주의의 드라마틱한 공간, 국립현충원의 정치적 존재성을 다시 회복할 두 번의 중대한 계기를 만나게 된다. 2011년 안현태, 2020년 백선엽의 사망이다. 2011년 8월 6일, 전두환 전 대통령의 경호실장을 지낸 안현태가 국립대전현충원 장군 제2묘역에 묻혔다. 그해 6월 25일에 사망했지만 곧장 안장되지 못했다. 사망한 지 40일이 지나서야 가능했다. 안장 자격을 둘러싸고 합의가 이루어지지 못했기 때문이다. 그는 국가보훈처[16]가 안장을 결정한 다음 날 서둘러 국립묘지로 들어갔다. 하지만 그를 이장해야 한다는 목소리 때문에 그는 안장 이후에도 경건한 사자 대우를 받지 못했다. 2011년 8월 5일, 국가보훈처는 국립묘지안장대상심의위원회가 안현태를 국립묘지 안장대상자로 심의·의결했다고 발표했다. 안장 자격을 부여한 이유들 중에는 베트남 파병과 1968년 무장공비 사살의 공으로 훈장을 받았다는 사실이 있었다(「서울신문」, 2011.8.6). 말하자면, 그는 '반공'을 실천한 군인이라는 것이다. 특정범죄가중처벌법에 따라 실형을 선고받았음에도 국립묘지에 안장될 자격을 갖게 된 이유다.

2020년 7월 10일에 사망한 백선엽은 그의 뜻대로 국립현충원 제2장군묘역에 안장되었다. 그의 사망 몇 달 전(5월 말), 당시 박삼득 국가보훈

---

16 그 당시는 국가보훈부가 아니라 보훈처였다.

처장은 백선엽이 현행법상 현충원 안장 대상이 된다는 견해를 밝혔다(「중앙일보」, 2020.7.1). 그가 사망한 뒤 유가족은 대전 현충원 안장을 신청했고, 보훈처는 안장을 승인했다. 보훈처장의 주장대로 그는 국립묘지법 상 국립서울현충원 또는 국립대전현충원에 안장될 자격이 있는 인물이었다. 그는 국립묘지법 제5조(국립묘지별 안장대상자) 라 항과 마 항에 해당되기 때문이다.[17] 하지만 그는 그러한 제도적 자격을 넘어 북한 공산주의에 맞서 자유민주주의를 수호한, 보수가 숭배해온 인물이었다는 점에 주목해야 한다. 지난 2023년 5월, 국가보훈부가 "70여 년 전 위기에 처한 대한민국의 자유민주주의 수호를 위해 목숨을 바친 10대 영웅"으로 백선엽을 선정했다는 보도가 그 점을 말해준다(「나라사랑」, 2023.05.01). 그런 논리 위에서 그의 안장을 지지하는 사람들은 백선엽을 대전현충원이 아니라 서울현충원에 안장해야 하며, 육군장이 아니라 국가장으로 장례를 치러야 한다고까지 주장했다.

---

[17] 라. 「상훈법」 제13조에 따른 무공훈장을 수여받은 사람으로서 사망한 사람, 마. 장성급(將星級) 장교 또는 20년 이상 군에 복무한 사람 중 전역·퇴역 또는 면역된 후 사망한 사람.

제8장
보수와 진보의 권력교체와 이념대결의 재연

1. 보수의 연속 집권과 '건국절'의 정치언어학[18]

2007년 12월 19일의 대통령선거는 한국의 보수에게는 매우 중대한 정치적 국면이 아닐 수 없었다. 진보권력이 10년 동안 '뒤흔들어버린' 한국의 '자유민주주의체제'를 다시 세우는 역사적 과제를 수행할 정치권력을 장악할 기회였기 때문이다. 이회창 후보로 인해 보수 재집권에 대한 우려가 있었지만 보수는 대통합민주신당의 정동영 후보에 맞선 이명박 후보의 압도적 승리(48.67%/26.14%)로 다시 권력을 잡았고 자신들의 정치적 기획을 실천할 기회를 갖게 되었다.

2008년 8월 15일, 이명박 대통령은 이명박 정부 첫해의 광복절 경축사, 하지만 정확히 말하면 「제63주년 광복절 및 대한민국 건국 60년 경축사」를 낭독했다. 축사의 청중은 "존경하는 국민 여러분, 재외 동포와 국가유공자, 그리고 내외귀빈 여러분!"이다. 그리고 연설은 아래와 같은 목소

---

[18] 이 절의 일부 내용은 하상복(2012)을 받아온 것임을 밝혀둔다.

리로 시작되었다. "60년 전 오늘 바로 이 자리에서 대한민국 정부 수립이 선포되었습니다." 이후의 경축사는 대한민국 건국 60주년이 갖는 긍정적인 가치와 결과를 알리는 데 할애되고 있었다. "저는 오늘 분명히 말하고자 합니다. 대한민국 건국 60년은 '성공의 역사'였습니다. '발전의 역사'였습니다. '기적의 역사'였습니다", "저는 이 역사가 기록되고 새롭게 이어질 수 있도록 '현대사 박물관'을 짓겠습니다", "건국 60년 우리는 '자유의 가치'를 지키기 위해 자유를 위협하는 모든 것들과 당당히 싸워왔습니다."(이명박 2008)

　이명박 대통령 경축사의 정치적·이념적 색채와 지향을 명확히 알기 위해 우리는 전해 광복절의 노무현 대통령 경축사와 비교해볼 필요가 있다. 2007년 8월 15일, 노무현 대통령은 참여정부의 마지막 광복절 경축사를 낭독했다. 연설의 청중은 "존경하는 국민 여러분, 북녘동포와 7백만 해외동포 여러분"으로 호명되었다. 그리고 연설은 다음과 같은 이야기로 시작되었다. "62년 전 오늘, 우리 민족은 일본 제국주의의 압제에서 해방되었습니다. 그날 우리는 가슴 벅찬 기쁨으로 서로 얼싸안고 감격의 눈물을 흘렸습니다." 대한민국의 경제발전과 민주주의의 성취에 대한 긍정적 평가로 이어진 경축사는 그럼에도 아직 해결하지 못한 숙제 하나가 있음을 환기해주고 있다. 대통령은 "그러나 이 과정에서 반드시 풀어야 할 하나의 큰 숙제가 있습니다. 지금도 우리는 냉전의 굴레를 극복하지 못한 채 세계 유일의 분단국가로 남아 있습니다. 총성은 멎었지만, 아직 평화에 대한 확신을 갖지 못하고 있습니다. 더 늦기 전에 우리는 이러한 상황을 극복하고 민족의 새로운 미래를 열어 나가야 합니다"라고 말했다. 이제 경축사의 지배적인 논조는 남북 간 평화협력체제 구축을 위한 노력과 전망으로 이어지고 있다. "62년 전, 우리는 분단을 우리 힘으로 막지 못했습니다. 그러나 남북이 함께 협력하고 공동 번영의 길로 나아가는 것은 지금 우리의 의지에 달려 있습니다"(노무현 2007)라는 메시지다.

쉽게 인식할 수 있는바, 경축사의 텍스트는 어느 것 하나 동일하지 않은데, 우리는 위 두 경축사가 서로 조응하거나 화해할 수 없는 '역사해석'의 대립구도를 보여주고 있다는 점에 주목한다. 2007년 경축사에서 북녘동포는 광복과 해방의 기쁨을 기꺼이 함께 누려야 할 민족 구성원의 범주에 포함되었다가 다음해에는 그 민족적 자격을 박탈당했다. 노무현 대통령은 8월 15일을 제국주의 식민통치로부터의 해방으로 의미화하고 그 해방 위에서 남과 북이 단일한 근대국가로 수립되는 정치적 과정을 이루지 못한 것을 민족적 비극과 고통으로 해석하고 있다. 그러므로 그에게서 통일은 민족적 지상과제였다.

그와 달리, 이명박 대통령은 8월 15일을 제국주의로부터의 해방보다는 대한민국이란 국가가 수립된 날의 의미로 접근하고 있다. 그런 면에서 그가 말하는 8·15는 1945년이 아니라 1948년이다. 더불어 그는 남북한이 각각 다른 정치체제를 수립해 별개의 국가로 존재하는 것을 민족적 슬픔으로 보려 하지 않는다. 오히려 그는 ― 통일 민족주의에서는 불완전과 결손을 의미하는 ― 대한민국의 수립을 "성공"과 "발전"과 "기적"과 "자유"의 수호라는 정반대의 가치로 해석하고 있다. 신임 대통령의 광복절 경축사에서 그려진 한국은 뚜렷한 이념적 경계와 정체성으로 구축되어 있다. 그것은 분단을 함의하고 있는 명칭인 '남한'이 아니다. 북쪽의 공산주의국가와는 근본적으로 다른 이념과 가치와 원리 위에서 탄생한 자유민주주의 국가 대한민국이다. 신임 대통령의 경축사는 모든 면에서 완결체인 국가 대한민국에 대한 정치적 찬양의 수사다.

한국은 1공화국 수립 이후부터 2008년 이전까지 8월 15일을 제국주의로부터 독립을 쟁취한 광복절로 기념해왔다. 그러한 기념일의 전통에 비추어보면, 8월 15일에 대한 이명박 정부의 새로운 의미규정은 대단히 예외적이다. 보수권력은 한국의 국가 정체성과 관련해 통일국가 실현이라는 정체성과 북한과의 체제 경쟁이라는 또 하나의 정체성 사이에서 이중적 스탠스를 취하고 있었다. 오랜 시간, 반공국가이면서 그와 동시에 통일을 추구하는 국가라는 모순 사이 어디엔가 위치하고 있었다. 그럼에도 이명박 정부처럼 8·15를 정부수립일의 의미로 해석하면서 자유민주주의 국가 한국의 탄생을 공식적으로 강조한 적은 없었는데, 이러한 맥락에서 우리는 이명박 정부의 집권 첫해 그와 같은 경축사의 정치적 맥락을 살펴보지 않을 수 없다.

앞서 논의한 것처럼, 1997년 대통령 선거에서 승리한 국민의정부로부터 연속적으로 집권한 참여정부에 이르는 진보권력 10년의 정치적 시간 동안 한국은 남남갈등을 겪어왔다. 한국의 보수는 진보권력에 의해 한국의 정치적 정체성이 위기를 맞이했다고 판단하면서 '잃어버린' 국가적 정체성을 다시 회복하기 위한 이념적 대결에 불을 지폈다. 그러한 정치적 상황 속에서 탄생한 이명박 정부는 보수의 정치적 소망에 부응하는 방향에서 한국이 북한과는 근본적으로 상이한 국가이자 정치공동체임을 선언한 것으로 우리는 해석한다. 이명박 정부가 전파를 시작하고 박근혜 정부가 이어 받아 전개한 '건국절' 논쟁은 자유민주주의라는 한국의 이념적 정체성을 회복하려 한 보수의 정치적 의지를 구현하는 대표적인 사례다.

2006년 7월 31일자 「동아일보」에 이영훈의 칼럼 '우리도 건국절을 만들자'가 실렸다. 그는 다음과 같이 주장했다.

> 그러니까 진정한 의미의 빛은 1948년 8월 15일의 건국 그 날에 찾아왔다. 우리도 그 날에 국민 모두가 춤추고 노래하는 건국절을 만들자. […] 내후년이면 대한민국이 새 갑자를 맞는다. 그 해에 들어서는 새 정부는

아무쪼록 대한민국의 60년 건국사를 존중하는 인사들로 채워지면 좋겠다. 그 때부터 지난 60년간의 '광복절'을 미래지향적인 '건국절'로 바꾸자. […] 누가 이 나라를 잘못 세워진 나라라고 하는가. 누가 이 자랑스러운 건국사를 분열주의자들의 책동이라고 하는가(이영훈 2006).

이어서 2007년 가을, 한나라당 정갑윤 의원이 광복절을 건국절로 개칭할 것을 골자로 하는 「국경일에 관한 법률 개정안」을 국회에 제출했다. 그는 8월 15일이 광복절이라는 규정으로 인해 1948년 8월 15일, 즉 대한민국 건국이라는 의미가 축소되고 있음을 개정 이유로 들었다. 그는 "광복절과 대한민국 정부수립일이 같아 지금까지 일제로부터 해방된 1945년 8월 15일이 중요시되고 실질적 건국일인 1948년 8월 15일의 의미는 축소돼왔다"고 말하면서 "내년 건국 60주년을 앞두고 과거 지향적 의미의 '광복절'을 미래지향적 '건국절'로 바꾸기 위해 개정안을 제출했다"고 취지를 설명했다. 그에 더해 그는 "건국정신을 살리고 **자유민주주의 기본질서**를 국민의 의식 속에 심어주기 위해 개정안을 발의했다"(「연합뉴스」, 2007.09.28. 강조는 필자)고 이야기했다.

남남갈등의 국면 속에서 시작된 보수의 그와 같은 건국절 제정 움직임은 이명박 정부가 들어서면서 실질적인 추동력을 확보했다. 대통령이 그 시작을 알렸다. 이명박 대통령은 취임 후 첫 3·1절 기념식에서 "건국 이후 60년, 우리는 세계가 기적이라고 부르는 '성공의 역사'를 만들어왔습니다. 전쟁의 잿더미 위에서 가난에 고통 받던 나라가 세계 10위권의 경제대국으로 우뚝 섰습니다"(이명박 2008)라는 건국의 메시지를 알렸다. 그리고 그 아이디어를 제도화하는 일이 빠른 속도로 구체화되기 시작했다. 정부는 2008년 4월, 국무총리실 산하에 '건국 60년 기념사업 추진기획단'을 설치하고 방대한 규모로 전개될 건국절 제정을 위한 대국민운동을 준비해나갔다. 2008년 4월 16일 국무총리실에서 열린 회의내용을 모은 「건국 60년 기념사업 추진방향(안)」이 사업의 전체적인 모습을 보여주고 있다.

「대한민국 건국 60년 기념사업위원회 설치 및 운영에 관한 규정」(대통령 훈령 제214호)을 근거로 조직된 기획단은 '기념사업위원회', '조정위원회', '추진기획단'으로 구성되어 "대한민국 건국 60년을 기념할 수 있는 상징성 있는 주제를 선정, 기념행사, 학술문화연구, 국민 참여축제 등 복합적 기념사업"을 개최하고, "일반 국민, 민간단체, 정부의 적극적인 참여로 국민대통합을 실현할 수 있는 입체적인 기념행사를 추진"하고, "폭넓은 해외 홍보 및 해외동포의 참여로 건국 60년의 상징성을 국제적으로 전파"(건국 60년 기념사업 추진기획단 2008, 5)하는 임무를 담당했다. 앞서 살펴본 것처럼, 대통령은 광복절 기념식 연설을 통해 대한민국 수립 60주년을 강조하고 그 60년을 발전과 성공의 역사로 평가하면서 건국절의 인식론적 토대를 공식화했다.

2008년 8월 15일, 이명박 대통령은 경복궁에서 제63주년 광복절 및 대한민국 건국 60년 경축식을 거행했다. 건국 60년 기념사업위원회가 기획한 다양한 사업들이 개최되었다. 기념사업위원회가 발간한 백서 『위대한 국민, 기적의 역사』는 건국 60년을 기념하기 위해 개최한 행사들을 정리하고 있는데, "첫째는 경제 및 문화계 원로의 인터뷰, 둘째는 통계자료를 통해 살펴본 대한민국 60년 생활사, 셋째는 광복절 63주년 및 대한민국 건국 60주년을 기념하는 중앙경축식, 넷째는 중앙부처가 8개 분야로 진행한 총 63개 주요사업 내용, 다섯째는 민간단체가 펼친 총 26개의 민간 기념사업 주요내용, 여섯째는 지방자치단체들이 참여한 총 292개 행사, 일곱째로는 한국을 대표하는 명사 60인이 참여했던 60일 연속강연"(건국 60년 기념사업위원회 2008, 8-9)이다.

하지만 이명박 정부의 건국절 논리는 대한민국임시정부기념사업회를 필두로 여러 학술, 사회단체들로부터 많은 비판을 받았다. 무엇보다 1948년을 대한민국 건국의 시점으로 삼아야 한다는 관점은 '우리 대한민국은 3·1운동으로 건립된 대한민국 임시정부의 법통'을 계승한다는 헌법 전문의 이념에 위배된다는 반(反)헌법적 상황에 직면해야 했다. 국경일에 관한 법률 개정안을 발의한 정갑윤 의원이 자신의 개정안을 취소한 것은 그러한 맥락과 무관해보이지 않는다. 이후 이명박 정부는 건국절에 관한 공식적 발언을 하지 않았다.

그렇게 종결될 것 같았던 건국절 이슈는 박근혜 정권 들어 다시 부상하기 시작했다. 박근혜 대통령은 취임 첫해 광복절 경축사를 "오늘은 제68주년 광복절이자 대한민국 정부 수립 65주년을 맞이하는 역사적인 날입니다"라는 문구로 시작했지만 이어지는 연설에서는 건국이라는 말을 사용했다. "광복과 건국"이라는 표현을 예로 들 수 있다. 그런데 이듬해 광복절 경축사에서는 건국이라는 용어를 사용하지 않았다. 하지만 새누리당의 윤상현 의원이 건국절을 주장했다. 2014년 9월 2일, 그는 8월 15일을 광복절 및 건국절로 확대 지정할 것을 내용으로 하는 국경일 관련 법률 개정안을 발의했다. 그는 "지금까지는 1945년 8월 15일이 중시되고 1948년 8월 15일의 의미는 축소돼왔다"고 하면서 "건국절은 나라의 생일이고 모든 나라가 건국절을 기념하는 만큼 8·15에 담긴 광복과 대한민국 건국의 의미를 함께 살려나가야 한다"(「연합뉴스」, 2014.09.12)고 발의 취지를 설명했다. 그리고 박근혜 대통령은 2015년과 2016년 광복절 경축연설에서 모두 건국이라는 용어를 사용했다.

이처럼 근 10년 보수권력의 집권 기간 동안 건국이라는 개념이 공식화되어왔다. 대한민국을 1948년에 건국한 국가로 규정하는 것이 무엇을 의미하는가? 왜 두 보수 정부는 그러한 이념적 스탠스를 지속해왔을까?

앞서 논의한 것처럼, 박근혜 대통령은 취임 첫해 광복절 기념 연설에서 건국을 이야기하면서 "자유민주주의를 우리가 지향하는 핵심 가치로 헌법에 담아 대한민국이 출범한 것이야말로 오늘의 번영과 미래로 나아갈 수 있던 첫 걸음이었습니다"라고 말하면서 건국된 대한민국의 이념적 정체성을 명확히 했다. 말하자면 대한민국은 인민민주주의를 이념적 토대로 삼는 북한과는 어떠한 공통점도 없는 국가인바, 그러므로 분단, 결손과 같은 개념을 사용해 마치 남한을 아직까지 미완의 국가, 통일을 달성해야 할 국가로 전제하는 것은 타당하지 않다는 논리로 해석된다.

이는 이명박 대통령의 2008년 광복절 기념사에서도 관찰할 수 있는데, "국가의 독립과 영토를 보전하고 자유민주주의와 시장경제를 발전시켜 국민의 복리를 증진하라는 헌법의 명령을 엄숙히 받아들이며"(이명박 2008)라는 표현이 말하고 있듯이, 대한민국은 이념적 정체성에서 북한과는 근본적으로 다른 국가로 정립된다.

건국 60주년 기념사업위원회 집행위원장을 맡았던 김진현의 인터뷰를 그러한 맥락에서 해석할 수 있는데, 그는 "대한민국의 건국은 특별히 산고가 컸습니다. 많은 근대국가의 건국역사 중에서도 매우 고통스럽고 분열적이었습니다. 그리고 **건국한 지 2년이 채 안되어 6·25전쟁으로 존폐의 위기**도 겪었습니다"(김진현 2008, 47. 강조는 필자)라고 말했다. 대한민국은 1919년에 건국된 민주공화국이 분열된 결과물이 아니라, 본래 이념적 차원에서 상이한 독립된 나라로 세워진 것이라는 논리로 해석된다. 그렇기 때문에 1950년의 한국전쟁은 통일을 향한 전쟁이 아니라 자유민주주의와 시장경제를 원리로 하는 대한민국이 사라질 위기의 시간이었다.

이 지점에서 한국의 좌우가 갈라진다. 좌파의 역사인식에서 한국은 통일이라는 민족적 과제를 달성해야 할 분단국가, 결손국가로 규정된다.

서중석의 아래 입론이 그 인식을 잘 담아내고 있다.

> 국가는 영속성을 기본 전제로 한다. 현재 남과 북은 그러한 면도 있고, 그렇게 되도록 노력하는 세력도 있을 수 있으나, 언젠가 하나의 국가 = 민족국가를 가졌을 때 비로소 영속성이 갖춰진 것으로 인식하는 것이 일반적일 것이다. 한국인처럼 우리는 1민족이라는 인식을 강하게 갖고 있는 민족도 드물다. 따라서 현재 남과 북은 2민족 2국가적인 면도 있지만, 한국인의 의식에 맞춰서 판단한다면, 불완전한 또는 특수한 형태의 1민족 2국가체제로서 1민족 1국가를 지향하고 있다고 보아야 할 것이다 (서중석 2005, 75).

여기서 통일은 대체로 역사성과 종족주의 그리고 문화적 차원에서 그 정당성을 확보하고 있다. 그런 면에서 두 보수정부가 주장한 건국절은 타당하지 않다. 왜냐하면 1948년 8월 15일에 수립된 국가는 통일국가가 아니라 미완성의 분단국가이기 때문이다.

하지만 보수는 전혀 다른 관점으로 접근한다. 예컨대, 보수적 역사학자 이명희는 "역사를 누구의 시점에서 서술해야 하는가 생각할 때, 통일을 염두에 두고, '한민족'의 시각에서 역사를 서술한 지금의 교과서는 문제가 있다"(정유진 2011)고 주장했다. 보수의 관점에서 볼 때 대한민국의 정치적 정체성은 역사, 혈연, 언어와 같은 문화민족주의가 아니라 이데올로기를 토대로 구성되어 있다. 대한민국은 북한과는 국가이념에서 서로 화해하거나 양립할 수 없는, 자유민주주의 체제와 자본주의 시장경제 체제를 원리로 하는 국가다. 1948년 이래 '60년' 혹은 '68년' 동안의 모든 국가적 과정은 그 체제 수호가 목적이었다. 바로 그러한 이념적 경계 위에서 산업화를 비롯한 국가발전을 성공적으로 달성한 것이다.

박근혜 대통령은 2016년 광복절 경축사에서 "저는 취임 후 여러 나라를 방문할 때마다 우리 국민들이 이뤄낸 오늘의 대한민국에 무한한 자긍심을 느꼈습니다. 자동차, 철강, 선박 같은 전통 산업부터 스마트폰과 같은 첨단 제품에 이르기까지, 메이드 인 코리아는 가장 우수하고 신뢰할 수 있는 제품 중 하나로 세계인들의 사랑을 받고 있습니다"라고 말했다. 대한민국은 결손국가가 아니라 완결된 국가이며 불행한 나라가 아니라 이념적 적(북한)과의 대결에서 승리하고 경제사회적 발전을 이룩한 위대한 나라다. "대한민국은 이 지구상에서 가장 실패한 국가, 북한의 부자세습 왕조와의 정통성 비교에서는 민주주의, 민족주의, 인권, 복지, 건강, 소득, 산업 고도화, 휴머니즘, 그 어느 기준으로도 비교가 불가능할 정도로 성공"(김진현 2008, vi)한 나라인 것이다.

건국절 속에는 대한민국의 이념적 본질과 정체성에 대한 보수의 관념이 깔려 있다. 한 보수적 역사학자의 발언을 예로 들 수 있다. 박지향은 "그러니까 지금 서로 다른 정치체제인 남북한의 두 국가를 통일하자는 민족 담론이 세를 떨치고 있음은 사실상 자기를 키워준 국민국가를 부정하고 있음과 다를 바 없지요. 그 점은 다른 어떤 비슷한 예를 찾기 힘든 우리의 슬픈 역사이자 현실입니다"(박지향 외 2004b, 672)라고 말했다. 건국절의 논리 속에는 위대한 대한민국, 성공한 대한민국의 서사가 내재하고 있으며 그 점에서 대한민국의 체제와 이념은 반드시 수호되어야 할 신성한 존재가 된다.

근대국가에서 국가이념과 정체성을 구체화하고 단일의 정치적 주체로서 국민을 만드는 일은 궁극적으로 국가적 충성과 자기희생의 덕성을 창출하는 작업과 밀접한 관련이 있는데, 바로 그 지점에서 우리는 근대국가가 조형하는 애국적 인물의 표상체계를 만난다. 건국절 제정의 정치를 주도한 세력은 새로운 국가이념의 토대와 정체성의 외적 경계를 응축하고 있는 애국적 인물을 주조하고자 하는데, 바로 이승만이다.

이승만을 대한민국 건국의 표상으로 만드는 일은 2011년 8월, 보수 사회단체 한국자유총연맹의 주도로 구체화되기 시작했다. 8월 25일, 서울 장충동에 위치한 한국자유총연맹 광장에 이승만 대통령 동상 제막식이 개최되었다. 자유총연맹은 2010년 3월부터 10억 원을 목표로 모금운동을 시작했는데, 그 운동의 명칭이 '건국대통령 이승만 박사 동상건립 모금운동'이라는 점에 우리는 주목한다. 박창달 자유총연맹 총재는 기념사를 통해 이승만에 대한, 진보주의의 관점과는 근본적으로 다른 해석을 내놓았다. "이승만 박사는 민족사상 처음으로 대한민국 헌정질서를 만들고, 북한의 침략으로부터 **자유민주주의체제**를 지켜내었으며 또한 산업화와 민주화의 초석을 다지며 오늘날 대한민국의 발전과 번영을 가능하게 했던 인물"이기 때문에 "건국 대통령 이승만 박사의 역사적 업적을 폄하하고 음해하는 것은 대한민국의 역사적 정통성과 국가정체성을 부정하는 일"(한국자유총연맹 2011. 강조는 필자)이다. 반대로 진보적 민족주의 관점에서 이승만에 대한 역사적 평가는 대단히 부정적이다. 관련해 아래의 평가를 만날 수 있다.

> 이승만은 항일운동에서 민족 사회의 근대화의 측면을 무시하여 민족운동가로서의 가치가 반감되었고, 분단 체제를 성립·강화하고 민족 사회의 진보와 역행했기에 민족 운동에서는 부정되어야 할 것이다. 그러므로 그의 '위대했던 시절의 편린' 운운하는 평가는 모두 민족사적 관점을 벗어난 것이다. […] 이승만 체제는 4·19로서 극복된 것이 아니며 민족사의 진보라는 방향에서 통일이 이루어질 때 비로소 극복될 것이다(김도현 2011, 391).

김도현에게서 이승만에 대한 부정적 평가는 분단국가의 형성이라는 민족주의 기준에 관계한다. "91세의 긴 생애를 산 이승만도 역사적 기준에서 본다면 결국 '분단과 통일' 그 어느 편에서 어떤 역할을 했나를 따져야 할 것이며, 그 밖의 다양한 평가는 민족사적 의미와는 별개의 것이 될 것이다. 한반도 남쪽에서 오늘 이 시대의 기본 성격의 양면 가운데 한 면인 분단을 만든 가장 결정적 계기는 이승만과 그 지지자들이 정치적 지배력을 확립한 것"(김도현 2011, 361)이라는 주장이다.

하지만 대한민국의 수립을 분단이 아니라 자유민주주의 체제를 근간으로 하는 독립 국가의 탄생이라는 관점에서 해석하는 한국 보수에게서 이승만은 '국부'라는 영광의 관을 써야 할 존재다. 그러한 정치적 과제가 자유총연맹 광장의 동상으로 시각적으로 구현되었지만, 그에 필요한 지적 토대는 이미 지식인들에 의해 체계적으로 제공되고 있었다. 앞서 살펴본 김일영의 국부 주장이 그 사례가 되겠지만, 이주영은 "이승만 시대를 '독재'와 '민주'의, '악한'과 '영웅'의 대립과정으로 보는" 진보의 관점을 비판하면서 그 시대를 "자유선거에 대한 합의"가 이루어진 시대로 이해해야 한다고 강조했다. 그러한 맥락에서 그는 이승만을 민주주의 국가의 본질적 요소인 자유선거를 확립한 인물로 평가하고 있다(이주영 2011, 18-26).

『해방 전후사의 재인식』 편집자들의 대담에도 이승만에 관한 보수의 관점이 잘 드러나고 있다. 김일영은 이승만을 반민주주의적 독재자로 규정하는 관점을 교묘히 피해가는 논리를 내세우면서 그를 옹호하고 있다. 그는 이승만에 대해 "독재도 하고 부정부패도 했죠. 국민방위군 사건 같은 것은 변명의 여지가 없어요. 그걸 부인하려는 것은 아니고, 그 잣대는 그 잣대대로 놔두면 된다고 생각합니다. 그런데 그 외에도 중요한 잣대가 많거든요.", "그런데 그렇게 보지 않고 오직 하나의 잣대로만, 도덕적이고 윤리적인 잣대, 독재를 했나 민주를 했나, 또는 통일이라는 잣대로만 보니까 무리를 범하는 게 아닐까 싶습니다"(박지향 외 2004b, 674)라고 주장하고 있고, 또한 대담에 참여한 이영훈은 1950년대에 대한 재해석을 통해 이승만에 대한 긍정적 평가를 내리고 있다.

> 흔히 혼돈, 무질서, 무계획, 방임의 1950년대라 하는데, 그런 게 아니라 어느 측면에서는 치밀하고 조직적이고 일관된 정책이 있었다는 것이지요. […] 이승만 정부에 여러 가지 문제점이 있음은 부정할 수 없지만, 그럼에도 나라 만들기의 큰 원칙에 있어서는 상당한 성과를 거두었던 시대라고 평가해도 좋을 듯합니다.
>
> 그런 장기적이고 지그재그적인 역사에서 1950년대는 그 시대 나름의 역할을 갖고 있었고 이승만 정부는 그 역할을 잘 수행했다고 할 수 있습니다. 경제적으로는 수입대체공업화를 추진했고, 정치·군사적으로는 한미방위조약이라는 최대의 성과를 얻어냈죠. 그 토대 위에서 1960년 이후가 건설되었다고 생각합니다.(박지향 외 2004b, 676-677)

박지향은 정치적 차원에서 1950년대를 긍정적으로 평가하고 있다. "저는 민주주의 교육과 선거의 학습이 1950년대의 가장 큰 효과가 아니었나 하는 생각이 들어요"(박지향 외 2004b, 677), "한데 우정은, 차상철, 김일영 교수의 글들을 읽어보면 이 박사가 마키아벨리적인 뛰어난 감각을 지닌 정치인이었고, 나름대로 1950년대에 그런 정치인이 있었기에 한국이 그나마 발전하지 않았을까 만약에 김구 같은 분에게 맡겼으면 나라가 어떻게 되었을까(웃음) 이런 생각을 솔직히 해 봅니다"(박지향 외 2004b, 673)와 같은 그의 발언에는 이승만이 민주주의 가치를 대중적으로 이식한, 국가 발전을 위한 뛰어난 역량을 실천한 정치가로 그려지고 있고, 그 점에서 이승만은 정치와 경제 발전 모두에서 대한민국을 견인한 국부로 등장한다.

여기서 우리는 박지향의 마지막 발언에 주목할 필요가 있다. 하나의 애국적 표상을 만들기 위해 그 반대편에 서 있는 비애국적 표상을 대비시키는 방식인데, 김구는 당시 대한민국 수립을 전면적으로 반대하면서 북한과의 통일국가 건설에 매진한, 비애국적 인물로 등장하게 된다. 반대로 대한민국의 수립을 기념하고 성화하는 건국절의 제정은 곧 이승만의 애국적 영웅화로 연결되는 프로젝트라고 할 수 있다. 이승만이 세운 대한민국을 민족주의 차원에서 분단이 아니라 이념적 정체성의 차원에서 건국으로 규정함으로써 그를 국부로 세우는 논리가 성립하는 것이고, 그를 건국의 아버지로 규정지음으로써 대한민국을 자랑스러운 건국의 모델로 만들어내는 것이다.

대한민국 건국과 관련해 이승만을 위대한 국가건설자로 인식하려는 또 다른 관점을 우리는 보수 정치학자들의 대화를 담은 책 『정치학적 대화』에서 만날 수 있다. 좌담 참여자들은 해방 이후 대한민국의 정치적 과제를 "자유민주주의인가 아니면 '인민'을 앞세운 공산주의체제(인가)" 사이에서 벌어진 국가건설의 문제로 해석하면서 그 무대 위에 선 이승만을 "고독한 국가건설자"라고 말했다. 건국과 관련된 그의 위대함은 이런 것이다.

이승만 박사가 아니었다면 대한민국이 출범할 수조차 없었을 것으로 보입니다. 설령 대한민국이 출범했다고 하더라도 우리가 생각하는 형태의 근대적 국민국가의 틀을 갖추지 못한 채 결국 공산화되고 말았을 것입니다. 이러한 바탕 위에서는 산업화와 민주화 자체가 어려웠을 것이라는 점은 오늘날 '실패국가 북한'의 사정을 볼 때 단순한 가상이 아니라는 것을 확실히 알 수 있을 것입니다(노재봉 외 2015, 160).

2. 진보의 재집권과 보수: 자유민주주의의 신성화 투쟁

2016년 가을부터 서울의 광화문을 중심으로 박근혜 대통령 퇴진을 주장하는 집회가 열렸다. 23차례의 시위로 결국 대통령의 탄핵을 이끌었다. 그해 12월 9일, 의회는 대통령의 탄핵을 가결했고, 헌법재판소는 이듬해 3월 10일 재판관 전원일치로 대통령의 파면을 결정했다.

이상과 같은 사정을 종합하여 보면, 피청구인의 이 사건 헌법과 법률 위배행위는 국민의 신임을 배반한 행위로서 헌법수호의 관점에서 용납될 수 없는 중대한 법 위배행위라고 보아야 한다. 그렇다면 피청구인의 법 위배행위가 헌법질서에 미치게 된 부정적 영향과 파급 효과가 중대하므로, 국민으로부터 직접 민주적 정당성을 부여받은 피청구인을 파면함으로써 얻는 헌법수호의 이익이 대통령 파면에 따르는 국가적 손실을 압도할 정도로 크다고 인정된다.
(결론) 피청구인을 대통령직에서 파면한다(헌법재판소 2017).

그리고 그해 5월 9일 대통령 선거가 열렸고, 더불어민주당의 문재인 후보가 당선되었다.

2017년 5월에 출범한 문재인 정부는 1988년 이래 정치적 전통으로 유지되어 온 국회의사당에서의 성대한 취임식을 생략한 채 국회의사당 홀에서 약식의 취임식으로 가름했다. 그렇게 보면, 우리는 그해 5월 18일 국립 5·18 민주묘지에서 거행된 제37주년 광주민주화운동 기념식에서의 연설에 주목해야 한다. 왜냐하면 그것이 신임 대통령이 열린 공간에서 대중들을 향해 수행한 최초의 연설이었기 때문이다. 물론 그 연설은 취임사에서처럼 자신의 국정철학에 대한 청사진을 제시한 것은 아니지만, 새로운 정권의 정치적 정체성에 관한 매우 중요한 스탠스를 보여주었다. 대통령은 이렇게 말했다.

> 저는 이 자리에서 감히 말씀드립니다. 새롭게 출범한 문재인 정부는 광주민주화운동의 연장선 위에 서있습니다. 1987년 6월 항쟁과 **국민의 정부, 참여정부의 맥을 잇고** 있습니다. 저는 이 자리에서 다짐합니다. 새 정부는 5·18민주화운동과 **촛불혁명의 정신**을 받들어 이 땅의 민주주의를 온전히 복원할 것입니다. 광주 영령들이 마음 편히 쉬실 수 있도록 성숙한 민주주의 꽃을 피워낼 것입니다. [...] 여전히 우리 사회의 일각에서는 오월 광주를 왜곡하고 폄훼하려는 시도가 있습니다. 용납될 수 없는 일입니다. 역사를 왜곡하고 민주주의를 부정하는 일입니다(문재인 2017a. 강조는 필자).

신임 대통령은 새로운 정부를 국민의정부, 참여정부의 맥을 잇고 있는 정부로 자기 규정했다. 이러한 정치적 계승은 단순한 수사가 아니었다. 문재인 대통령은 적어도 남북한 사이 평화를 정착하고, 화해를 도모하며, 통일국가를 수립한다는 민족주의적 기획에서 두 전임 정부의 노선을 정확히 계승했다고 할 수 있다. 바로 그 점이 이후 문재인 정권이 한국의 보수적 지식인들에게 비판받고 공격받는 요인으로 작용하게 된다.

한편, 문재인은 그해 광복절 기념식과 이듬해 삼일절 기념식 연설을 통해 보수 권력과 지식인들이 기획하고 추진해간 건국절 논리에 명백히 반대의사를 표명했다. 광복절 기념식에서 대통령은 이렇게 연설했다.

경술국치는 국권을 상실한 날이 아니라 오히려 국민주권이 발생한 날이라고 선언하며, 국민주권에 입각한 임시정부 수립을 제창했습니다. 마침내 1919년 3월, 이념과 계급과 지역을 초월한 전 민족적 항일독립운동을 거쳐, 이 선언은 대한민국 임시정부를 수립하는 기반이 되었습니다. 국민주권은 **임시정부 수립을 통한 대한민국 건국**의 이념이 되었고, 오늘 우리는 그 정신을 계승하고 있습니다. […] 2년 후 **2019년은 대한민국 건국과 임시정부 수립 100주년**을 맞는 해입니다. **내년 8·15는 정부 수립 70주년**이기도 합니다(문재인 2017b. 강조는 필자).

대통령은 2018년 삼일절 기념식에서도 같은 논리를 표명했다.

대한민국임시정부는 우리에게 헌법 제1조 뿐 아니라 대한민국이란 국호와 태극기와 애국가라는 국가 상징을 물려주었습니다. 대한민국이 임시정부의 법통을 계승하였다고 우리 헌법이 천명하고 있는 이유입니다. […] 새로운 국민주권의 역사가 **대한민국 건국 100주년**을 향해 다시 써지기 시작했습니다(문재인 2018a. 강조는 필자).

이 두 연설이 말해주고 있는 것처럼, 문재인 정부는 1948년을 대한민국 건국의 원년으로 보려는 보수의 역사 인식에 맞서고 있다. 대한민국은 이미 1919년 임시정부 수립의 시간 속에서 형성되었고, 그렇기 때문에 건국의 시점은 1948년이 아니라 1919년이어야 한다는 것이다. 이러한 맥락에서 우리는 문재인 대통령의 2018년 현충일 추념사를 살펴봐야 한다. 그는 반공주의의 장소에서 '애국'의 문제를 꺼내들었다.

저는 오늘 이곳 현충원에서 '애국'을 생각합니다. 우리 국민의 애국심이 없었다면 지금의 대한민국도 없었을 것입니다. 식민지에서 분단과 전쟁으로, 가난과 독재와의 대결로, 시련이 멈추지 않은 역사였습니다. 애국이 그 모든 시련을 극복해냈습니다. 지나온 100년을 자랑스러운 역사로 만들었습니다(문재인 2018b).

그렇다면 무엇이 애국이고, 누가 애국자인가? 문재인 대통령은 독립운동가, 한국전쟁 참전군인, 베트남 참전군인, 근대화의 역군으로 불리는 해외 근로자들과 노동자들, 민주화의 희생자들을 호명한다. 그들 모두가 애국의 범주로 들어온다. 결국 대통령은 다음과 같이 말하고 있다.

독립운동가의 품속에 있던 태극기가 고지쟁탈전이 벌어지던 수많은 능선 위에서 펄럭였습니다. 파독광부·간호사를 환송하던 태극기가 5·18과 6월 항쟁의 민주주의 현장을 지켰습니다. 서해 바다를 지킨 용사들과 그 유가족의 마음에 새겨졌습니다. 애국하는 방법은 달랐지만, 그 모두가 애국자였습니다. 새로운 대한민국은 여기서 출발해야 합니다. 제도상의 화해를 넘어서 마음으로 화해해야 합니다. 빼앗긴 나라를 되찾는데 좌우가 없었고 국가를 수호하는데 노소가 없었듯이, 모든 애국의 역사 한복판에는 국민이 있었을 뿐입니다(문재인 2018b).

여기서 우리는 두 가지 흥미로운 관찰 지점을 만난다. 하나는 문재인 대통령의 연설이 현충원이라는 보수주의 의례 공간 속에서 이루어졌다는 사실이고, 다른 하나는 애국자에 대한 의미규정이 새로운 해석의 지평을 향해 나아가고 있다는 사실이다. 주지하는 것처럼, 현충일과 현충원은 오랜 시간 한국 보수가 반공주의 국민의 담론을 만들어내온 주요한 정치적 의례의 시공간이었다. 문재인은 그 자리에서 애국의 주체로서 국민의 개념이 반공주의라는 틀에서 빠져나올 것을 주문하고 있다. 말하자면 보수주의 세력이 굳건하게 지켜내려 하고 있던 반공국민의 위상을 흔드는 일이다. 같은 맥락에서 대통령은 이데올로기 대립의 지평 위에 묶여 있던 주체들을 그 애국적 국민의 범주 속으로 통합할 것을 주문하면서 역시 반공주의 국민의 이념적 정체성을 흔들고 있다. 한마디로 문재인 대통령은 한국 보수의 이념적 정체성이 응축되어 있는 애국적 국민의 개념을 새롭게 의미 규정함으로써 그것의 보수주의적 성스러움을 약화시키려는 것으로 보인다.

그런데 정치언어와 개념의 재의미화 또는 재해석이라고 말할 수 있는 그와 같은 시도는 어떻게 보면 새롭지 않아 보인다. 권위주의 권력에 저항해왔던 진보세력과 민주화세력이 그 정치권력이 독점하고 있던 개념들, 가령 자유, 민주주의, 반공과 같은 개념들을 다시 의미규정하고 해석하는 방식으로 투쟁해왔기 때문이다. 그렇게 보면 우리는 문재인 대통령의 정치언어학을 역사적 연속선에 위치시킬 수도 있겠다. 하지만 두 가지 점에서 차이를 관찰하는데, 첫째는 과거에는 정치언어의 해석적 권리가 그들에게 부여되어 있지 않았던 반면에, 문재인 대통령의 경우에는 그러한 해석의 권리를 독점하고 있다. 둘째, 과거 민주화 운동세력이 시도한 정치언어 전략이 정치적 배타성의 형식을 지닌 것이라면, 문재인 대통령의 경우는 포용적이고 포괄적인 전략을 띠고 있다.

그 두 차원은 한국의 보수가 왜 자신들이 향유하고 있던 패권에 대한 위기를 느낄 수밖에 없는지를 인식하게 한다. 말하자면 한국의 보수는 자신들이 중대한 정치 언어들에 대한 해석의 권리를 가지고 있지 못하다는 정치적 현실을 외면할 수 없었다는 것이다. 그러한 사실이 궁극적으로 한국 보수가 지식인의 형식으로 결합해 문재인 정부의 정치적 해석에 도전하고 있는 현재적 상황을 설명해준다.

문재인 정권은 그처럼 새로운 언어해석의 프로세스를 진행해가면서 보다 근본적인 공격 지점으로 진입했다. 그것은 '헌법'이었다. 2018년의 개헌 시도는 본질적으로 헌법에 표상되어 있는 보수의 정치문법에 균열을 내는 행위로 해석된다. 그 점에서 2018년의 개헌 논의에서 언어들을 둘러싼 논쟁이 전개된 것에 주목해야 할 필요를 인식한다. 문재인 대통령은 2018년 3월 26일, 개헌과 관련해 대통령 입장문을 발표했다.

오늘 저는 헌법개정안을 발의합니다. 저는 이번 지방선거 때 동시투표로 개헌을 하겠다고 국민들과 약속했습니다. 이 약속을 지키기 위해 헌법이 대통령에게 부여한 개헌발의권을 행사합니다. 저는 그동안 국민헌법자문특별위원회를 구성하여 국민들의 의견을 수렴한 개헌자문안을 마련했습니다. 이 자문안을 수차례 숙고하였고 국민눈높이에 맞게 수정하여 대통령 개헌안으로 확정했습니다. 국민들께서 생각하시기에, 왜 대통령이 야당의 강한 반대를 무릅쓰고 헌법개정안을 발의하는지 의아해하실 수 있습니다. 그 이유는 네 가지입니다. 첫째, 개헌은 헌법파괴와 국정농단에 맞서 나라다운 나라를 외쳤던 촛불광장의 민심을 헌법적으로 구현하는 일입니다. [⋯] 둘째, 6월 지방선거 동시투표 개헌은 많은 국민이 국민투표에 참여할 수 있는 다시 찾아오기 힘든 기회이며, 국민 세금을 아끼는 길입니다. [⋯] 셋째, 이번 지방선거 때 개헌하면, 다음부터는 대선과 지방선거의 시기를 일치시킬 수 있습니다. [⋯] 넷째, 대통령을 위한 개헌이 아니라 국민을 위한 개헌이기 때문입니다. [⋯] 헌법은 한 나라의 얼굴입니다. 그 나라 국민의 삶과 생각이 담긴 그릇입니다. 우리 국민의 정치의식과 시민의식은 다른 나라의 모범이 되는 수준에 이르렀습니다. 국가의 책임과 역할, 국민의 권리에 대한 생각도 30년 전과는 비교가 되지 않습니다. 기본권, 국민주권, 지방분권의 강화는 국민들의 강력한 요구이며 변화된 국민들의 삶과 생각입니다. 헌법의 주인은 국민이며 개헌을 최종적으로 완성하는 권리도 국민에게 있습니다. 제가 오늘 발의한 헌법개정안도 개헌이 완성되는 과정에 불과합니다. 국민 한 사람 한 사람의 삶과 국가의 미래를 위해 개헌 과정에 끊임없는 관심을 가져주시리라 믿습니다. 국회도 국민들께서 투표를 통해 새로운 헌법을 품에 안으실 수 있게 마지막 노력을 기울여주시길 바랍니다(문재인 2018c).

하지만, 서문에서 살펴본 것처럼, 대통령의 개헌안은 그 시작부터 국민적 동의가 아니라 정치적 논쟁의 대상이 되었다. 권력구조의 문제도 그 원인이었지만, 더 큰 이슈는 대한민국의 이념적 정체성에 관한 헌법적 언어 교체가 더 중대한 것이었다. 보수적 지식인들이 결합해 정권에 대한 담론투쟁의 문을 열었다. 그런데 이 보수 지식인들은 대통령의 헌법 발의 이전, 그러니까 대통령 탄핵 정치의 국면 속에서 세력화되었는데, 그들은 박근혜 정권 탄핵을 향한 시민들의 요구를 대한민국 이념의 위기로 등치하려 했다. 그러한 태도는 문재인 정권의 등장과 그 이후의 개헌에 대해서도 동일하게 나타났다.

박근혜 대통령 탄핵 시위로부터 촛불정신을 계승한다는 문재인 정부의 집권에 이르는 격동의 정치적 시간 사이, 일단의 보수적 지식인들이 모여 '한국자유회의'를 결성하고 '한국자유회의 선언문'을 발표하면서 문재인 정부의 이념적 정체성에 대한 근본적인 비판과 공격을 시작했다. 문재인 정부가 스스로 공표한 이념적 정체성, 즉 국민의정부와 참여정부를 계승하고, 촛불혁명의 정신을 이어받으며, 임시정부의 법통에서 건국의 원리를 찾는다는 정체성은 38도선 이북의 공산주의 국가와는 근본적으로 다른, 자유민주주의의 이념적 토양 위에 '1948년에 건국한 대한민국'을 신성화하는 보수의 도전을 받을 운명이었다.

2017년 1월 23일, 그러니까 광화문 촛불 시위의 압력 속에서 의회가 대통령 탄핵을 결정한 뒤 얼마 되지 않은 시간 속에서 한국자유회의가 결성되었다. 다음은 창립 취지문의 일부다.

우리 자유민주 지성인들은 흔들리는 대한민국을 지키기 위하여 일어설 것을 엄숙히 선언한다. 지금의 위기는 단순한 진통이 아니기에 우리는 현재의 이 사태를 좌시할 수 없다. 대한민국의 **자유민주주의체제**가 위기에 처했다. 헌정의 안정성에 위기가 왔다. 광장의 열기가 법치와 대의정치의 원칙을 압도하고 있다. 정치권에선 이를 수습하기보다는 편승하려는 자들이 힘을 얻고 있다. 그런 가운데 북한의 전체주의에 대한 경계를 허무는 목소리까지 노골화하고 있다. 전체주의적 움직임에 고삐가 풀렸다. 이에 우리 자유민주 지성인들은 그 같은 시대착오적인 전체주의 위협의 대두에 결연히 맞서 싸워 나갈 것을 선언한다.

이들이 주장은 자신들의 운동 조직인 '한국자유회의' 결성의 이념적 정당성으로 이어지고 있다.

이에 우리는 대한민국의 **자유민주주의체제**를 지키기 위해 뜻있는 수많은 분들의 의지를 담아 '한국자유회의' 결성을 엄숙히 선언한다. 대한민국은 피의 골짜기를 지나고 땀과 눈물의 강을 건너 번영의 바다에 이른 나라다. 대한민국은 이 성취를 지키며 자유의 파도가 되어 어두운 땅의 장벽을 무너뜨리고 통일된 자유민주체제 속에서 남북한 동포 모두가 자유와 인권과 복지를 누리며 번영의 바다를 함께 누빌 수 있도록 해야 한다. 이를 위해 우리는 남한과 북한의 '전체주의파' 모두와 맞서 싸워나갈 것이다. 우리 '한국자유회의'가 나아가고자 하는 이 길에 대한민국과 자유를 사랑하는 모든 한국인들이 함께 해 줄 것을 호소한다(한국자유회의 창립추진위원회 2017. 강조는 필자).

이 취지문에서 알 수 있듯이, 이들은 대통령 탄핵을 요구하는 집단적 목소리와 시민들의 정치적 압력으로 이끌어낸 탄핵 결정을 그들이 대한민국의 이념적 본질이라고 생각하는 자유민주주의 체제의 위협으로 이해하고 있다. 이들의 이러한 논리는 보수적 지식인에 의해 제기되고 이명박, 박근혜 정권 동안 지속적으로 주장되고 실천되어온 건국절 이념에 잇닿아 있는 것처럼 보인다. 건국절은 자유민주주의 체제 위에서 탄생한 대한민국의 이념적 정체성을 확인하고 확립하며 수호하기 위한 담론이자 운동이었기 때문이다.

한국자유회의로 결집한 보수적 지식인들이 발표한 '한국자유회의 선언문'에는 대한민국의 이념적 근간으로서 자유민주주의에 대한 그들의 인식이 명확히 표명되고 있다. 총 8개의 항목으로 구성된 선언문을 보면, 대한민국의 자유민주주의 체제는 "북한의 전체주의체제"와 다르며 그것과 결코 "융합"될 수 없다, 탄핵을 요구하는 촛불시위의 시민과 정치인들은 전체주의 사고를 지닌 이들이다, 그들은 의식적이든, 무의식적이든, 대한민국의 자유민주주의 체제를 전복하려고 한다, 그 점에서 그들은 자유민주주의체제를 위협하는, "국가적 정통성을 파괴하려는" "적"으로 간주된다고 이야기하고 있다(노재봉 2017, 19-22).

한국자유회의는 자신들의 이념적 지향을 밝히고 있는 텍스트들로 구성되어 있는 책 『한국 자유민주주의와 그 적들』을 발간하면서 자유민주주의체제의 신성화를 시도했다. 크게 볼 때, 촛불집회와 탄핵에 대한 정치사상적 해석과 비판, 문재인 정부의 국정 철학에 대한 비판, 자유민주주의 체제의 이념적 본질에 대한 이해, 대한민국의 정체성으로서 자유민주주의를 위협하는 적들에 대한 인식으로 구성되어 있는 이 책을 관통하는 핵심적 문제의식은 자유민주주의체제의 수호와 전복이라는 이분법적 대결 구도에 연결되어 있다.

한국자유회의의 지식인들은 "1919년 건국설과 달리 대한민국은 위대한 3·1운동에 의해 성립된 대한민국임시정부의 법통을 이어받아 1948년에 건국되었다는" 선언 위에서 대한민국을 이승만으로부터 박정희에 이르는 정치적 시간 동안 "자유민주주의"와 "시장경제"를 정당성의 근간으로 삼아 "경제발전과 민주화"를 이룩한 성공적인 국가 모델로 인식하고 있다. 그 반대편에 자리하는, "전체주의"로 규정되는 북한은 "정치가 경제를 완전히 장악함으로써 경제가 파탄에 이른" 실패한 체제로 평가된다(김영호 2017, 207-208).

이러한 인식 속에서 한국자유회의는 촛불시위를 북한체제와 연결하는 논리를 통해 자유민주주의체제의 전복 기도로 해석할 가능성을 열어주고 있다. 가령, 노재봉은 촛불시위의 이념적 불순성을 강조하고 있다. 그것은 촛불시위를 친북이념과 연결하는 논리인데, 그에게서 촛불시위는 대통령 탄핵을 목적으로 조직된 집회가 아니었다. 그것은 "공권력을 무력화함으로써 체제를 약화하기 위한" 목적의 시위였으며, 그 시위의 핵심부에는 "평양과 연계된 친북좌파"가 숨어 있다는 것을 공공연한 사실로 노재봉은 주장하고 있다. 관련해 그는 촛불시위를 "레닌에게서 배운 '이보 전진, 일보 후퇴 전술'을 구사한" 것으로 간주하면서 그 시위의 불순성을 강조하고, 궁극적으로 자유민주주의세력과 전체주의 세력 사이의 정치적 대결로 이해하고자 한다(노재봉 2017, 66).

조성환의 비판은 보다 더 근본주의적인데, 그에게서 촛불시위는 특정 권력자에 대한 탄핵을 넘어 대한민국 체제에 대한 정치적 도전으로 해석되고 있다. 이 문제와 관련해 조성환은 크게 두 가지 관점에서 촛불시위의 부당성을 공격하고 있다. 하나는 국민주권론이고 다른 하나는 시위 주체 세력의 정체성이다. 흥미로운 사실은 조성환이 2008년 광우병 쇠고기 수입 반대 시위에서 촛불시위의 역사를 인식하고 있다는 점이다. 그의 관점에서 촛불시위는 본질적으로 헌법 제1조 2항, "대한민국의 주권은 국민에게 있고 모든 권력은 국민으로부터 나온다"는 국민주권론을 정당성의 토대로 지니고 있었지만, 사실상 그 국민주권론이란 당위적 차원의 의미일 뿐, 현실 속에서는 대의제라는 현대 민주주의의 제도적 근간 속에서 민주공화국의 정치적 실천이 이루어진다는 것이다. 그에 따르면 "거리에서 국민이 직접 정치적 의사를 주장하고 이것이 대의제를 초월하는 진리표준이라고 강변하는 것은 국민주권론이 아니라 전체주의적 인민주권론이다. 광장의 의사를 신성불가침의 성언(聖言)으로 강변하는 것은 현대판 자코뱅 전체주의이다. 촛불세력의 국민절대주권론은 직접 민주주의를 빙자하여 자유민주대의제 민주주의의 근간을 파괴하려는 음모적 기만이다."(조성환 2017, 73) 또한, 그의 관점에서 문재인 정부가 자기 정당성의 근간이라고 말하고 있는 촛불시위는 본질적으로 "동포의 질곡을 외면하고 전체주의적 북한 정권에 굴종하는 '민족지상주의적 반동세력'에 의해 조직되고 선도되는"(조성환 2017, 73) 행위에 불과하다.

  그러한 맥락에 비추어볼 때, 한국자유회의의 관점에서, 남북한의 화해와 통일을 주장하는 하는 것은 민족적 과업이 아니라 자유민주주의체제를 해체하려는 정치적 선동이다. "남북문제에 대한 이들의 주장들은 […] 우리의 자유민주주의와 북한의 전체주의가 '하나의 민족' 원칙에 의해 동일한 정체성을 갖는 것으로 보는 심각한 인식적 장애에 빠져 있다"는 것이며, "이 주장은 근대정치의 괴물 전체주의에 대한 아무런 경각심도 없이 통일을 위해서는 대한민국의 체제를 파괴해도 좋다는 모험주의

적 이데올로기이다."(조성환 2017, 74)

이제 우리는 자유민주주의체제에 대한 이와 같은 보수주의적 해석을 헌법 개정과정에서 모습을 드러낸 이념과 가치 논쟁에 연결해볼 수 있을 것이다. 한국자유회의는 문재인 정부가 추진하고자 하는 헌법 개정을 신랄하게 비판했다. 그러한 공격의 핵심에는 새로운 헌법이 대한민국을 떠받치는 신성한 이념인 자유민주주의를 훼손하려 한다는 인식에 있었다. 그것은 앞서 논의한, 자유한국당, 바른미래당 등 보수 정당이 더불어민주당과 대통령 개헌안에 대해 사회주의 개헌 또는 대한민국의 정체성 자체를 흔드는 개헌이라고 이야기한 것과 맥락을 같이 한다.『한국 자유민주주의와 그 적들』의 제3장('한국자유회의 선언문'을 다시 읽는다)은 정부여당의 개헌안에 대한 한국 보수 세력의 관점을 잘 드러내고 있다. 여기서 조성환은 다음과 같이 주장하고 있다.

> 문재인 정권의 혁명적 폭주는 이미 예상되었다. 그러나 그 속도와 내용은 일반 국민의 예상을 훨씬 앞지르고 있다. 특히 문재인 정권과 여당은 우리 헌법에서 '자유'를 박탈하는 개헌까지 밀어붙여 체제교체 의도가 뚜렷한 '촛불혁명'을 완성하려는 의도를 공공연히 내비치고 있다. 자유대한민국은 문재인 정권에 의해 존폐위기에 직면했다(조성환 2017, 44).

조성환은 자유민주적 질서라는 헌법 전문의 개념에서 '자유'를 삭제해 민주적 질서로 변경할 것을 제안한 더불어민주당의 개정안에 대해 "자유민주주의의 체제적 정당성을 훼손하는" 일로 해석하고 있다. 그는 "전문에서의 '자유'의 근본 규범, 자유민주주의적 통일의 정당성, 경제적 자유 등 자유대한민국 체제성의 근간이 무너지는 것이"(조성환 2017, 56)라고 주장하고 있다. 책의 공저자인 유광호 또한 같은 논리를 전개하고 있다.

지금 자유민주주의 혁명으로 건국된 대한민국에서 그 정부가 헌법과 역사교과서에서 '자유'를 지우겠다고 한다. 여기에 1948년 대한민국 건국이라는 객관적 사실마저 변조하려는 것은 '역사 청산'이요 '대한민국 청산'이다. 즉, '역사 전복'이요, '대한민국 전복'인 것이다(유광호 2018, 321).

이러한 이념적 정체성의 자리 위에서 조성환은 대통령 개헌안이 새로운 주권적 주체 개념으로 제시한 '사람'에 대해서도 비판했다. 그는 이렇게 말하고 있다.

개헌 의견은 근대국가의 주권적 주체인 우리 헌법의 '국민'을 '사람'으로, 경제 조항에서 '사람중심' 경제로의 대체를 제안하고 있다. 북한 사회주의 헌법에 제3조와 제8조에서 '사람중심'이라는 단어가 명시되어 있다. 이 개념은 북한 주체사상의 근본 개념이며 이를 헌법에 규정한 것은 당연히 지구상에서 유일하다. 사회주의 국가들이 주로 '국민' 대신에 '인민'이라는 단어로 주권의 소재를 표현한다(조성환 2017, 56-57).

그러니까 한국의 보수에게서 헌법의 주체로 국민에 사람이란 개념을 추가하는 일이 민주주의 확장과 같은 진보적 맥락이 아니라 북한의 헌법에서 사용되는 주체 개념으로의 이행이라는 정치적 의도로 해석되고 있는 것이다. 그렇다면 한국 헌법의 권리주체로서 국민은 그 내포적 의미에서 북한 사회주의 제체의 권리 주체인 사람과 대비되는 개념으로 설정될 수밖에 없으며, 그 국민 개념에 더해 사람이라는 개념을 헌법에 넣으려는 의도는 기본권의 보편적 존재성이라는 민주주의적 성찰이 아니라 한국 자유민주주의 체제를 구성하는 핵심적 개념 하나를 적대적 체제, 절멸해야 할 전체주의 체제로 오염시키는 과정으로 이해된다.

한국자유회의의 이념적 시각에서 문재인 정부의 개헌 시도는 대한민국을 부정하고 북한 전체주의 체제로 대한민국을 흡수시키는 '매국적' 의지다. 그들에게서 자유민주적 질서를 민주적 질서로 바꾸고, 사람이라는 개념을 헌법적 주체로 포함시키고, 근로를 노동 개념으로 대체하는 일은, 그러한 개념들이 자유민주주의체제를 본질로 하는 대한민국이 '건국' 이래 발전주의적 산업화를 통해 성공한 국가로 자리 매김하면서 궁극적 이념들의 기능을 수행했다는 점에서, 대한민국의 역사적·이념적 토대를 그 기저에서부터 뒤흔드는 반국가적 선동으로 간주될 법하다.

이처럼 한국자유회의의 지적 담론으로 표상되는 한국 보수의 정치 문법에서 자유민주주의는 본질적으로 '북한 전체주의'와의 대립어로 성립한다. 일반적으로 자유민주주의의 대립적 개념에 대해 인민민주주의와 같은 개념이라고 이야기할 테지만, 한국의 보수에게서 자유민주주의는 한국적 역사와 정치사가 만들어낸 특수한 정치문법 속에서 탄생한 상징이다. 그렇다면 한국의 보수가 주창하고 수호하고자 하는 신성한 이념 자유민주주의는 단순히 정치학적으로 중립적인 개념이 아니라 선과 악, 정의와 불의, 성스러움과 속됨, 신성성과 오염과 같은 규범적이고 종교적인 차원으로 진입한다.

한국자유회의에게서 북한은 하나의 국가, 하나의 정치체제로 인식되지 않는다. 북한은 근원적으로 사라져야 할 악마적 존재라는 인식 속에 자리한다. 그것은 북한을 규정하고 있는 개념인 전체주의에 대한 그들의 이해에서 잘 드러난다. '북한 전체주의 체제'는 "폭력적 혁명이념을 체제의 불가변의 본질을 이루고 있"으며, "히틀러와 스탈린의 전체주의와 마찬가지로 폭력적 혁명이념을 내재화하고 있"(노재봉 2017, 39)다고 그들은 믿고 있다.

한국 보수의 정체성을 견인하는 이러한 정치문법 구조는 따라서 단순히 정치적 이익을 둘러싼 게임의 차원에서 보호되거나 수호되어야 할 가치가 아니다. 그것은 절대적 악에 맞서는 절대적 선이다. 외부의 적에 의해 훼손되거나 오염될 경우 자신들의 존재성 자체가 해체될 수준의 절대 가치란 의미다.

이러한 이해의 맥락에서 한국의 보수가 생각하는 통일은 사실상 분단된 민족, 결손 민족의 통일이 아니다. 그것은 "최종적으로 자유민주주의에 의한 통일"이라는 그들의 주장이 말해주고 있듯이 전체주의적 악에 대한 자유민주주의적 선의 승리를 의미한다. 따라서 한국의 헌법에 명시되어 있는 자유민주주의는 전체주의적 악에 맞서는 성스러운 언어가 아닐 수 없다. 그것은 폭력혁명을 통해 대한민국을 무너뜨리려는 악마들, 이미 히틀러와 스탈린을 통해 그 거대한 악마성이 드러난 존재에 맞서서 대한민국을 수호할 절대적 이념이자 가치다. 가령, 2020년 4·15 총선을 앞둔 정국에 대해, 앞서 언급한 유광호는 "자유민주주의와 전체주의 간의 시민전쟁", "문명 대 야만"의 전쟁으로 규정했다(양연희 2020).

제9장
에필로그:
개헌의 정치언어학, 실천적 지평을 향해

1. 한국 보수의 정치문법과 담론의 질서

  푸코는 자신의 박사학위논문인 『광기의 역사』에서 광인(狂人)을 다루어온 역사를 분석했다. 푸코가 발견한 것은 그 서구적 역사 속에서 시대마다 광인에 대한 다른 인식과 사회적 관리법이 존재했다는 사실이다. 그 단절의 맥락에서 근대를 보면, 그 시대는 더 이상, 미친 사람을 내쫓거나 물리적 폭력과 통제를 통한 감금과 같은 전근대적 원리를 따르지 않았다. 인권과 인간 존엄이라는 보편적 원칙 위에 정립되어 있던 근대는 그 어느 누구라도, 광인이라고 하더라도 인간 이하의 취급을 받아서는 안 된다는 시대정신을 외면할 수 없었다. 그리하여 미친 사람은 과거의 엄격한 인신 구속과 통제로부터 해방될 수 있었다.
  하지만 그렇다고 해서 근대가 광인을 해방한 것은 아니라고 푸코는 해석한다. 근대는 광인을 관리하는 아주 새로운 방식을 만들어내었는데, 바로 '정신병원'이다. 정신병원에서, 미친 사람은 이성과 비이성이라는 이분법적인 가치체계 속에 놓여 있었다. 본질적으로 이성(Reason)의 시대였던 근대는 모든 것을 '이성과 비이성'이라는 이항 대립적 인식과 규범 체계로 포섭해왔고, 광인 역시 그러한 정신적 질서 속에 놓여 있었다. 그러니까 광인은 실성한 사람, 즉 이성을 상실한 사람이 된 것이다. 이성을 온전히 보유한 사람과 그것을 결여한 사람 사이에는 거대한 규범적 거리가 존재한다. 이성적 존재가 정상, 완전, 성인과 같은 가치로 규정된다면, 비이성적 존재는 그와 정반대되는 가치를 부여받는다. 푸코에 의하면 비이성적인 사람은 곧 "유년기"(푸코 2009, 747)에 머물고 있는 존재다.

근대가 발명한 정신병원은 그처럼 이성과 비이성으로 구분되는 이분법적인 존재론, 인식론, 규범론이 지배하는 곳이라고 푸코는 통찰했다. 이 정신병원으로 들어오게 되는 사람들은 그 입구에서 자신들이 아직 완전히 성숙하지 못한 존재, 실성한 존재라는 사실을 인정해야 한다. 달리 말하자면, 그는 근대가 만들어놓은 도덕적 진리의 문법이 서 있는 이성과 비성의 가치 이분법을 수용할 것을 요구받는다. 하지만 정신병원의 핵심적 원리는 거기서 그치지 않는다. 그 이분법을 정신병자 스스로가 자신의 내면적 도덕으로 체화할 것을 강요받는다. 여기서 도덕적 교화, 독방 감금과 같은 장치가 수반된다. 그리하여 그는 근대의 진리 문법인 이성주의를 자발적으로 받아들이게 된다. 그 자리 위에서 정신병원 안의 의사-관리자와 환자는 지배와 피지배의 정치적 관계로 조우한다. 여기서 중요한 것은, 정신병원의 권력관계가 물리적 힘이 아니라 환자 스스로 체화한 도덕적 진리 체계에 의해 만들어지고 유지된다는 점이다.

광인의 관리에 대한 서구적 역사로부터 푸코는 지식과 권력, 진리와 지배의 불가분적 원리를 정립해내었다. 근대는 사람들에게 특정한 진리 의지를 부여함으로써 지배를 실천한다. 근대는 적나라한 물리력이 아니라 일정한 지적 형식에 담겨 있는 진리의 내면적 체화를 통해 지배를 실천하는 시공간이다.

    2021년 8월 18일, 광주광역시는 '정율성 역사공원' 사업 실시 계획을 고시했다. 시는 "정율성 선생은 광주광역시 출신으로 1933년부터 1976년까지 중국에서 음악 활동을 하여 '중국 3대 음악가'로 꼽히는 인물"이라고 소개하면서 "정율성 선생 생가 2곳 부지를 역사공원으로 지정하여 매입 후 역사공원으로 조성"하는 계획을 알렸다. 광주광역시의 고시에는 언급되지 않았지만 그는 1930년대 중국으로 건너가 중국공산당 당원이 되어 공산주의 혁명에 참여한 혁명가였다. 음악가로서 정율성은 중국인민해방가가 되는 팔로군 행진곡을 작곡했으며, 해방 이후 북한으로 이주 북조선노동당 당원이 되었고, 1950년에는 중화인민공화국 국적을 취득했다. 정율성은 한국 전쟁 이후 중화인민공화국에 남아 활동했다. 한마디로 그는 '빨갱이'였다. 광주광역시는 오래 전부터 음악제 등 그런 그를 기리는 여러 기념사업을 추진해왔으며, 역사공원 건립은 그러한 기념사업의 일환이었다.

    충분히 예측할 수 있겠지만, 보수는 반발했다. 보수 언론들이 광주광역시를 비판하는 기사를 실었고, 시는 사업 규모를 축소하는 등의 조치를 취하면서도 역사공원 건립 계획을 취소하지는 않았다(박희석 2024). 그 상황 속에서 국가보훈부가 비판의 전면에 나섰다. 2023년 8월, 박민식 보훈부장관은 "김일성도 항일운동을 했으니 기념공원을 짓겠다는 것과 무엇이 다른 것인가. **자유민주주의 대한민국**을 무너뜨리는 데 앞장선 그를 우리 국민의 세금으로 기념한다는 것은 5·18 묘역에 잠들어 계신 우리 민주주의 투사들을 욕보이는 일"(김명일 2023. 강조는 필자)이라고 말했다. 동시에 국민의 힘 또한 비판적 입장을 밝혔다. 대변인은 "국민 세금 48억 원을 들여 정율성 기념공원을 짓는 것은 독립과 민주주의의 역사를 지켜온 광주시민에 대한 모욕행위나 다름없다", "대한민국 **자유민주주의의 가치**를 부정하고 우리 국민의 가슴에 총부리를 겨눈 자들을 어떻게 기릴 수 있단 말인가"라고 논평했다(박선우 2023. 강조는 필자).

우리는 그와 유사한 문제를 육군사관학교에 설치된 독립운동가 흉상 철거 논쟁에서 만날 수 있다. 2023년 8월 25일, 육군사관학교는 "생도들이 학습하는 건물 중앙현관 앞에 설치된 독립군, 광복군 흉상은 위치의 적절성이나 국난 극복의 역사가 특정 시기에 국한되는 문제 등에 대한 논란이 있다", "**자유민주주의** 수호 및 한미 동맹의 가치와 의의를 체감할 수 있는 최적의 환경을 조성하는 데 중점을 두고 기념물 재정비 사업을 추진 중"이라고 말했다. 그 중에서도 1927년 소련 공산당에 가입한 경력이 있는 홍범도 장군의 흉상이 가장 논쟁적인 대상이 되었다(강태화 2023. 강조는 필자). 같은 날 국회 국방위원회에 출석한 이종섭 국방부장관의 발언이 그 이유를 알게 해준다. 그는 "교내 기념물 정비 계획을 갖고 있다"면서 "북한을 대상으로 전쟁을 억제하고 전시에 이기기 위한 인력을 양성하는 곳인데 **공산주의** 경력이 있는 사람이 있어야 되겠느냐는 지적이 있었다"고 말했다(「동아일보」, 2023.08.25).

정율성과 홍범도를 국가적·공적으로 기념해서는 안 된다는 보수의 주장에는 언제나 '자유민주주의'와 그 대립어인 '공산주의'라는 낱말이 따라온다. 분단체제가 성립하고 제주 4·3, 여순 10·19, 한국전쟁을 거치며 그 두 언어는 어떠한 공존 가능성도 존재하지 않는 절대적인 배타적 관계로 성립해왔다. 북한 공산세력에 대비되어 한국을 정당화하기 위해 사용되어온 자유민주주의는 북한으로 표상되는 공산주의에 대한 적대감의 체화에 비례해 반드시 수호해야 할 이념의 위상을 갖추어갔다. 반공주의를 가장 중요한 국시로 내세우면서 권력을 장악한 박정희 정권의 장기집권 속에서 그 자유민주주의는 한층 더 견고한 국가적 정당성의 언어가 되었고, 결국 유신체제 들어 헌법적 언어의 세계로 진입하면서 어느 누구도 부인하거나 폄훼할 수 없는 절대적 신성성의 이념으로 확고한 자리를 차지했다.

한국 현대사의 굴곡 속에서 아주 단단하게 주조된 '성스럽고 신성한 이념, 자유민주주의'라는 테제는 푸코의 정신병원을 지배하는 담론의 질서를 닮았다. 그것은 한국의 정치적 지형과 세력을 동지와 적, 선함과 악함, 정의와 불의, 성스러움과 오염이라는 이분법적 체계 안에 배치한다. 정치권력은 한국의 정치적 구성원들에게 그 질서를 내면화할 것을 강요하고 설득하고 권장해오고 있다. 푸코가 말한 진리의지의 정치적 실천이다.

해방 이후 조성된 정치적 정국을 완벽하게 장악한 세력이 없었다는 사실은 그 공간에서 사용된 정치적 문법의 질서가 확립되지 않았다는 점으로 확인된다. 그 당시에는 한국의 정치무대에서 사용되기 어려운 진보적 언어들, 가령, 인민, 분배, 평등, 사회주의와 같은 언어들이 활발하게 등장했다. 정치적 패권의 장악과정은 아직까지 조형되지 못한 정치언어의 장에 일정한 질서를 부여함으로써 전개된다.

1948년부터 한국사회를 지배해온 보수는 자신들의 집단적 체험과 기억의 역사를 자양분으로 특정한 정치문법을 구축해왔다. 반공주의의 이념적 정체성 위에서 자유민주주의, 근로, 국민과 같은 언어들은 정치적 성화의 세례를 받았고, 한국의 보수는 그 담론의 질서, 그리고 그 질서를 구성하고 있는 언어들을 자신들의 토템으로 숭배하고 있는 사람들이다. 그들은 그러한 언어적 성물에 내재되어 있는 가치와 이념을 자신들의 집단 무의식 깊이 체화하고 있다. 그리하여 그들은 자신들의 존재성과 일치하고 있는 그 언어적 토템이 속된 세계로부터 오염되지 않도록 노력해왔다.

그러한 정치적 오염을 차단하기 위해 한국의 보수는 촘촘한 제도와 장치들을 통해 적대적 언어들, 가령 사회주의, 평등, 노동, 분배와 같은 언어들이 담론의 공간으로 진입하는 것을 금지해왔고, 그 언어들을 분할하고 배척해왔으며, 자신들의 토템이 절대적 진리라는 정치적 문법을 유포해왔다. 이와 같은 언어적 질서를 매개로 한국의 보수는 권력을 장악해왔고 패권을 향유해왔다. 그들은 자신들이 누려온 지배의 역사와 함께 형성되고 유지되며 재생산되어 온 정치 문법으로 자신들의 존재성과 정당성을 확립해왔다.

그리고 그 반대편에서 한국의 진보는 보수의 정치적 정당성을 만들어온 성스러운 문법과 담론의 질서에 균열을 내고 궁극적으로 그것을 해체하려고 시도해왔다. 오랜 시간 전개된 그들의 정치적 저항에 결합된 언어들은 근본적으로 보수의 이항대립 구조에 균열을 내는 방향으로 운동해 왔다. 말하자면 보수가 규정해온 오염되고 속화된 언어들을 민주주의의 이름으로 성스럽게 만드는 노력이었고, 역으로 보수의 성스러운 언어들을 속된 것으로 만들어내는 일이었다. 그 지점에서 보수는 자신들의 정치문법을 수호하기 위해 거세게 저항해왔다. 2018년 헌법 개정을 둘러싼 정치의 상징적 본질은 거기에 있어 보인다.

헌법 조문을 구성하는 개념들을 놓고 벌어지고 있는 현재의 싸움은 헌법적 원리와 권력구조를 둘러싼 이익정치의 양상을 넘어 해방 이래 형성된, 한국적 정치공동체의 이념적 정체성을 둘러싼 기억과 집단 무의식 속에서의 싸움으로 이해되어야 한다.

그러한 관점에 서게 되면 우리는 헌법에 동원되고 있는 정치적 개념, 그리고 정치적 과정에서 자신들을 향한 지지를 규합하기 위해 사용하는 정치적 언어들에 내재되어 있는 심층적 메커니즘을 만나게 된다. 근로를 노동으로 바꾸는 일, 자유민주주의에서 자유를 떼어버리는 일, 국민을 사람 혹은 인민으로 변경하는 일, 그리고 그러한 작업에 대한 보수 세력의 저항은 단순히 권력관계의 전환과 기본권 확장에 관한 정치적 이해관계가 아니라 자신들이 수십 년간 쌓아온 정치적 세계관과 도덕적 구조와 종교성에 비유될 성스러움에 심대한 균열을 내는 문제로 이해되어야 한다.

2. '민주공화국 대한민국'이라는 헌법적 테제에 대해

1987년 민주화운동의 산물로 탄생한 제6공화국 헌법의 조문에는 유신헌법에 포함되어 있던 자유민주적 기본질서라는 용어를 발견할 수 있다. 나아가 6공화국 헌법 제4조는 "대한민국은 통일을 지향하며 자유민주적 기본질서에 입각한 평화적 통일정책을 수립하고 이를 추진한다"로 규정되어 있다. 한편, 민주화의 실현 이후 등장한 노태우 정권 아래에서 (1991년 5월에) 개정된 국가보안법 제7조는 "국가의 존립, 안전이나 자유민주적 기본질서를 위태롭게 한다는 점을 알면서 반국가단체나 그 구성원 또는 그 지령을 받은 자의 활동을 찬양, 고무, 선전 또는 이에 동조하거나 국가변란을 선전, 선동한 자는 7년 이하의 징역에 처한다"로 규정하고 있다. 이승만 체제에서 등장하고 박정희 유신체제에서 공식적으로 확립된 언어, 자유민주적 기본질서가 헌법 조문만이 아니라 본문으로 확장되었고, 국가보안법의 본문에 등장함으로써 국가적·국민적 이념 정체성의 궁극적 준거로 존재하고 있다는 것이다.

이러한 구도를 어떻게 이해해야 할까? 1980년대를 지나오면서 민주화를 소망해온 세력들에게서 자유민주적 기본질서로 표현된 자유민주주의가 두 권위주의 정권, 특히 박정희 정권의 정치적 문법과 같은 의미일 수는 없어 보인다. 최장집의 유명한 개념인 '민주화 이후의 민주주의'(최장집 2010)에 담긴 의미처럼, 그들은 오랜 반정부 투쟁의 결과로 한국에는 자유민주주의라는 언어에 부합하는 정치사회적 원리, 가치, 이념, 절차가 완성되었다고, 그 점에서 제6공화국 헌법에 포함된 자유민주적 기본질서는 과거의 반공주의, 발전주의, 국가주의와 같은 이데올로기와는 무관하다고 생각할 것으로 보인다. 그렇지만 국가보안법 제7조에 삽입되어 국가정체성의 이념적 리트머스로 작용하는 '자유민주적 기본질서'라는, 헌법 개념 속에 내재되어 있는 자유민주주의는 여전히 반공주의와의 대립적 언어로 남아 있다는 그 사실은 앞의 논리와 양립하기 어렵다.

그렇다면 2018년 개헌 논쟁에서 살펴본 것처럼, 한국의 보수가 절대적으로 수호하고자 하는 헌법 전문의 자유민주적 기본질서는 어느 쪽에 더 가까운가? 더불어민주당의 제안인 '민주적 기본질서'와 관련해, 민주주의라는 것이 필연적으로 자유를 포함하는 개념이라고 본다면, 민주적 기본질서로 바꾸는 것은 자신들이 생각하는 자유민주적 기본질서에 구현된 가치들을 실현하는 더 바람직한 대안이 아닐까? 하지만 그들은 그 대안을 반대했고 자유민주적 기본질서를 유지하고자 한다. 왜냐하면 자유가 삭제된다면 이승만과 박정희가 만들어낸 '자유민주주의 = 반공주의'라는 신성한 문법을 포기하는 결과를 가져오기 때문이다. 그리고 그것은 문재인 정권에 맞서 자유민주주의를 수호하고자 했던 보수적 지식인들의 문제의식이었다. 이처럼 자유민주주의라는 한국의 공식적 독트린은 한국의 진보와 보수에게서 여전히 다른 의미로 해석되고 있다.

*

대한민국 헌법 제1조는 '대한민국은 민주공화국'임을 밝히고 있다. 그렇다면 민주주의란 무엇이고 공화국이란 무엇인가? 주지하는 것처럼, '다수의 지배'를 뜻하는 민주주의(democracy)의 역사는 고대 그리스 아테

네에서 시작한다. 아테네 사회에서 그 다수는 본질적으로 가난한 사람들이었다. 부유한 사람들과 가난한 사람들로 갈라진 사회, 부자는 가난한 자를 노예로 삼고, 빈곤한 자는 두려움과 적대감으로 부자를 바라보는 사회, 당대 그리스에 민주주의를 도입하고자 했던 솔론(Solon), 클레이스테네스(Cleisthenes) 같은 정치인들의 문제의식이었다. 그리하여 가난한 계급의 성인남자들에게도 정치적 자유와 권리를 부여함으로써 아테네의 민주주의가 시작되었다. 그 이후 민주주의는 플라톤(Platon) 이래 그 체제와 제도의 중우(衆愚)적 결과를 우려한 사람들에 의해 커다란 비판을 받아 부정적인 언어로 간주되어 왔지만, 부르주아의 근대정치 속에서 새롭게 부상할 수 있었다. 『민주주의의 수수께끼』의 저자 존 던(John Dunn)의 주장을 인용하자면, "17세기가 되어서야 비로소 민주주의라는 용어는 그것이 갖고 있던 부정적 함축들을 떨쳐내고, 대단히 머뭇거리면서이긴 하나 서서히 현존 정치제도를 옹호하고 정당화하거나 새로운 제도 장치가 절박하게 필요하다는 점을 역설하는 데 이용되기 시작"했다는 것이다(던 2015, 103-104).

이후 민주주의는 정치적 자유와 권리로부터 배제되어 있던 사람들에게 그러한 자유와 권리를 부여할 것을 정당화하는 이데올로기로 기능했다. 가장 기초적이면서도 근원적인 정치적 권리인 투표권이 재산과 교양이 없는 노동자들에게로, 그리고 이성을 결여했다고 간주된 여성들에게로 확장되어간 역사는 민주주의란 정치적 자유와 권리를 지속적으로 넓혀가는 이념임을 말해주고 있다(강정인 외 2010). 그러한 관점에 선다면, 민주주의는 결코 완성되거나 완결될 수 없는 이념이고 체제다. 왜냐하면 정치공동체에는 언제나 참정권을 지니지 못한 성원들이 존재하고 있기 마련이고, 새로운 성원이 계속 들어오고 있기 때문이다. 그 점에서 민주주의는 공동체 구성원들을 대상으로 하는 권리 확장을 향한 끝없는 정치운동을 본질로 한다.

한국의 보수가 자신들의 정체성으로 삼고 있는 자유민주주의는 그 언어적 외형과는 달리 정치적 자유와 권리의 확대라는, 민주주의의 역사적 임무에 복무해오지 않았다. 부르주아 이념인 자유주의와 인민들의 이념인 민주주의가 결합되어 자유민주주의라는 이념이 탄생한 것은 자유주의가 기초하고 있는 이념적 요소들이 민주주의적 보편주의에 서 있었기 때문이다. 그러니까 자유주의의 핵심적 가치인 자유는 원리적으로 볼 때, 특정한 세력이나 집단이나 계급의 특권이 아니었다는 말이다. 근대적 선언문들에서 그 자유주의적 가치는 선험적으로 보편적인 실체였다. 보편적 자유, 보편적 인권, 보편적 재산권 등인 것이다. 정치 현실의 무대에서는 비록 계급적 이해관계 위에서 행동할 수밖에 없었지만, 자유주의자들은 자신들이 주창한 이념과 가치의 보편주의를 외면할 수 없었다는 말이다. 그러므로 자유주의는 불가피하게 민주주의를 향한 정치적 문을 열 수밖에 없었던 것이다.

그러한 논리적 자리 위에 선다면, 한국의 자유민주주의는 정반대의 길을 향해 서 있다. 그 언어 속의 민주주의는 결코 서구의 역사에서처럼 확장적 운동을 해오지 않았다. 한국의 자유민주주의는 언제나 북한과 공산주의라는 적대 세력에 맞서서 그것들에 반대하고 그것들을 축출하는 이념으로 운동해왔다. 그리하여 국가보안법에서처럼, 자유민주주의는 정치공동체 구성원들에게 더 많은 정치적 자유와 권리를 부여하거나, 새로운 구성원들에게로 그러한 정치적 가치들을 넓히는데 오히려 장애물로 기능해온 것이 사실이다. 더 극단적인 것은 한국의 자유민주주의가 그 이념을 숭배하고 지키고자 하는 사람들이 정치적 권리의 주체로서 '시민'이 아니라 정치적 의무와 희생을 감내할 것을 요청받는 '국민'으로 존재할 것을 강요해왔다는 사실이다. 그리하여 아래와 같은 정치적 주장은 여전히 정당한 것으로 간주된다.

'국민'의 전체(주의)적인 야만성과 퇴행성은 21세기 한국사회에 전혀 극복되지 않은 채로 남아 있다. 식민주의는 국가주의로 형태를 바꾸지만, '국민'이라는 지배적 정체성은 변함없이 강제된다. 그 이데올로기와 담론, 정체성은 친일의 구조에 의해 복귀되고, 반공의 체제에 의해 강화되며, 억압적 국가에 의해 통치전략으로 활용된다. 바로 이 획일화되고 경화된 전체(주의)적 언어와 정체, 심성의 체제를 내부 파열시키는 게 남아 있는 과제다. 다양한 감수성, 지성, 욕망의 분자적 흐름들로 내파시켜야 할 것이다(전규찬 2005, 291).

그러한 상황은 국가주의적 덕성을 내재하고 있는 근로자를 벗어나 노동의 자유와 권리를 지닌 노동자로의 이행 또한 어렵게 만들고 있다. 한국의 자유민주주의는 북한 공산주의에 맞서 강한 국가, 힘 있는 국가를 만드는 데 분투하기를 국민들에게 요청하고, 강제하고 있기 때문이다.

해방 정국에서 전개되었던 주권적 실체로서의 국민 대 인민 개념의 논쟁을 지나, 남한 체제가 성립한 뒤에 이승만 정권으로부터 박정희 정권에 이르기까지 북한 체제와의 대결 속에서 조형되고 신성화된 언어인 자유민주주의는 반공주의에 맞서는 성스러운 이념으로, 그리고 북한에서는 '결여'되어 있는 자유를 지키고 부지런히 일하는 이들을 국민으로 호명해왔다.

하지만 그러한 국민으로 한국 민주주의의 확장을 담보하기란 쉽지 않다. 가령 현재 국민 개념의 이념적 폐쇄성은 이주민의 증가로 국민과 비국민이 하나의 정치공동체를 구성하는 다문화 사회, 다문화 국가로의 이행을 적절히 수용해내기 쉽지 않다. 그런 맥락에서 국민에 대한 새로운 개념을 이야기할 수도 있지만(서보건 2013, 313), 헌법 내에 '사람'이라는 개념을 포함함으로써, 국민은 아니지만 공동체 구성원인 존재들을 정치공동체의 정당한 성원권을 부여하는 것도 생각해볼 수 있다.

소쉬르가 주창한 구조주의 언어학의 진실은 언어 문법이란 결코 필연적이지도 영속적이지도 않다는 데 있다. 왜냐하면 그것은 언어공동체의 약속이기 때문이다. 그렇다면 우리는 언어공동체를 순환하는 기호들의 내적 진리성을 이야기할 수 없을 것이다. 이러한 언어학적 지평은 정치적 언어세계에도 정확히 들어맞는다. 정치공동체 속 언어의 의미와 문법은 결코 보편성을 담보하고 있지 않다. 정치언어는 특정한 공동체의 역사적 궤적이 만들어낸 지층 위에서 생산되고 유통될 뿐이다. 소쉬르의 언어학적 통찰은 곧 푸코의 철학적 통찰이기도 하다. 푸코 또한 일정한 담론의 시공간 속에서 진리로 간주되는 언어와 그 의미는 시공간을 뛰어넘는 보편적 진리성을 보유할 수 없다고 주장한다.

그로부터 우리는 해방 이후 현재까지 대한민국의 정치 언어 세계 속에서 절대적인 진리라는 믿음을 부여받고 있는 보수의 이념과 그 언어들의 체계가 결코 보편적 위상을 지닐 수 없다는 사실을 인식한다. '자유민주의 = 반공주의', '자유민주주의 = 반공과 국가 근대화를 위해 근로하는 국민'이라는 보수의 정치적 문법은 한국 민주주의의 확장을 이끌 새로운 정치 문법으로 바뀌어야 한다.

이러한 맥락에서 우리는 2018년의 헌법 개정 과정에 깊은 관심을 기울이지 않을 수 없다. 자유민주주의에서 자유를 떼어 민주주의로 바꾸는 일은, 그 자유의 언어가 어떠한 이념적 보편성도 획득하지 못한, 공산주의의 반의어라는 사실에 비추어볼 때, 한국사회가 반공주의에 포박되어 민주주의의 문을 닫는 것을 막아내는 일이다. 또한 민주주의란 배제된 사람들을 포용하는 확장적 개념으로 운동해왔다는 기나긴 역사를 고려할 때, 한국에서 민주주의 발전을 소망한다면 자유라는 구속적 형용사로부터 '자유로운' 개념으로서의 민주주의를 탄생시켜야 한다.[19] "합리적으로 보면 그리고 사실상, 민주주의는 자유의 관념과 불가분 연결되어 있다"(Burdeau 1956, 15)는 입론을 생각해봄직하다.

 나아가 근로를 노동으로 바꾸고, 국민을 사람으로 바꾸는 일은 한국의 정치문법에서 속됨의 세계에 있던 언어들을 헌법이라는 근대적 성스러움의 세례를 받게 하는 일이다. 그리하여 국민적 의무로서의 근로가 아니라 권리와 주체성으로서 노동을 향유하는, 국가를 위해 희생의 덕성을 강요받아온 국민이 아니라, 그리고 정치공동체에 구속된 존재로서의 국민이 아니라, 모든 정치성의 근원적 존재로서 사람의 가치를 확보해나가기 위한 계기를 마련해야 할 것이다.

3. 한국의 정치언어, 담론에서 담화로

 현재 전개되고 있는 헌법 개정의 정치는 오랜 시간 한국의 정치 세계에서 성스럽지 못하다고 간주되어온 언어를 정화하는 일, 속됨의 세계에 머물러 있는 언어를 해방하는 일, 그리하여 한국사회의 미래를 이끌 새로운 정치문법을 창출하는 일로 이해되어야 한다. 하지만 그와 같은 미래적 작업은 한국 보수의 정치적 저항으로 인해 그 가능성을 열지 못하고 있다. 서론에서 살펴본 것처럼, 한국의 보수는 자신들이 숭배하는 자유민주주의,

---

[19] 여기서 자유민주주의로부터 '자유'를 떼어내야 한다는 주장을 자유의 의미를 부정하는 식으로 해석해서는 안 된다. 우리는 한국의 역사와 정치사의 특수성 속에서 형성된 이른바 '자유민주주의'라는 언어를 해체할 것을 주장하는 것이다. 자유와 민주주의가 결합되어 만들어진 한국의 정치언어로서 자유민주주의는 결코 진보적이고 생산적인 개념으로 기능하지 못하고 있기 때문이다.

국민, 근로와 같은 헌법적 언어들을 절대적 신성성의 세계에 고착시켜오고 있다. 보수의 그러한 언어들이 의심과 비판을 인정하지 않는 종교성의 영역에 머물러 있다는 말이다. 우리는 그 언어들을 과학의 영역으로 옮겨와야 한다. 정치 언어를 종교의 영역에서 과학의 영역으로 옮겨온다는 것은 본질적으로 그 언어의 진리성을 확정하는 원칙과 절차에 관련된다.

독일의 사회사상가 하버마스(Jürgen Habermas)가 역사학적·철학적 분석을 통해 규명해낸 '부르주아 공론장' 개념 속에서 우리는 정치 언어의 진리 발견에 관한 과학적 원리의 단초를 발견할 수 있다. 부르주아의 정치문화적 시공간으로 부를 수 있는 17-18세기 서유럽에서는 정치적 진리 발견 규칙에서 중대한 변화가 만들어지고 있었다. 절대주의 권력의 토대를 차지하면서 그 권력 정당성의 창출에 기여해온 규범과 가치들은 오랜 시간 의문시될 수 없는 대상으로 존재해왔다. 가령 왕권신수설과 같은 절대왕정의 사상적 원리는 문제 삼을 수 없는 신성한 영역에 머물러 있었다. 하지만 이른바 계몽의 정신으로 채워진 그 시공간 속에서 부르주아는 종교성의 외피로 둘러싸인 모든 정치 언어들을 근본적으로 다시 검토하려 했다. 정치적으로 대단히 위험한 그와 같은 시도는 '공중'(public)으로 불리는 근대 주체에 의해 실천되었다.

부르주아 도시 문화를 이끌어간 살롱, 독서회, 만찬회, 커피하우스 등은 다른 무엇보다 계몽의 주체로서 공중을 형성해내고 키워낸 기원적 자리였다. 그 문화적·정치적 장소에 모인 부르주아 남녀들은, 하버마스에 따르면, 다음과 같은 정치적 규칙을 요구받았다.

지위의 평등을 전제로 하는 것이 아니라 지위 전체를 도외시하는 일종의 사회적 교제가 요구된다. 서열의식에 반하여 경향적으로 동등함의 예의가 관철된다. 사회적 위계질서의 권위에 맞서 논증의 권위가 방어되고 종국에는 관철되었던 토대인 동등성은 그 당시의 자기 이해에 따르면 '단순히 인간적인 것'의 대등한 자격을 의미했다. 관직의 권력과 위신이 무효화되었다는 의미에서만 사람들, 사적 신사들, 사적 개인들이 공중을 구성하는 것이 아니다. 경제적 예속도 역시 원칙적으로 무효화될 수 있었다(하버마스 2012, 107).

말하자면 부르주아의 문화적 공간에 들어와서 토론에 참여한 공중들은 자신들이 얼마나 높은 관직을 차지하고 있고, 신분이 얼마나 높고, 얼마나 부유한가를 내세울 수 없었다는 이야기다. 그들은 오직 자신들에게 부여된 논의 주제들을 토론할 수 있는 능력, 타인의 반박에 맞서서 자신의 주장을 논리적으로 변호할 능력, 타인의 주장에 대해 설득적으로 논증할 수 있는 능력으로서 이성(reason)만을 요구받는다. 그 점에서 그들은 이성적 존재라는 점에서 동등성을 지닌다. 여기서 공중의 이성은 논리적 사유력을 의미한다.

하버마스는 공중의 이러한 토론의 장소를 공론장으로 명명했다. 이 공론장이 조성되고 유지되며 재생산되기 위해서는 몇 가지 도덕적 원칙들이 수반된다. 첫째, "이러한 공중의 토론은 이제까지 의문시되지 않았던 영역의 주제화를 전제한다." 말하자면 정치권력과 권위에 의해 "해석의 독점" 아래 놓여 있던, 그러므로 비판의 대상이 될 수 없었던 문제와 주제들의 진리성을 토론의 시험대에 올린다는 것이다(하버마스 2012, 107-108). 둘째, 토론에 참여하는 공중은 폐쇄적이어서는 안 된다. "공중은 결코 완전히 빗장을 걸고 하나의 파벌로 고착될 수는 없는" 것인바, "공중은 모두 독자, 청자, 관중으로서 소유와 교양을 전체로 하며 시장을 통해 토론대상을 소유할 수 있는 사적 개인들보다 큰 공중의 한 가운데서 자신을 이해하고 그 속에 존재하기 때문이다."(하버마스 2012, 108-109).

이처럼 토론 이성을 지닌 동등한 존재로서 공중이 진리를 발견하기 위해 어떠한 주제도 다룰 수 있는 무대인 공론장에서라면 당대의 정치적 권위에 의해 선험적으로, 경험적으로 정당화되어온 정치적 진리는 결코 진리로 확정될 수 없다. 그것은, 하버마스가 말하고 있는, 공론장의 다음과 같은 시험대를 통과하지 못했기 때문이다.

> 정치적으로 기능하는 공론장은 권력 그 자체를 토론에 부친다. 이 공론장이 의지를 이성으로 전환하는데, 이 이성이 사적 주장을 공적 경쟁을 통해 일반이익에서 실천적으로 필수적인 것에 관한 합의로 형성되어야 하는 것이다(하버마스 2012, 168).

하버마스는 이 부르주아 공론장의 원리 속에서 서유럽 근대 민주주의 탄생의 중대한 동력을 발견했다. 자신의 주장을 일방적으로 진리로 확정하지 않으려는 태도, 상대와의 자유로운 토론을 통해서만 자신의 주장이 진리로 확립된다는 태도, 그리하여 만약 타인의 합리적 논증을 견디지 못하는 주장이라면 비(非)진리로서 폐기될 수 있다는 태도, 이러한 태도야말로 근대 민주주의의 매트릭스라는 것이다. 하버마스가 '의사소통합리성'으로 명명한 그와 같은 담화 윤리(하버마스 2006)는 하나의 대상과 현실을 특정한 의미로 규정하고 확정함으로써 지배의 영역으로 포섭해버리는 언표의 세계가 만들어내는, 푸코의 담론의 정치를 넘어설 계기를 제공한다.

이념적으로 너무나도 예민하게 날이 서 있는 헌법적 언어들, 한국의 보수에 의해 정치적 신성함으로 보호되고 있는 그 언어들이 한국의 토론 공동체 속에서 보편적 진리의 자격을 획득하기 위해서는 현재와 같은 폐쇄적이고 자기정당화적인 담론의 스탠스가 유지되어서는 곤란하다.

하버마스가 제시한 담화의 윤리에 비추어본다면, 그 정치언어들은 공론장으로 들어와 정치적 반대파들이 구축해놓은 진리의 시험대로 올라서고 그 자리를 통과해야 한다. 그럼으로써만 한국 보수가 숭배하고 있는 헌법 언어인, 자유민주주의, 근로, 국민이 진보가 동의하는 보편적 진리의 자격을 갖추게 될 것이다.

참고문헌

1. 단행본, 논문

강명숙. 2014. 「1960-70년대 대학과 국가통제」. 『한국교육사학』 36(1).
강정인. 2008. 「개혁적 민주정부 출범 이후(1998-) 한국의 보수주의: 보수주의의 자기쇄신?」. 『사회과학연구』 16(2).
강정인. 2014. 『한국 현대 정치사상과 박정희』. 아카넷.
강정인. 2017. 「박정희 시대의 국가주의: 국가주의의 세 차원」. 『개념과 소통』 20호.
강정인·오향미·이화용·홍태영. 2010. 『유럽 민주화의 이념과 역사』. 후마니타스.
강정인·하상복. 2013. 「안호상의 민족주의에 대한 비판적 성찰」. 『인간, 환경, 미래』 13.
강희원. 2021. 「우리 헌법언어로서 '근로'와 '근로자': '근로자'의 새로운 의미를 찾아서」. 『노동법학』 제78호.
고진, 가라타니. 조영일 옮김. 2017. 『헌법의 무의식』. 도서출판b.
고원. 2006. 「박정희 정권 시기 농촌 새마을운동과 '근대적 국민 만들기'」. 『경제와 사회』 제69호.
고프만, 어빙. 진수미 옮김. 2013. 『상호작용의례』. 아카넷.
구해근. 신광영 옮김. 2002. 『한국 노동계급의 형성』. 창비.
국립서울현충원. 2007. 『민족의 얼』 6집.
국사편찬위원회. 1998. 『자료대한민국사』 9. 국사편찬위원회.
국사편찬위원회. 2020. 『6·25 전쟁과 냉전지식체계의 형성』(학술회의 총서7).
김갑식. 2007. 「한국사회 남남갈등: 기원, 전개과정 그리고 특성」. 『한국과 국제정치』 23(2).
김근식. 2004. 「남남갈등을 넘어: 진단과 해법」. 경남대학교 극동문제연구소 편. 『남남갈등, 진단과 해소방안』. 경남대학교 출판부.
김남식·이정식·한홍구 엮음. 1986. 『한국현대사 자료 총서 14』. 돌베개.
김당·구명식·장윤선. 2007. 『한국의 보수와 대화하다』. 미다스북스.

김도현. 2011. 「이승만 노선의 재검토」. 백기완·송건호·임헌영. 『해방 전후사의 인식 1』. 한길사.
김득중. 2009. 『빨갱이의 탄생: 여순사건과 반공국가의 형성』. 선인.
김득중 외. 2007. 『죽엄으로써 나라를 지키자: 1950년대, 반공, 동원, 감시의 시대』. 선인.
김득중 외 엮음. 2015. 『여순사건자료집』 2. 선인.
김미정. 2002. 「1950·60년대 한국전쟁 기념물: 전쟁의 기억과 전후 한국 국가체제 이념의 형성」. 『한국근대미술사학』 19.
김봉국. 2017. 「이승만 정부 초기 자유민주주의론과 냉전담론의 확산」. 『한국사학보』 66.
김삼웅. 1984. 『민족, 민주. 민중선언』. 일월서각.
김삼웅. 1997. 『사료로 보는 20세기 한국사』. 가람기획.
김성보. 2009. 「남북국가 수립기 인민과 국민 개념의 분화」. 『한국사연구』 144.
김수자. 2004. 「이승만의 일민주의의 제창과 논리」. 『한국사상사학』 22권.
김수자. 2005. 「대한민국수립직후 민족주의와 반공주의의 형성 과정」. 『한국사상사학』 25집.
김윤철. 2017. 「한국 국가주의의 역사적 전개과정과 향후 전망」. 『한국정치연구』 26(3).
김일영. 2010. 『건국과 부국: 이승만·박정희 시대의 재조명』. 기파랑.
김지형. 2013. 「5·16 박정희 통치이념의 논거: 반공주의와 민주주의를 중심으로」. 『동아시아문화연구』 53.
김진성·김선태. 2001. 「근대국가의 감시와 통제: 지문날인제도와 주민등록제」. 『진보평론』 9호.
김진웅. 2007. 「맥아더 장군의 제2의 인천상륙작전: 동상을 둘러싼 분쟁의 함의」. 『역사교육논집』 제39집.
김현선. 2000. 「'현충일' 추념사의 내용과 상징화 의미 분석: 1961-1979」. 『청계논총』 제2집 15호.
김종법. 2001. 『에밀 뒤르켐을 위하여: 인종, 축제, 방법』. 새물결.
김형효. 1992. 『구조주의 사유체계와 사상: 레비-스트로스, 라깡, 푸코, 알튀쎄르에 관한 연구』. 인간사랑.
남궁영. 2004. 「김대중 정부의 대북정책에 대한 비판적 해석: 남남갈등의 쟁점을 중심으로」.『국제정치연구』제7집 2호.
남애리. 2024.「1970년대 교실마다 들려오던 393자의 국민교육헌장」. 국가기록포털 (www.archives.go.kr)(검색일: 2024년 11월 20일).
노재봉·김영호·서명구·조성환. 2015.『정치학적 대화』. 성신여자대학교 출판부.
노재봉·김영호·서명구·유광호·조성환. 2017.『한국 자유민주주의와 그 적들』. 북앤피플.
던, J. 강철웅·문지영 옮김. 2015.『민주주의의 수수께끼』. 후마니타스.
뒤르케임, 에밀. 민문홍 옮김. 2012.『사회분업론』. 아카넷.
뒤르케임, 에밀. 노치준·민혜숙 옮김. 2020.『종교생활의 원초적 형태』. 한길사.
레비-스트로스, 클로드. 임봉길 옮김. 2008.『신화학2: 꿀에서 재까지』. 한길사.
로크, 존. 강정인·문지영 역. 1996.『통치론』, 문학과지성사.
로크, 존. 정병훈·이재영·양선숙 옮김. 2015.『인간지성론』. 한길사.
로크, 존. 문지영·강철웅 옮김. 2024.『통치에 관한 두 번째 논고』. 후마니타스.
르낭, E. 신행선 옮김. 2002.『민족이란 무엇인가』. 책세상.
립셋, S.-M. 문지영·강정인·하상복·이지윤 옮김. 2006.『미국 예외주의』. 후마니타스.
만하임, 카를. 임석진 옮김. 2012.『이데올로기와 유토피아』. 김영사.
문광삼. 1995.「헌법 전문」.『고시계』. 6.
문교부. 1969.「국민교육헌장이념의 구현요강보고」.
문병주. 2005.「제2공화국 시기의 '좌절된' 민주주의와 현재적 함의 - 국가-정치사회-시민사회의 관계를 중심으로 -」.『민주주의와 인권』제5권 2호.
문상석. 2014.「군사쿠데타와 국민국가 형성」.『현실과 인식』28(1/2).
문지영. 2007.「민주화 이후 한국의 자유민주주의: 의미와 과제」.『사회과학연구』15(2).
문지영 2009.「자유주의: 체제 수호와 민주화의 이중 과제 사이에서」. 강정인·김수자·문지영·정승현·하상복 지음.『한국 정치의 이념과 사상』. 후마니타스.
문지영. 2011.『지배와 저항: 한국자유주의의 두 얼굴』. 후마니타스.
문지영, 2019.「자유민주적 기본질서'와 한국의 헌법 이념: 헌법 전문 개정의 쟁점을 중심으로」,『인간·환경·미래』제24호.
민문홍. 2001.『에밀 뒤르케임의 사회학: 현대성 위기극복을 위한 새로운 패러다임을 찾아서』. 아카넷.

민주화운동기념사업회. 2024. 「1980년대 통일운동」. 민주화운동기념사업회 (www.archives.kdemo.or.kr)(검색일: 2024년 11월 21일).

박광주. 1999. 『한국 권위주의국가론』. 인간사랑.

박명규. 2000. 「한국전쟁과 민족주의」. 『아시아문화』 16호.

박명규. 2009. 『국민·인민·시민: 개념사로 본 한국의 정치주체』. 소화.

박지향·김철·김일영·이영훈. 2004a. 「머리말」. 『해방 전후사의 재인식 1』. 책세상.

박지향·김철·김일영·이영훈. 2004b. 「제9부 대담」. 『해방 전후사의 재인식 2』. 책세상.

박찬석. 2019. 「남남갈등의 기원과 해소방안 모색」. 『통일교육연구』 16(1).

박찬표. 2007. 『한국의 국가형성과 민주주의』. 후마니타스.

박찬표. 2008. 「건국, 48년 체제 그리고 한국 민주주의」. 『대한민국 건국 60년, 과거·현재·미래』. 국사편찬위원회.

박혁. 2024. 『헌법의 순간』. 페이퍼로드.

박호성. 2002. 『한국정치와 지방자치』. 인간사랑.

버터필드, 허버트. 차하순 옮김. 1986. 『근대과학의 기원』. 탐구당.

베르, 에드워드. 유경찬 옮김. 2002. 『히로히토: 신화의 뒤편』. 을유문화사.

베버, 막스. 박성환 옮김. 1997. 『경제와 사회 1』. 문학과지성사.

벨, C. 류성민 옮김. 2007. 『의례의 이해』. 한신대학교 출판부.

벨러, 한스 울리히. 이용일 옮김. 2007. 『허구의 민족주의』. 푸른역사.

변동명. 2007. 「제1공화국 초기의 국가보안법 제정과 개정」. 『민주주의와 인권』 7(1).

볼, 테렌스·대거, 리처드. 정승현 외 역. 2006. 『현대 정치사상의 파노라마』. 아카넷.

비롤리, 마우리지오. 박의경 옮김. 2020. 『나라 사랑을 말하다: 애국주의와 민족주의』. 전남대학교 출판부.

서보건. 2013. 「다문화사회와 헌법상 국민 개념의 변환」. 『유럽헌법연구』 13호.

서중석. 1995. 「정부 수립 후 반공체제 확립과정에 대한 연구」. 『한국사연구』 90호.

서중석. 2004. 『배반당한 한국 민족주의』. 성균관대학교 출판부.

서중석. 2005. 『이승만의 정치이데올로기』. 역사비평사.

서중석. 2024. 「진보당 연구: 조봉암·진보당의 평화통일론을 중심으로」. 한국사데이타베이스https://db.history.go.kr/download.do?levelId=kn_066_0080&fileName=kn_066_0080.pdf)(검색일: 2024년 10월 5일).

성낙인. 2011. 「헌법과 국가정체성」. 『서울대학교 법학』 52(1).
성정엽. 2020. 「칼 슈미트의 '정치적인 것'의 개념」. 『민주법학』 72.
소쉬르, 페르디낭 디. 최승언 옮김. 2006. 『일반언어학 강의』. 민음사.
손호철. 1996. 「1950년대 한국사회의 이데올로기: 한국전쟁 이후 시기를 중심으로」. 『한국정치연구』 5.
손호철. 2004. 「남남갈등의 기원과 전개과정」. 경남대학교 극동문제연구소 편. 『남남갈등, 진단과 해소방안』. 경남대학교 극동문제연구소.
송남헌. 1985. 『해방 3년사 1, 2』. 까치.
송병헌·이나미·김면회. 2004. 『한국자유민주주의의 전개와 성격』. 민주화운동기념사업회.
송복. 2002. 「자유민주주의의 기초를 다진 박정희」. 『한국논단』 152권.
송호근. 2011. 『인민의 탄생』. 민음사.
슈미트, 카를. 2012. 김효전·정태호 옮김. 『정치적인 것의 개념』. 살림.
스미스, 애덤. 조한수 옮김. 2016. 『이기적인 개인 공감하는 도덕』. 사람의무늬.
스미스, 필립. 2007. 「코드와 갈등: 전쟁을 의례로 보는 이론을 향하여」. 최종렬 엮음. 박건 외 옮김. 『뒤르케임주의 문화사회학: 이론과 방법론』. 이학사.
심지연 엮음. 1986. 『해방정국논쟁사 1』. 한울.
심지연. 2001. 『남북한 통일방안의 전개와 수렴』. 돌베개.
신광영. 2011. 「민주화 이후의 민주주의와 노동운동: 한국의 사례」. 『사회과학연구』 50(1).
안철현. 1985. 「남북협상운동의 민족사적 의미」. 최장집 편. 『한국현대사 1: 1945-1950』. 열음사.
안호상. 1977. 『민족의 주체성과 화랑얼』. 배영출판사.
안호상. 1987. 『청년과 민족통일』. 배영출판사.
안호상. 2006. 『나라역사 육천년』. 한뿌리.
앤더슨, 베네딕트. 윤형숙 옮김. 2002. 『상상의 공동체: 민족주의의 기원과 전파에 대한 성찰』. 나남출판.
야콥슨, 로만·할레, 모리스. 박여성 옮김. 2009. 『언어의 토대: 구조기능주의 입문』. 문학과지성사.
연정은. 2003. 「안호상의 일민주의와 정치·교육활동」. 『역사연구』 12호.
연정은. 2004, 「감시에서 동원으로, 동원에서 규율로: 1950년대 학도호국단을 중심으로」. 『역사연구』 14호.
오문환. 2007. 「공화주의의 시각에서 본 제2공화국의 붕괴」. 『동양정치사상사』 6(2).
엘리아데, 미르치아. 이은봉 역. 1998. 『성과 속』. 한길사.
유상수. 2009. 「한국반공연맹의 설립과 활동」. 『한국민족운동사연구』 58.
6월항쟁10주년사업범국민추진위원회. 1997. 『6월항쟁 10주년 기념 자료집』. 사계절.
융 C. 외. 이윤기 옮김. 2009. 『인간과 상징』. 열린책들.
이금옥. 2018. 「현행 헌법의 제왕적 대통령제와 권력구조 개편 방안」, 『헌법학 연구』 24(3).
이나미. 2015. 『자유민주주의 대 민주주의』. 내일을 여는 역사.
이득재. 2001. 『가족주의는 야만이다』. 소나무.
이병천. 2003. 「개발독재의 정치경제학과 한국의 경험: 극단의 시대를 넘어서」. 이병천 외. 『개발독재와 박정희 시대: 우리 시대의 정치경제적 기원』. 창비.
이병훈. 2020. 「한국사회의 진보를 추동한 불꽃 울림, 전태일」. 안재성·이병훈·맹문재·박광수·윤중목. 『아, 전태일: 그가 떠난 50년을 기리며』. 목선재.
이영훈. 2004a. 「왜 다시 해방 전후사인가」. 박지향·김철·김일영·이영훈 엮음. 『해방 전후사의 재인식1』. 책세상.
이상록. 2017. 「박정희 시대의 국가주의: 국가주의의 세 차원」. 『개념과 소통』 20.
이승만. 1949. 『일민주의 개술』. 일민주의보급회총본부.
이재성. 2021. 「1986년 개헌운동과 '5·3 인천민주항쟁'」. 『기억관 전망』 45호.
이정우. 2006. 「한국 민족주의의 두 얼굴」. 『시대와 철학』 17권 1호.
이종범·최용규 편. 1995. 『자료 한국 근현대사 입문』. 혜안.
이주영. 2011. 「이승만 시대의 보수세력과 민주제도」. 안병직 편. 『한국 민주주의의 기원과 미래』. 시대정신.
이준식. 2017. 「대한민국임시정부의 이념적 지향: 대한민국임시헌장(1919) 해석을 중심으로」. 『인문과학연구』 24.
이진경. 2010. 『근대적 시공간의 탄생』. 그린비.
웨슬러, 하워드 J. 임대희 옮김. 2005. 『비단같고 주옥같은 정치: 의례와 상징으로 본 唐代 정치사』, 고즈원.
임송자. 2010. 「전태일 분신과 1970년대 노동·학생운동」. 『한국민족운동사연구』 65.

임종명. 2014. 「해방 공간과 인민, 그리고 민족주의와 민주주의」. 『한국사연구』 167.
장영수. 2018. 『대한민국 헌법의 역사』. 고려대학교출판문화원.
전규찬. 2005. 「국민의 동원, 국민의 형성: 한국 사회 국민 담론의 계보학」. 『한국언론정보학보』 31.
전상숙. 2009. 「파리강화회의와 약소민족의 독립문제」. 『한국근대사연구』 50.
전재호. 2014. 「2000년대 한국 보수주의의 이념적 특성에 관한 연구: 뉴라이트를 중심으로」. 『현대정치연구』 7(1).
전태일. 1969. 「박정희 대통령에게 노동조건 개선을 요구하는 전태일의 편지」. 『사료로 본 한국사』(contents.history.go.kr)(검색일: 2024년 10월 30일).
정근식·이병천. 2012. 『식민지 유산, 국가 형성, 한국 민주주의 1』. 책세상.
정세근. 2013. 「사람의 뜻(4) - 계층/계급, 근로/노동, 친구/동무의 대립과 기피」. 『철학, 사상, 문화』 41.
정영권. 2015. 『적대와 동원의 정치: 한국 반공영화의 제도화 1949-1968』. 소명출판.
정영철. 2007. 「남북한 대립 상징의 구조와 변화」. 『북한연구학회보』 11(1).
정영철. 2018. 「남북관계의 변화와 남남갈등」. 『한국과 국제정치』 34(3).
정태일. 2015. 「정치이데올로기의 이상과 현실」. 한국정치학회 편. 『정치학: 인간과 사회 그리고 정치』. 박영사.
제주4·3평화재단. 2021. 『한눈에 보는 4·3』. 제주4·3평화재단.
제주4·3진상규명및희생자명예회복위원회. 2003. 『제주4·3사건 진상보고서』. 제주4·3평화재단.
조긍호·강정인. 2012. 『사회계약론 연구: 홉스, 로크, 루소를 중심으로』. 서강대학교출판부.
조순승. 1982. 『한국분단사』. 형성사.
조승래. 1999. 「18세기 영국의 애국주의 담론과 국민적 정체성의 형성」. 한국서양사학회 편, 『서양에서의 민족과 민족주의』. 까치
조현연. 2003. 「군사독재와 반공주의, 그리고 '우리안의 군사문화'」. 『기억과 전망』. 4호.
조희연. 2010. 『동원된 근대화: 박정희 개발동원체제의 정치사회적 이중성』. 후마니타스.
주봉호. 2012. 「남한 사회 남남갈등의 양상과 해소방안 모색」. 『한국동북아논총』 64호.

지라르, R. 박무호·김진식 옮김. 2000. 『폭력과 성스러움』. 민음사.
지병문·김용철·천성권·지충남·유경화. 2014. 『현대 한국의 정치: 전개과정과 동인』. 피앤씨미디어.
지영임. 2003. 「현충일의 창출과정」. 『비교민속학』 제25집.
지영임, 2004, 「한국 국립묘지 전사자 제사에 관한 일고찰」. 『비교민속학』 27집.
진덕규. 2000. 『한국현대정치사 서설』. 지식산업사.
진영재. 2017. 『1987년 제6공화국 헌법과 2017년 개헌 논의』. 카오스북.
체륩바벨, 에비아타. 2006. 「달력과 역사: 국가 기억의 사회적 조직화에 관한 비교연구」. 제프리 K. 올릭 엮음. 최호근·민유기 등 역. 『국가와 기억: 국민국가적 관점에서 본 집단기억의 연속·갈등·변화』. 민주화운동기념사업회.
최갑수. 1999. 「프랑스 혁명과 국민의 탄생」. 한국 서양사학회 편. 『서양에서의 민족과 민족주의』. 까치.
최선. 2020. 「박정희 정부 시기 〈국민윤리〉에 나타난 국가주의적 이데올로기」. 『시민교육연구』 52(4).
최성광. 2021. 「박정희 시대 국가주의 교육이념의 형성과 비판적 고찰: 세 가지 교육이념을 중심으로」. 『학습자중심교과교육연구』 21(3).
최장집. 2010. 『민주화 이후의 민주주의』. 후마니타스.
칸트, I. 백종현 옮김. 2013. 『순수이성비판 1』. 아카넷.
캐노번, 마거릿. 김만권 옮김. 2015. 『인민』. 그린비.
푸코, 미셸. 이정우 옮김. 1998. 『담론의 질서』. 서강대학교 출판부.
푸코, 미셸. 이규현 옮김. 2009. 『광기의 역사』. 나남.
피어슨, 크리스토퍼. 박형신·이택면 옮김. 1997. 『근대국가의 이해』. 일신사.
피히테, J. G. 황문수 역. 1997. 『독일 국민에게 고함』. 범우사.
하버마스, 위르겐. 한승완 역. 2006. 『공론장의 구조변동』. 나남.
하버마스, 위르겐. 장춘익 옮김. 2006. 『의사소통행위이론1, 2』. 나남.
하상복. 2012. 「이명박정부와 '8·15' 기념일의 해석: 보수의 위기의식과 담론정치」. 『현대정치연구』 5(2).
하상복. 2013. 「남남갈등과 장소의 정치」. 『민주주의와 인권』 13(3).
하상복. 2014. 『죽은 자의 정치학』. 모티브북.
하상복. 2018. 『한국의 민주주의와 정치문법의 동학』. 민주화운동기념사업회.
하상복. 2020. 「문학의 정치성과 새로운 주체의 상상: 파리꼼뮌과 빅토르 위고, 제주

4·3과 현기영의 경우」.『NGO연구』 15권 2호.
한국미국사학회. 2006.『사료로 읽는 미국사』. 궁리.
한국언론연구원. 1991.『한국의 언론 1』.
한배호. 1993.『한국의 정치과정과 변화』. 법문사.
한상철. 2018.『한반도 이념전쟁 연구: 1919-1950』. 선인.
한성훈. 2012.『전쟁과 인민: 북한 사회주의 체제와 인민의 탄생』. 돌베개.
한인섭. 2009.「대한민국은 민주공화제로 함: 대한민국 임시헌장 제정의 역사적 의의」.『법학』 50(3).
한준상·정미숙. 2011.「1948-53년 문교정책의 이념과 특성」.『해방전후사의 인식 4』. 한길사.
한홍구. 2014.『유신』. 한겨레출판.
황병덕. 2001.『부시 행정부의 대북정책과 한국의 대북정책 추진방향』. 통일연구원 (연구총서 2001-02).
홉스, T. 신재일 옮김. 2007.『리바이어던』. 서해문집.
홉스봄, E. 강명세 옮김. 1994.『1780년 이후의 민족과 민족주의』. 창작과비평사.
홉스봄, E. 김동택 옮김. 1998.『제국의 시대』. 한길사.
홉스봄, 에릭 외. 박지향·장문석 옮김. 2004.『만들어진 전통』. 휴머니스트.
홍영기. 2001.『여순사건자료집』 1. 선인.
홍용표. 2007.「현실주의 시각에서 본 이승만의 반공노선」.『세계정치』 28(2).
홍태영. 2015.「"과잉된 민족"과 "찾을 수 없는 개인": 일민주의와 한국 민족주의의 특수성」.『한국정치연구』 24(3).
홍태영. 2016.『클로드 르포르』. 커뮤니케이션북스.
홍태영. 2019.「민족주의적 통치성과 '국민' 만들기: 해방 이후 남한에서 반공과 경제개발 주체로서 '국민'의 탄생」.『문화와 정치』 6(2).
후지이 다케시. 2011.「4·19/5·16 시기의 반공체제 재편과 그 논리: 반공법의 등장과 그 담지자들」.『역사문제연구』 15(1).

Bolingbroke, Henry St. John. 1738. *The Idea of Patriot King*(epedagogle.com.br).
Burdeau, Georges. 1956. *La démocratie*. Seuil.
Ben-Israel, Hedva. 1992. "Nationalism in historical perspective." *Journal of International Affairs* 45(2).

Collois, Roger. Meyer Barash(tr.). 1959. *Man and the Sacred*. The Free Press.

Douglas, Mary. 1966. *Purity and Danger*. Routledge & Kegan Paul Ltd.

Edelman, Murray. 1967. *Politics as Symbolic Action: Mass Aroussal and Quiescence*. Academic Press.

Filmer, Robert. 1680. *Patriarcha*(FilmerPatriarcha1680-3.pdf. University of Oregon).

Gerth, H. H. and Mills, C. W. (tr. and eds.). 1946. *From Max Weber: Essays in Sociology*. Oxford University Press.

Henry, John. 2008. *The Scientific Revolution and the Origins of Modern Science*. Palgrave MacMillan.

Kantorowicz, Ernst H. 1997. *The King's Two Bodies: Study in Mediaeval political theology*. Princeton University Press.

Kertzer, David I. 1988. *Ritual, Politics & Power*. Yale University Press.

Lenin, Vladimir. 1917. "Decree on Peace"(tr.). Marx Memorial Library (https://www.marx-memorial-library.org.uk)(검색일: 2024년 9월 10일).

Lévi-Strauss, Claude. 1963."Structural Analysis in Linguistics and in Anthoropology." Clare Jacobson & Brook Grundfestschoepf(tr.). *Structural Anthropology*. Basic Books, INC.

Mark, Max. 1973. *Modern Ideologies*. St. Martin's Press.

Norman, Wayne. 1999. "Theorizing Nationalism(normatively): The First Steps." Bonald Beiner(ed.). *Theorizing Nationalism*. State University of New York Press.

Sfez, Lucien. 1988. *La Symbolique politique*. PUF.

Shaftesbury. 1999. *Characteristics of Men, Manners, Opinions, Times*. Lawrence E. Klein(ed.). Cambridge University Press.

Smith, A. D. 1986. "State-making and Nation-building". J. A. Hall(ed.). *States in History*. Blackwell.

Wilson, Woodrow. 1918. *Fourteen Points*. www.archives.gov.

2. 연설문, 문서, 잡지, 신문기사

김대중. 1998. 「제15대 대통령 취임사」. 대통령기록관.
김종일. 2018. 「여 "개헌안, '자유민주적'에서 '자유' 뺀다…4시간 후 '아니다'」. 『조선일보』 2월 1일.
노무현. 2003. 「제16대 대통령 취임사」. 대통령기록관.
노무현. 2005. 「제주 4·3 사건 관련 말씀」. 『노무현 대통령 연설문집』 제1권.
노무현. 2007. 「제62주년 광복절 경축사」. 대통령기록관.
문재인. 2017a. 「문재인 대통령 5·18 기념사 전문」. 『강원도민일보』 5월 18일.
문재인. 2017b. 「제72주년 광복절 경축식」. 대통령기록관.
문재인. 2018a. 「제99주년 삼일절 기념사」. 『뉴시스』 3월 1일.
문재인. 2018b. 「제63회 현충일 추념사」. 영상역사관(www.ehistory.go.kr)(검색일: 2023년 9월 1일).
문재인. 2018c. 「개헌안 발의 관련 대통령 입장문」. 대한민국정책브리핑(www.korea.kr)
박정희. 1962. 「제7회 현충일 추념사」. 대통령기록관.
박정희. 1963a. 「대통령 취임사」. 대통령기록관.
박정희. 1963b. 「제8회 현충일 추념사」. 대통령기록관.
박정희. 1964a. 「제9회 현충일 추념사」. 대통령기록관.
박정희. 1964b. 「1964년 대통령 연두교서」. 대통령기록관.
박정희. 1964c. 「제6회 근로자의 날 메시지」. 대통령기록관.
박정희. 1965a. 「제4회 전국지방장관회의 유시」. 대통령기록관.
박정희. 1965b. 「제10회 현충일 추념사」. 대통령기록관.
박정희. 1967. 「재건국민운동 창립 제3주년 기념 치사」. 대통령기록관.
박정희. 1968a. 「제13회 현충일 추념사」. 대통령기록관.
박정희. 1968b. 「국민교육헌장 담화문」. 대통령기록관.
박정희. 1968c. 「북한 및 공산지역 동포에 보내는 메시지」, 대통령기록관.
박정희. 1969. 「제14회 현충일 추념사」. 대통령기록관.
박정희. 1972a, 「대통령 취임사」. 대통령기록관.
박정희. 1972b. 「연두기자회견」. 대통령기록관.
박정희. 1973a. 「1973년 연두기자회견」. 대통령기록관.
박정희. 1973b. 「정기 국회 대통령 시정 연설문」. 대통령기록관.

박정희. 1978. 「전국 새마을지도자 대회 유시」. 대통령기록관.
박정희. 2005. 『한국국민에게 고함』. 동서문화사.
이명박. 2008a. 「대통령 취임사」. 대통령기록관.
이명박. 2008b. 「제63주년 광복절 경축사」. 대통령기록관.
이승만. 1948. 「초대 대통령 취임사」. 대통령기록관.
이승만. 1951. 「6·25 사변 1주년에 제하여」. 대통령기록관.
이승만. 1952. 「2대 대통령 취임사」. 대통령기록관.
이승만. 1953. 「국회개원축사」. 공보처. 『이승만 대통령 박사 담회집』.
이승만. 1954. 「자유전사에 축복 있기를 기원, 테 대장에 성탄절 몟세지」. 대통령기록관.
이승만. 1956. 「제1회 현충기념일을 마지하여」. 대통령기록관.
이승만. 1957a. 「제2회 현충일 기념사」. 대통령기록관.
이승만. 1957b. 「이북동포에게 보내는 신년사」. 대통령기록관.

강유화. 2018. 「한국당, 민주 개헌안 '자유-시장' 실종...망국의 길로」. 『뉴데일리』 2월 6일.
강태화. 2023. 「홍범도 흉상 철거, 홍범도함 이름도 재검토, 불붙은 역사전쟁」. 『중앙일보』 8월 27일.
건국 60년 기념사업 추진기획단. 2008. 「건국 60년 기념사업 추진방향(안)」.
「국무회의록(안건 227호)」. 1965a. 3월 23일(국가기록원).
「국무회의록(제745호)」(고 이승만 박사의 시체 국립묘지 안장의 건). 1965b. 7월 20일(국가기록원).
김난영. 2018. 「유승민 "與 개헌안 해프닝, 그런 실수한 게 믿기지 않아"」. 『Newsis』 2월 2일.
김명일. 2023. 「광주시 6·25 남침 나팔 불던 정율성에 기념공원 바치나」. 『조선일보』 8월 23일.
김진현. 2008. 「축사」. 『대한민국 건국 60년, 과거·현재·미래』. 대한민국 건국 60년 기념 학술회의(7월 11일).
김태영. 2018. 「영토, 국민, 주권, 정부 갖춘 '건국일'은 48년 8월 15일」. 『뉴데일리』 8월 16일.
「민주공화당 창당선언문」. 2024. 위키문헌(ko.m.wikisource.org)(검색일: 2024년 11

월 10일).

박선우. 2023. 「여, 정율성은 공산침략 부역자…야, 모르쇠로 일관」. 『시사저널』 8월 26일.

박희석. 2024. 「'정율성 논란' 1년 후에도 정리 안된 '광주 정율성 공원'」. 『월간조선』 9월호.

법체처. 1965. 「국무회의 부의안건 제출의뢰」 3월 15일(국가기록원).

「4·2 남북공동성명」. 위키문헌(ko.m.wikisource.org)(검색일: 2024년 9월 20일).

「4·2 남북공동성명」. 위키문헌(ko.wikisource.org)(검색일: 2024년 11월 25일).

양연희. 2020. 「한국자유회의 "文정권은 전체주의 야만세력…文보다 나을 것 없는 유승민과의 통합은 반대"」. 『팬N마이크』. 1월 9일.

「여순사건, '기자 현지답사: 계엄령 선포된 순천의 거리 표정'」. 1998. 『자료대한민국사』 제8권.

「5·16 혁명 공약」. 사료로 본 한국사(contenst.history.go.kr)(검색일: 2024년 10월 25일).

우원식. 「더불어민주당 대표 교섭단체 대표연설」. 2018. 『국회공보』 12호.

「윤상현 "8·15를 광복, 건국절로" 법안 발의」. 2014. 『연합뉴스』 9월 2일.

유병훈. 2018. 「靑 개헌안, 좌파만의 헌법될 것」
http://news.chosun.com/site/data/html_dir/2018/03/20/2018032001671.html

6월항쟁10주년사업범국민추진위원회. 1997. 『6월 항쟁 10주년 기념 자료집』. 사계절.

이슬기. 2018. 「홍준표, 민주당 개헌안 목적은 사회주의 체제 변경」. 『연합뉴스』 2월 2일.

이신영·서혜림. 2018. 「민주당 '자유' 누락 개헌브리핑 정정 해프닝 놓고 여야공방」. 『연합뉴스』 2월 2일.

이영훈. 2006. 「우리도 건국절을 만들자」. 『동아일보』 7월 31일.

전태일. 1969. 「박정희 대통령에게 노동 조건 개선을 요구하는 전태일의 편지」. 『사료로 본 한국사』(contents.history.go.kr)(검색일: 2024년 10월 1일).

「정갑윤 의원, '광복절→건국절로 개칭하자'」. 2007. 『연합뉴스』 9월 28일.

정도원. 2018. 「민주개헌안, '촛불혁명' 넣고 '모든 사상' 허용한다」. 『뉴데일리』 2월 1일.

정유진. 2011. 「우파, 독재자 동상, 교과서 수정…'국가주의 이념' 대공세」. 『경향신문』 8월 26일.
조국. 2018. 「기본권, 국민주권 강화 관련 헌법개정안 발표」. 대한민국 정책 브리핑 (https://www.korea.kr)(검색일: 2024년 11월 5일).
조일훈. 2018. 「누가 자유민주주의 흔드나」. 『한국경제』 2월 25일.
참여연대. 2018. 「헌법재판소의 결정문에도 등장하는 '민주적 기본질서'가 왜 문제인가」. 2월 2일(www.peoplepower21.org).
통일부. 1998. 「남북경협활성화조치 주요내용」.
「8·15 북측 대표단 국립현충원 참배 발표문」. 2005. (http://www.unikorea.go.kr)(검색일: 2014년 10월 5일).
하상복. 2018. 「보수정당이 숭배하는 '자유민주주의'의 공허함」. 『프레시안』 2월 17일.
하상복. 2018. 「왜 '반공주의'는 성스러운 언어가 됐을까?」. 『프레시안』 3월 26일.
하상복. 2018. 「한국 보수의 언어, 공허하거나 모순이거나」. 『프레시안』 9월 27일.
한국자유총연맹. 2011. 「'건국 대통령' 이승만 박사 동상 제막식 보도자료」, 한국자유총연맹(www.koreaff.or.kr)
한국자유회의창립추진위원회. 2017. 「한국자유회의 창립선언문」. 조갑제닷컴 (www.chogabje.com)(검색일: 2024년 10월 1일).
헌법재판소. 2017. 「3. 10 선고 2016 헌나1 결정」. 헌법재판소(https://casenote.kr/헌법재판소/2016헌나1)(검색일: 2024년 10월 20일).

「국민교육헌장」, 「권리장전」, 「대한민국임시헌장」, 「대한민국임시헌법」, 「독립선언문」, 「버지니아권리선언」, 「5·16 혁명공약」, 「인간과 시민에 관한 권리선언」(위키백과)
『오례』. 조선왕조실록(silok.history. go.kr/rd/kda-200).
주민등록법, 향토예비군설치법(국가법령정보센터)(www.law.go.kr)

『경향신문』 1949. 6. 7, 1950. 6. 21, 1964. 3. 10, 1967. 3. 8, 1968. 12. 5, 1970. 11. 14, 1971. 3. 10, 1990. 2. 5
『나라사랑』 2023. 5. 1.

『독립신문』 2009. 9. 11.
『동아일보』 1948. 10. 22, 1948. 11. 19-20, 1949. 2. 1, 1950. 6. 21, 1961. 5. 16, 1989. 10. 5, 2009. 8. 10.
『미디어오늘』 2005. 8. 13.
『서울신문』 1949. 10. 19, 2004. 12. 30.
『세계일보』 2005. 8. 20.
『연합뉴스』 2007. 9. 28, 2014. 9. 12.
『오마이뉴스』 2003. 8. 16, 2005. 8. 12, 2009. 8. 20.
『자유신문』 1948. 10. 24.
『조선일보』 1990. 8. 25, 1989. 7. 1, 2009. 8. 20.
『중앙일보』 2010. 8. 20.
『통일뉴스』 2005. 8. 13.
『평화일보』 1948. 11. 5.
『프레시안』 2005. 8. 14.
『한겨레』 1989. 3. 26, 1989. 6. 30, 2005. 9. 12.
『한국일보』 2007. 1. 31.

찾아보기

ㄱ

가라타니 고진	28
간선제 대통령 선거제	26
감성	34
강정구 교수	217
개인	120
개인주의	162, 176
건국 60년 기념사업 추진기획단	247
건국절	224, 243
건국절 논쟁	246
건국준비위원회(건준)	81
결속	32
계약	40
고프만(Erving Goffman)	61
공론장	287
공허한 언어 형식	175
공화국	80
공화주의 운동	80
관계적 실체	53
광복절	226
구조주의(structuralism)	50
구조주의적 이분법	55
국가보안법	132, 177
국가주도의 발전주의 산업화	197
국가주의	120, 158, 160, 175
국가·민족 지상주의	165
국군묘지	131
국립 5·18민주묘지	235
국립묘지	130, 148
국립현충원	230
국민(nation)	7, 91, 282
국민교육헌장	154, 158
국민교육헌장 선포식	153
국민국가(nation-state)	44
국민대회준비회	81
국민의정부	213
국민주권	106
국부	256
국적 있는 교육	161
국회헌법기초위원회	101
군사혁명위원회	143
권력구조	17
권리장전(Bill of Rights)	71
규범적 이항대립	67
규칙의 체계로서 언어	47
근대국가	7, 103
근대적 개인주의	166
근대적 국가	40

근대적 유토피아	43	노동자 대투쟁	200
근로	7, 167	노동자 정당 결성	201
근로의 권리와 의무	196	노동조합	199
근로자	167	노무현	218
근로자의 날	167	농촌 근대화 운동	170
근로하는 국민	170	뉴라이트 운동	222
근면	171		
금지	55	**ㄷ**	
기본권 주체	17	『담론의 질서』	55
기호의 자의성	47	담화 윤리	288
긴급조치권	23	대동아전쟁종결조서	81
김구	85, 256	대통령 개헌안	17
김규식	85	대통령 직선제	13, 19, 32
김대중	213	대통령 직선제 개헌	194
김영삼	213	대한민국 정부 수립일	226
김주열	183	대한민국임시헌법	89
		대한민국임시헌장	88
ㄴ		도덕적 진리 체계	274
남남갈등	226	도쿠가와 이에야스	30
남북정상회담	216	독립선언문	91
「남북청년학생 공동선언문」	205	동원	32
남북협상그룹	85	동질화	32
내각책임제 개헌	184	뒤르케임(Emile Durkheim)	61
내셔널리즘(nationalism)	74		
냉전(cold war)	135	**ㄹ**	
네이션(nation)	44	레닌(Vladimir Lenin)	75
노동	7, 167	레비-스트로스(Claude Lévi-Strauss)	
노동자	167		51
노동자 계급의식	199	렉스 레기아(lex regia)	96

로크(John Locke)	37		민주헌법쟁취국민운동본부	193
르낭(Ernest Renan)	77		민주회복국민회의	192
립셋(Seymour-Martin Lipset)	43		민중·민주·민족통일헌법	25

ㅁ

ㅂ

『만들어진 전통』	44		박근혜	249
만하임(Karl Manheim)	40		박정희	22, 158
맥아더 동상	227		반공법	146
명예혁명(Glorious Revolution)	71		반공영화	152
모스크바3상회의	82		반공으로서 자유민주주의	175
무의식	29		반공주의	113
무의식적 초자아	30		반공주의 아비투스(habitus)	133
문민정부	213		반공하는 국민	153
문익환	202		발전주의적 주체	166
문재인	257		발췌개헌안	185
미소공동위원회	82		백선엽의 사망	240
민족	119		버지니아 권리선언	91
민족성 원칙(the principle of nationality)	76		베를린 선언	215
			베버(Max Weber)	56
민족일보	209		병영국가	149
민족일보 사건	209		보수	35
민족중흥의 역사적 사명	154		보수 지식인	263
민주공화국	89		보수의 정치문법	262
민주공화당	174		보수주의적 성스러움	261
「민주국민헌장」	192		보편적 인권	282
민주적 기본질서(민주주의)	7		보편적 자유	282
민주주의(democracy)	15, 97, 280		보편적 재산권	282
민주주의의 총체적 부정	191		보편적 진리	289
민주헌법쟁취 국민운동본부	25		복벽운동(復辟運動)	80

볼링브로크(Henry Saint John Bolingbroke)	39	샤프츠베리(Shaftesbury)	38
부르주아 공론장	288	선-악	34
부산정치파동	140	선언문(Declaration)	41
북괴	149	선험적 주체	41
북진통일	207	성과 속	66
분할과 배척의 규칙	56	성물(聖物)	132
불변성	48	성스러운 개인	61
빨갱이	126	성스러움-더러움	34
빨갱이의 창출	126	성스러움과 오염	277
		소쉬르(Ferdinand Saussure)	46, 284
		송진우	81
ㅅ		수정주의자들	178
사람	7, 269	슈미트(Carl Schmitt)	51
사사오입개헌	140	스페즈(Lucien Sfez)	34
사회계약론(social contract)	40	시공간의 속화	57
사회적 자의성	48	시공간적 성스러움	57
사회적 통합	64	시민	282
사회주의	14	시장경제 질서	15
산업화 통치체제	197	식민지 근대화론	223
『상상의 공동체』	44	신성성의 감정	64
상징	32	신탁통치	82
상징성	59		
상징적인 문턱(liminality)	67	ㅇ	
상징정치	33, 35	안호상	118
상징투쟁	35	애국주의	39
『상호작용의례』	61	야콥슨(Roman Jacobson)	49
새로운 우파(New Right)	223	언어	46
새마을운동	170	언어활동(langage)	46
새정치국민회	213	언표의 세계	288

에델만(Murray Edelman)	32	des droits de l'homme et du citoyen)	41
엘리아데(Mircea Eliade)	57	인민	89, 283
여순 10·19	104	인민 민주주의	95
여야 간 정권교체	213	인민위원회	110
여운형	81	일민(一民)	112
오염	67, 234	일민주의(一民主義)	113
원적 유토피아	43	일민주의보급회	114
원초적 심상	60	일본 헌법 제1조	29
원형(archetype)	60	일제 강점 하 반민족행위 진상규명에 관한 특별법	219
윌슨(Woodrow Wilson)	75	임수경	204
유기적 연대	63	임시정부 수립을 통한 대한민국 건국	259
유기체론	120		
유신체제	152		
유신헌법	22, 191		
유토피아	42		
육화	112	**ㅈ**	
윤치영	102	자기정당화적인 담론	288
융(Carl G. Jung)	60	자연법	40
의사소통합리성	288	자연인으로서의 신체	6
의원내각제	19	자유	14, 104
이념국가	7	자유공원	227
이념적 동일성	54	자유당	182
이념화된 반공주의	153	자유대한민국 체제성	268
이명박	243	자유민주	173
이분법의 구별	52	자유민주적 기본질서	7, 173
이승만	19	자유민주주의	139
이익정치	33	자유민주주의 체제	14
이항 대립적 인식과 규범 체계	274	자유민주주의의 공허한 형식	188
인간과 시민의 권리 선언(Déclaration		자유세계	138

자조	171
장충단(獎忠壇)	128
장충사	128
재건국민운동	166
적과 동지의 구별	52
전국인민위원회대표자대회	95
전두환	26
전두환 군부체제	193
전조선정당사회단체대표자 연석회의	86
전태일	194
전태일의 분신	198
전후헌법 제9조	28
절대적 선	271
절대적 신성성	277
절대적 악	271
정당한 기억	34
정율성 역사공원	275
정읍발언	83
정의-불의	34
정체성	32
정치문법	104
정치언어	261
정치언어학	261
정치적 결속체	68
정치적 국가주의	160
정치적 근대	45
정치적 상징	32
정치적 신체	6
정치적 초자아(super-ego)	131
정치적·이념적 유토피아	141
제국주의(imperialism)	74
제37주년 광주민주화운동 기념식	258
제왕적 대통령	27
「제63주년 광복절 및 대한민국 건국 60년 경축사」	243
제주 4·3	104
제주토벌출동거부병사위원회	110
제헌헌법	105, 196
조국 근대화	159
조국 근대화 운동	163
조봉암	101, 182
조선국민당	98
조선민주주의인민공화국	87
조소앙	85
조용수	209
종교성	57
종족(ethnic)	77
『종족내셔널리즘』(Ethnonationlaism)	78
주민등록법	151
주체(Subject)	40
진리에의 의지	56
진보당	182
진보세력	35
진보적 통일운동	207
진실·화해를 위한 과거사정리 기본법	220

집단 무의식	29	**ㅍ**	
집단적 감성	32	파트리아(partria)	38
집합적 기억	35	평화에 관한 포고(Decree on Peace)	75
		평화통일론	182, 207
ㅊ		포풀루스 로마노스(Populus Romanus)	95
차이	49		
차이의 체계	50	푸코(Michel Foucault)	55
참여정부	218	피히테(J. G. Fichte)	78
초월성	59	필머(Robert Filmer)	37
초자아	29		
초토화 작전	109	**ㅎ**	
총체적 이데올로기	41	하버마스(Jürgen Habermas)	286
추상적 전체	44	학도호국단	129
		한국민주당	99
ㅋ		한국반공연맹	146
칸토로위츠	6	한국자유총연맹	253
칸트(Immanuel Kant)	41	한국자유회의	263
컨트리(country)	38	한국자유회의 선언문	263
		한국적 반공주의	121
ㅌ		한국전쟁	104
탈 신성화	57	한백성주의	118
태평양 미 육군 총사령관 포고1호	81	한일 국교정상화	188
터부(taboo)	67	합리적 논증	288
토템(totem)	63	합리화(rationalization)	56
통과의례(passage ritual)	67	햇볕정책	216
통일운동	207	향토예비군	150
통일주체국민회의	23	헌법	7, 262
특수적인 이데올로기	42	헌법 전문	176

헌법 제4조	14		3·1운동	80
헌법적 권리	7		3선 개헌 반대 투쟁	190
헌법적 언어	8		3선 개헌 반대운동	24
헌법적 질서	7			
헌법적 질서의 중단 또는 단절	6		**4**	
헌정주의	25		4·19혁명	145, 184
혁신계	145		4·2 남북 공동성명	203
현충일	131			
협동	171		**5**	
홉스봄(Eric Hobsbawm)	44		5·10 단독선거	108
홍명희	85		5·16 쿠데타	22, 178
홍범도	276		5·16 혁명공약	143
화언(parole)	47			
			6	
1			6·15 남북공동선언	216
14개조 선언(Fourteen Points)	75		6·29 선언	194
			6·3 사태	189
2			6월 항쟁	13
2018년 헌법 개정	278			
2018년의 개헌 논쟁	7		**8**	
			8·15	226
3			87년 헌법	25
3·15 부정선거	140, 184		87체제	13

찾아보기 **313**